跨越世纪的教育经典

斯特娜的自然教育法

[美] M·S·斯特娜 ◎著
孙玉梅 ◎编译

北京理工大学出版社
BEIJING INSTITUTE OF TECHNOLOGY PRESS

版权专有 侵权必究

图书在版编目（CIP）数据

斯特娜的自然教育法 / (美) M.S.斯特娜著；孙玉梅编译. —北京：北京理工大学出版社, 2018.4
　ISBN 978-7-5682-5264-5

Ⅰ.①斯… Ⅱ.①M… ②孙… Ⅲ.①儿童教育—家庭教育 Ⅳ.①G78

中国版本图书馆CIP数据核字（2018）第020694号

出版发行 / 北京理工大学出版社有限责任公司
社　　址 / 北京市海淀区中关村南大街5号
邮　　编 / 100081
电　　话 /（010）68914775（总编室）
　　　　　（010）82562903（教材售后服务热线）
　　　　　（010）68948351（其他图书服务热线）
网　　址 / http://www.bitpress.com.cn
经　　销 / 全国各地新华书店
印　　刷 / 三河市京兰印务有限公司
开　　本 / 710毫米×1000毫米　1/16
印　　张 / 20.5　　　　　　　　　　　　　责任编辑 / 李慧智
字　　数 / 245千字　　　　　　　　　　　　文案编辑 / 李慧智
版　　次 / 2018年4月第1版　2018年4月第1次印刷　责任校对 / 周瑞红
定　　价 / 42.00元　　　　　　　　　　　　责任印制 / 边心超

图书出现印装质量问题，请拨打售后服务热线，本社负责调换

序

当她出生时,她的母亲已30岁了。最让人担心的是,这个女孩子长得并不美丽。但意想不到的是,正是这个小女孩,让她母亲的人生变得非常丰富、非常出彩。伴随着这个小女孩出生和成长,一种全新的教育理念风靡全球,并且跨越时空,至今仍在影响着世界。这个小女孩就是斯特娜夫人的女儿小维妮弗蕾德。

小维妮弗蕾德是一个名副其实的才女,她的才华是多方面的,可谓是才华横溢,涉猎甚广:她很小的时候就会拉小提琴,能弹得一手好钢琴;在绘画方面,她同样脱颖而出,让一些艺术家都惊叹不已;最让人拍案叫绝的是,她多次在国际象棋锦标赛中获奖。可以说,小维妮弗蕾德在音乐、美术、文史、数学、雕塑等诸多领域,都卓越非凡,颇有成就。

小维妮弗蕾德在很小的时候，就表现出了过人的才识。小时候，她曾经自编自创了很多经典的歌谣，最为脍炙人口的有《骨之歌》《玛丽的小羊之歌》《五只小猪》《三只瞎眼鼠》《让大黄蜂飞吧》《蜗牛从你的小洞爬出来》《吝啬鬼的灵魂》等。直到今天，这些歌谣依然不断地再版。

小维妮弗蕾德在很小的时候，就喜欢写诗，她在幼儿时所写的关于美国历史的诗歌，至今仍广为流传，甚至有人能够一字不差地将它们背诵下来，而且大部分人都对诗歌的前两句耳熟能详："14世纪，哥伦布在蓝色的海洋航行；这片土地，这片自由的土地，这片我们深爱的土地……"

小维妮弗蕾德取得的所有成就，离不开斯特娜夫人的教育。斯特娜夫人曾经创立了三所自然教育学校，她一直在告诉大家：如何用最简单的方法将自然学校搬回家。

所谓自然教育，就是坚信每个孩子都有某种与生俱来的天赋，母亲的责任就是不断地发掘孩子的天赋；自然教育非常重视孩子想象力和创造力的培养、开发，也注重孩子个性化的培养，而不是群体模式化的同质化培养……斯特娜夫人希望让爱和兴趣成为教育的主导。在教育孩子时，一定要让孩子所有的感官都积极地参与，通过有目的性的游戏来让孩子们体会教育的乐趣，从而真正地"解放"他们。

斯特娜夫人一直用自己的教育实践向世人证明：神童不是天生的，任何一个孩子，只要教育得法，都可以成才。

而小维妮弗蕾德的卓越表现，恰恰是斯特娜夫人自然教育法成功实践的最好证明。

我们编辑的这本《斯特娜的自然教育法》，是以自然教育法的原著版本为基础，借鉴了国内近年来出版的各种译本，从多层面、多角度，向广大读者介绍这一教育方法。这样，既可以让读者了解自然教育法的宗旨，又能对自然教育法中所涉及的相关知识做出详细的介绍。此外，本书还描述了数学、外语、生物、地理、历史等学科的游戏学习方法，向广大读者朋友提供了孩子感官能力、思维能力、动手能力、品德素质的培养、训练方法及操作原则。

家庭是孩子的第一所学校，母亲是孩子的第一位老师，也是最重要的一位老师。希望天下所有的母亲，既能了解自然教育法，又能正确地运用它，去培养自己的孩子，从而能让孩子有一个美好的将来。

目录

第 1 章　了解自然教育法的目标与原则 // 001
　　自然教育理念 // 001
　　我们的教育目标 // 020
　　我们的教育原则 // 021

第 2 章　自然教育法的实践与运用 // 024
　　自然教育所需的工具：适于 1 ~ 6 岁孩子使用的工具清单 // 024
　　巧用自然教育工具教育孩子 // 027
　　父母要做孩子的好榜样 // 050
　　发掘孩子特有的天赋 // 058
　　鼓励让孩子进步 // 064
　　给孩子适度的表扬与奖励 // 075
　　要用成年人的语言与孩子交流 // 079

第 3 章　自然教育法与自然学校 // 084
　　提升母亲的素质 // 084
　　大脑要食物来"营养" // 090
　　自然教育的学校 // 100
　　大自然是最好的老师 // 108

第4章　五官官能的发育与训练方法 // 115
　　儿童的听力训练妙方 // 115
　　在游戏中培养儿童的视力 // 124
　　从小培养孩子的口才 // 130

第5章　自然教育的学习法则 // 135
　　让孩子系统地学习英语 // 135
　　各种有趣的外语学习法 // 141
　　在七彩音色游戏法学习音乐 // 146
　　激发孩子对数学的兴趣 // 155
　　重视孩子多感官的综合训练 // 167
　　独具匠心的历史与文学教育方式 // 174
　　让地理学习变得有趣 // 184
　　让孩子去大自然中学习生物 // 196

第6章　孩子智力的发展与培养 // 205
　　发掘孩子的记忆天赋 // 205
　　不断培养孩子敏锐的观察力 // 210
　　激发孩子的创造力 // 214
　　培养孩子的专注力 // 219
　　给孩子想象的翅膀 // 223

第7章　孩子身体能力的培养与发展 // 231
　　不要束缚孩子的手足 // 231
　　放手让孩子去做事情 // 236

坚持培养孩子的良好习惯 // 243

第 8 章　培养孩子优秀的品德 // 246

　　培养孩子品行的原则 // 246

　　让孩子能驾驭自己的人生 // 255

　　帮孩子树立自信心 // 259

　　让孩子有坚忍不拔的品质 // 266

　　让孩子有责任心 // 271

　　让孩子有诚实、正真的品德 // 276

　　培养孩子的自尊心 // 280

第 9 章　提升孩子的社会发展能力 // 286

　　让孩子有良好的社交能力 // 286

　　让孩子勇于表现自我的想法 // 291

　　培养孩子的共融性与宽容心 // 294

第 10 章　让孩子有幸福的人生 // 298

　　让孩子有美好的人生 // 298

　　没有不快乐的孩子，只有不快乐的母亲 // 303

　　真的幸福是什么 // 308

后记 // 313

附：自然教育图书书目节选 // 316

第 1 章
了解自然教育法的目标与原则

自然教育理念

在很多人看来,所谓教育孩子,就是指让孩子进入学校学习,让他从小学读到中学,再升级到大学:让他不断地学习,不断地升级,最终获得更高的文凭与学位。

自然教育法认为,用一张纸作为检测教育成果的标准,并不能让人折服。有一个案例,一位从大学毕业,受过高等教育,并且掌握了多种外语的人,却整日如乞丐一样流浪,最后被有关部门收容了。他抱怨自己缺少工作的能力和经验,他说:"尽管我受过良好、完整、全面的教育,但我挣的钱还不如一个文盲挣的多。"这种情况是很可悲的。

1. 孩子一生都要接受教育

一般来说，在一个孩子出生不久，当他晃动着可爱的小手、轻柔地呼吸时，父母就应该对他进行教育了，并且他一生都要接受教育。

卡莱尔曾经说："我们不能立在原地不动，要么前进，要么后退。"这是一个没有终点、一直在改变、在发展的世界，而我们每一个人，也需要一直通过教育来提升、改善自己。可以说，教育是永无止境的，是不断发展、需要坚持一生的。

2. 文凭，并不是家庭教育的目标

尽管社会的发展让我们坚信：我们需要文凭，但是即便有了文凭，也不能证明我们接受了应该接受的教育，不能证明我们已顺利地掌握了应该掌握的知识。

3. 用优秀的教育成就孩子一生

在这里，并不是说学校或者大学教育不好，但是美国著名教育家奥谢博士曾经持有这样的观点：只有3%的大学生从大学生活中获益良多。大学生在"学科"或者"主义"的学习上花费了太多的时间，这些学习至少占去了他们学习的大部分时间，每天可能要占6个小时或者更多一些的时间。如果更妥善地利用这些时间，大学生的学习可能更有效果，从而能成为一个有益于社会的人。最重要的是，一定要记住这句非常有艺术性的话："优秀的童年教育，可以成就一个人卓越的人生。"

4. 大学生要学什么?

现在,依然要借用奥谢博士的理念。他曾经说,大学生应该学习与孩子教育有关的一些课程,比如:如何做出色的父母;如何根据孩子的不同特质,而采用相应的喂养方式;应该用什么样的方法,去教育不同天性的孩子;如何布置、装饰自己的房间;学习财会、社会学、经济学;当然,还要学习历史、艺术、科学和现当代文学。这些课程会让学生们受益良多。

现代的教育机构数目繁多,但却很少能培养出伟大的人,原因之一就是这些教育机构并没有关注学生的能力教育,而只热衷于文凭考试。

5. 别错过最好的教育时期

教育是多么有意义的一件事情,可是为什么现在的年轻人却不喜欢接受教育呢?究其原因,主要是我们现行的教育制度只对孩子一味地进行同化的教育,扼杀了孩子个性化的创造力和想象力。

而最应该帮助孩子发挥潜力的家庭教育却长期处于缺失状态。如今的父母总是习惯将孩子交给学校和教育机构,孩子要到七八岁之后,才开始接受品格、数学或者拼音等方面的教育,最好的教育时期已经错过了。

6. 盘点孩子成功的基石

在孩子的少儿时代,父母要为孩子奠定好所有决定成功的基石。如果受过良好的培训,知道如何做孩子的合格父母,那么,他们自然会在最早期,为孩子铺垫好成功的基石,让孩子在适宜的环境中成长。

7. 环境对孩子的影响

伯班柯先生认为，只要是有生命力的物种，不管是动物还是植物，或像我们人类这样的高级生物，一代又一代都要适应优胜劣汰、适者生存的法则。只有这样，才能有更好的物种基础。诚然，遗传决定了物种的潜力，但遗传必须有环境这一非常重要的基石来支撑。遗传和环境的相互关系，就如同剪刀的两翼一样，少了任何一侧都不能正常工作。倘若我们把最美丽、最优秀的种子，放入一片毫无生长希望的贫瘠的土地中，那么，最终它一定会失去曾经所具有的卓越和美丽。在以前，希腊曾涌现过很多杰出人才，之所以如此，正是因为希腊人相信环境对胎儿所发挥的重要作用。

8. 呵护我们的孩子

作为一个母亲，一定要清楚地意识到自己应该肩负的责任。我们必须保护这个世界，让这个世界变得更干净一些、更健康一些。因为我们的孩子也要来到这个世界。我们必须不断地和各种黑色的灾难进行斗争，我们有责任来呵护我们的孩子。

9. 什么时候开始教育孩子

有人曾经说，孩子的教育应该在他出生前三百年就开始了。或许，我们不能计算出应该在什么时候开始教育孩子，也无法回到过去重新开始，但是，如果我们想要有一个优秀的孩子、美好的世界，我们就应该从今天开始，从现在开始教育孩子。

年轻的男孩或女孩们，在你们为人父母之前，你们就应该接受教育，学会保护自己，照顾好自己的身体，以便将来能成为健康而合格的父母。

10. 我们能给孩子什么？

可以说，我们有什么样的环境，我们就呼吸什么样的空气；我们进行什么样的思考，我们就成为什么样的人。当孩子已经在摇篮里的时候，我们为此进行了多少的努力呢？我们有什么样的健康状态？我们又学到了一些什么？我们有多少，就能给予孩子多少。这一切，都应该是成正比的。

11. 让聪明的孩子发挥自己的才华

自然教育的另一个重要的目标，就是帮助那些聪明的孩子。事实上，我们现行的教育体制，多是为普通孩子的教育而制定的，但是对于那些聪明的孩子，我们却很难制定一个教育的模式，帮助他们发展，让他们尽情地施展自己的才华。

正因为如此，我们的时代很难再涌现出像维多利亚时期那样的大文学家，这样说，并不是因为那个时代缔造的天才多，而是因为我们现行的教育方式，折断了天才儿童想象的翅膀。

如今，在现行教育体制的约束下，孩子们必须坐到一起上课，老师不能因人而异地施教。虽然也有"快班"的设置与存在，但是"快班"也并不是天才发展的好地方，依然是使用类似的教育模式。我们的学生，就像不同类型却拴在一起奔跑的马，大家相互牵绊，谁也无法快速向前奔跑。

12.学校和老师要做的改变

这样说,并不是反对学校或者老师,在这个社会中,他们做了很多的工作。但是,如果我们的学校每个班级只有几个孩子,而付给老师更高的薪水,让他们的工作时间更短一些,让他们有更多的时间享受生活、充实自己、提升自己,那么,我们的下一代是不是会更有希望?

真正意义上的好老师,是热爱知识,不断学习知识的引导者。他们主动地追求进步,而不是为了其他因素被迫充电。

真心希望,有一天学校不用打铃提醒孩子,孩子们就跑回座位准备开开心心地学习;有一天,即便父母把孩子完全交给老师,孩子也可以在宽松的环境中学习,在个性化的培养中茁壮地成长。事实上,自然教育的目的,就是要实现这一目标。

13.平等对等待孩子

如果有谁说学校是公平民主的,那他肯定是胡说八道。多年来,在观察过很多学校的孩子之后发现,那些家境较差的孩子,不能与家境好的孩子一样,获得平等的对待。嫌贫爱富、恃才傲物、互相攀比等不良现象,难免会在学校中出现。

从婴幼儿期,我们就教育孩子用友好的方式礼貌地对待他人,鼓励孩子有绅士情结和淑女精神,要对每一个过路人保持微笑。即使他们邻座的同学再过分,他们也要妥善处理、保持平等。不过,为了所谓的民主精神,让孩子接触患病的孩子,这样或多或少地有些冒险,孩子大有可能被传染上疾病。

14. 儿童身心的成长

如果在孩子的身体发展到一定程度时,再培养孩子的心灵,那会犯一个比较大的错误。

其实,在教育孩子时,我们应该向印第安人学习,他们的妈妈会抱着孩子坐在树上,呼吸自然的空气,聆听鸟的叫声,一起享受身边大自然的美丽风光。

15. 这样对待孩子很残忍

有些人认为,在漆黑的夜里,我们一定要让孩子们自己睡觉,从而让他们有强壮的神经;有些时候,可任他们哭喊,从而让他们有达标的肺活量,让他们更健康;此外,我们还得抑制我们对孩子的爱,少亲吻孩子,因为太亲密的接触会给孩子传播细菌。如果真的是这样,我们就成了严重影响孩子发展与成长的罪人。

16. 让他们充分绽放自我

孩子的大脑是由诸多的印象与记忆组成的,如果孩子的大脑中未能充满美好的事物,那就会装下他不喜欢的事物。众所周知,孩子早期所保留的印象会影响孩子的一生。

当一个孩子哭的时候,意味着他饿了,不舒服了,或者就是想让父母关注他、逗逗他、陪伴他。此时对他置之不理是很残忍的。

如果父母总对孩子笑,并且向孩子演示如何去笑,那么,孩子很小就会向父母笑。

在怀孕期间，母亲就应该向孩子传递快乐，在摇篮期，母亲也应该继续对孩子保持微笑。可以说，笑容才是最美丽、最健康的艺术。

作为母亲，一定要尽早培养孩子的视觉能力，并且训练孩子所有的感官，让他们认知这个世界，趋利避害，来更好地保护他的身体；母亲也要培养孩子的自制力，并教会孩子与人为善，从而体会到精神的快乐。如果父母不重视孩子的思维能力和精神能量的训练，仅仅给孩子提供身体上的营养与满足，那孩子就不能得到均衡的发展。在学校中，这类孩子往往爱做三件事——逃学、意志消沉或者让老师意志消沉。

在孩子两岁到两岁半期间，他的大脑正处于高速发展的时期，充满了活力与精神的力量，他需要做一些事情来丰富他的头脑。

在某一些人看来，我们不仅要让孩子看书，要教他们学习知识，还应该采用硬性的手段，来搞定那些调皮的孩子。事实上，这种方法绝对是简单而粗暴的。

有意思的是，有个小男孩曾经说，所罗门之所以总爱惩罚小孩，是由于他有700个絮絮叨叨的老婆，300头凶猛的嗷嗷叫的豪猪，他的处境太悲惨了，所以，他需要好好宣泄一下。在现代这个文明的社会，我们早就应该放弃体罚孩子的方式。这样，就能让孩子的心和大脑，充满美好的记忆，让他们充分地绽放自我，让他们吸收童话故事、吸收爱，并培养各种兴趣，远离惩罚和管制。

17. 有建设性地引导孩子

有些人认为，淘气的孩子往往能成为好水手。换言之，如果孩子的能动力得到正确的、有建设性的引导，而不是破坏性的引导，孩子往往可能有成功的人生，这也是自然教育的又一目标。幼儿园的老师在教育孩子时，应该将顽皮的孩子引向具有建设性而非破坏性的游戏。

18. 有好斗的妈妈，就有好斗的孩子

母亲们都害怕战争，害怕打架，并且会指责男人的残忍和血腥，责怪男人让孩子们争勇好斗。但事实上，很可能正是这些母亲们，才导致了孩子的好斗个性。比如，在孩子还没有蹒跚学步时，就给他们刀剑玩具、手枪玩具；也有的母亲，总是领孩子去看那些参战士兵的烈士纪念碑（而不是带他们去看那些具有建设性、有伟大贡献的天才人物的纪念碑）；将孩子送到学校去学习，他们所读的书本上，就有与战争的历史有关的描述。在学校中，孩子们还学习描写屠杀的散文或者诗歌。

可以说，正是由于我们无意中的引导，造成了孩子好战的个性。

19. 给孩子树立真正的榜样

我们给那些因战争而死去的勇士募集资金，来建造纪念碑，却不在意那些活着的，为人类的发展做出突出贡献的伟人；我们给那些历史上夺取了无数生命的战争贩子太多的关注，却给那些拯救了无数生命的人以微薄的奖励。我们这样做，又怎么能期望我们的孩子憎恨战争呢？编者祈祷那些信仰自然教育的人们，为做出卓越贡献的人（比如爱迪生）建立丰碑，因为他们为孩子树立了正面的、积极的榜样。

20. 让孩子均衡地发展

在这里，必须强调一下孩子发展的三个方向，即在德、智、体三方面都能均衡地发展。

在我们身边，有一些父母很有雄心，希望自己的孩子能进入所谓的"快班"，希望孩子卓越非凡，因而，就特别关注孩子智力的发展，而忽略了孩子体能的发展。在这个原则下培养出来的孩子，就像古代文学书中所描述的文学天才一样，有着"空洞的眼睛、凹陷的双颊、苍白的脸，像一个书虫般，贪婪地吞噬着学识，却没有给后人留下什么"。

为什么很多人总认为，所有的天才就是病恹恹的？

要知道，良好的血液循环有助于大脑的开发，纵观古今，很多的伟人都有特别健康的身体。

21. 过时了的教育方式

如果父母总是对孩子施以粗暴的棍棒，总是喋喋不休地对孩子进行说教，往往会让孩子步入父母不想让他们走的道路。

尽管有很多人都在这样教育孩子，但请千万不要使用这种魔鬼式的教育法。自然教育强调做任何事都要有约束力，都要有一定的限度。可以说，有很好均衡力的父母能够意识到，在对孩子进行教育时，要帮助孩子在德、智、体等方面全面发展，使孩子成为一个有用之人、快乐之人，让幸福的光芒伴随孩子一生。

22. 发现孩子的天赋

除了德、智、体方面的基本教育，父母还要发掘孩子的天赋。

斯特娜认为，每一个看起来平凡的孩子，都有某种天赋。这种天赋能否得到展现，则在于父母能否在孩子6岁之前发现他特有的才华，并帮孩子蓬勃地发展它。

对于这个观点，经常会有人与她争论，他们会对她说："按你的观点，这么多的孩子都带着某种天赋来到这个世界，那为什么我们现在看不到那么多有天赋的成人？"

事实上，那是因为在童年时期，孩子的很多天赋没有被发现、被挖掘、被发展，于是，这些他们原本所具有的才华，在萌芽期就被忽略而逐渐失去了。

有时候，这些天赋太强大，而无法被压抑，于是，就一天天地体现出来。如果父母发现了这朵美丽的天赋花蕾，请精心浇灌它、呵护它、滋养它，直到它变得充满力量，从而使孩子的人生更加灿烂。

23. 挖掘孩子的潜质

自然教育法中列举了大量的案例，来说明伟大的人物在他们少年时期就已经表现出了非凡的才华。可是，在小时候，还有很多伟大的人物被认为是笨孩子，只是因为他们的数学成绩跟不上。

诚然，孩子需要学习数学来锻炼逻辑能力，但是，孩子们也需要去学习、了解大自然中那些鲜活的物种，去认识和感受大自然的灵动。对于那些不喜欢枯燥的数学的孩子，说实话，不应该过分指责他们。

24. 让孩子做有兴趣的事情

对孩子的早期教育，人们一直有一个争议。可以说，有很多父母担心，由于早期过度开发而造成大脑的损耗，会影响孩子智力的发展，甚至导致生命力的衰竭。其实，如果孩子对所做所学的东西充满了兴趣，就不会有这种所谓的大脑开发过度的情况。只有我们强迫孩子做什么，非要孩子怎么样，才可能对孩子造成伤害。

很多天才孩子之所以太早地死去，多是由于家长太过关注他们的智力发展，而极大忽略了他们的身体健康，这些孩子大部分都有些神经质，存在喜怒无常、不够理智等情况。

当然，那些常年奔波于各国的音乐家或者艺术家，他们的生活毫无规律，这样无规律的生活甚至可以导致成人的死亡，更不用说孩子了。

25. 天才的心路历程

在许多天才身上，都有这样的问题存在，即他们某一方面的能力高度发达，而某一方面的能力却趋于零。他们某一方面的能力，要么被高度开发，要么未能开发，很难均衡。于是，人们有了这样的观点：天才和傻瓜之间只有一线之隔。

纽约一位医疗杂志的记者曾经说过，如果某一位作家在童年时期没有被心理医生进行过分析，没有一些不正常的成分，那么，这位作家似乎很难成为大文豪。可见，人们的观点是：只要是天才，一定是有些神经兮兮的。

事实上，天才一定有某些"非正常的成分"，这样的观点是没有道理的。但有一点是肯定的：任何天才若想达到更高的境界，都需要承受更大的痛苦和磨炼，需要更艰难的心路历程。

可以把人和树做个对比，当所有的树枝都相对均衡地成长时，这就是一棵旺盛、美丽的树，而如果在一棵树中，仅仅有一个树枝长得很好，其他的则长得非常矮小稚嫩，那么，这棵树就是畸形的。

26. 教育孩子的目标

作为父母，为教育你的孩子，希望你们能掌握多种能力，而不只是特别擅长某一能力。教育孩子的目标，并不是把孩子发展成为天才，而是让他们有健康快乐、全面发展的和谐人生，让孩子成为一个既有一技之长，又能多方面发展的合格人才。这样，在成长的过程中，他就会在人群中脱颖而出，成为他人学习的榜样。他会从多角度、多层面发展自己，有卓越的人生，并获得真正的快乐。

27. 孩子最恐惧的事情

可以说，恐惧会让人产生抱怨与不和谐，为了抚平恐惧感，我们会抱怨、会焦躁。而在孩子出生前产生的恐惧，不仅能伤害母亲的健康，也会损害孩子的健康。在学校中，对学习所产生的恐惧，会导致孩子无法在知识王国快乐畅游。

在学校中，让孩子产生恐惧的原因之一是考试，每年，一到考试时，都有孩子自杀，特别是在考试要求非常严格的德国，自杀的数量更是让人触目惊心。有一位教授，在芝加哥一个女性俱乐部的演讲中曾经说，孩子之所以紧张，其中一半的原因，是由于考试问题所造成的，许多女大学生在期末考试后，都变得神经衰弱。

28. 考试的改革

本杰明·富兰克林曾经说过，人们都受到一些规则的约束。我们的老祖宗有考试制度，我们也继续使用这种制度，尽管我们清楚，考试并不能真正地考察出孩子到底知道多少，学到多少知识。

或许，你认为考试制度是必要的，因为如果取消考试制度，就没有合适的新制度可以替代它。其实，只要开动脑筋就会发现我们身边有很多东西可以代替考试，例如，这三种工具——打字机、字典和儿童百科全书——就可以作为考试的替代品。

孩子们在字典、百科全书里寻找知识、寻找信息，并且用打字的方式强化印象，并不是非要通过考试，来考察孩子的大脑里有多少学问和知识保存下来，又有多少知识蒸发掉了。

29. 不倡导填鸭式的教育

有些人曾经指责斯特娜，认为她把孩子的童年时光填得太满、太满了。其实，她不是一个倡导填鸭式教育的人，但是她相信，在孩子12岁之前，即在所谓的理性尚未开启的时期，孩子有最卓越的记忆能力和学习能力。

既然如此，我们为何不用有趣的游戏方法，来让他们的思想中充满美丽的记忆与丰富的内容？在他们年老之际，他们会想起这些美好的记忆，并感谢让他们有这些记忆的人。

30. 青春期的学习

当今社会，我们有如此多的神经质的男女，之所以如此，是因为他们在青春期就承担了过量的工作。

一般来说，青春期，应该是一个休息的时期。如果让孩子在青少年时期就工作，编者是反对的。要知道，这一年龄阶段的孩子正处于散漫的爱做梦的年龄，他们正处在蝶蛹期，既不是毛毛虫也没成为蝴蝶，很自然地，他们喜欢幻想而不是行动。

可以说，青春期还是一个无须承担工作责任的时期。如果我们在孩子青春期之前做好引导，让他们的脑袋里装满美好的思想，并给他们提供丰富且有价值的阅读资料、知识储备、学习习惯，那么，他们就不会太早放弃读书学习而去工作。

31. 不要给小孩子太多学习任务

几乎每天斯特娜都会收到不同地区的母亲的来信，她们询问斯特娜，正处于青春期的女儿是什么样子的。

青少年时期的小维妮弗蕾德正处于学习的盛期，斯特娜知道她不会再回到无知黑暗的愚昧状态。她习惯将书当作她最好的朋友，她热爱音乐、艺术和自然。斯特娜自然而然地引导她，而不是强迫她去吸纳知识，而且她将继续不断汲取知识。

小维妮弗蕾德没有什么特别的任务或者工作，她和自己的宠物自由玩耍，读一些斯特娜给她推荐的书。如果有灵感就写故事，或者去散步、弹钢琴、拉小提琴。她从不觉得生活无聊，她也不用难过或者感到有压力，因为斯特娜并没有要求她,在这个年龄要完成什么任务或实现什么目标。

32. 合理的假期安排

编者认为,孩子不应该有太长的假期,而且老师们经常说,孩子们在放假期间,总是将他们所学的东西给忘记了,结果,开学时,总要花很久的时间温习曾经学过的知识。

当然,假期的存在有其合理性,但编者不同意一个假期终止了数月之久的学习。

很多父母喜欢孩子待在学校中,希望孩子不要待在家中。每当学校放假时,他们总是要送孩子去补习班。因为他们待在家里总爱大吵大闹,还把家里弄得脏兮兮的。

可以说,愿意牺牲自己的生活和娱乐时间,来陪孩子玩游戏的父母很少。

大家都知道,如果盆栽长时间没有被关注,没有被滋养,就会枯萎。而孩子的教育,就如同我们的日常饮食一样,是我们每天的生活中不可或缺的。

同样的道理,孩子不能学习了9个月,在剩下3个月的假期中,就不再运用他们的大脑。要知道,撒旦一定会为我们闲置的双手和大脑制造一些恶作剧的。我们如何能够指望孩子在漫长而不用思考的假期过后,依然记着他们在学校所学过的东西呢?

自然教育家们相信,不论在家里还是在学校中,都应该坚持教育孩子。

确实,孩子们需要假期,但老师可以借此有新的收获和发展,整理出新的教育思路;孩子们可以通过不同渠道,来吸纳一些新知识,比如,通过有意义的游戏方式来学习知识,还可以在树林散步、逛动物园、看看天空、查查字典

第1章 了解自然教育法的目标与原则

或者读读百科全书。

33. 让孩子做一些有趣的工作

一个妈妈如果总让孩子们无所事事，那是错误的做法。妈妈一定要让孩子做一些工作或事情，要知道，他们能从完成任务获得的成就中感受愉悦。一般来说，他们喜欢带有任务性、而不是没有目的的游戏。

通常，有目的的游戏能让他们在获得成功、实现目标的同时，体会到更大的快乐。当一个孩子问你"妈妈，我现在干什么"的时候，他并不是在要求独自一人玩耍。可以说，一个孩子向成人提要求与建议，是他们渴望能有所发展的体现。

34. 用游戏的方式教育孩子

可以说，游戏是开发智力、强健体魄、深化灵魂的最有效的介质。编者希望能将一些家庭式的游戏方法推荐给学校。这些游戏非常有趣，编者非常想看到孩子们能在学校中玩这些游戏，也希望他们在回家以后，包括假期，都喜欢玩这样的游戏。

就像斯特娜在家庭式的游戏中尽可能地融入许多重要的知识，而小维妮弗蕾德把它们编成了有韵律的歌谣，以方便孩子们记忆。

35. 学习音乐是教育的捷径

就像柏拉图所说的，音乐可以陶冶心灵，给人带来优美的享受。斯特娜将节律尽可能多地融入游戏中，从而有利于实现教育的五个目标：培养孩子的观察力、浓厚的兴趣、注意力、想象力和探索性。可以说，音乐可以让我们更快地实现教育孩子的目标。

36. 让孩子随意说

不管是在学校还是在家庭中，编者认为应该鼓励孩子们尽量表达自己的想法，编者坚信我们需要的是个性化的教育，而不是群体形式的同化教育。

同时，我们必须培养孩子的爱心与浓厚的兴趣。事实上，打开孩子智慧大门的钥匙正是孩子的兴趣，而不是采用强制的方法。

我们必须设法促进孩子德、智、体等方面的全面、协调发展。

可以说，我们不需要用填鸭的方式来教育孩子。我们应该让孩子们知道如何运用知识达到目的，我们必须让更多的父母明白：学习的质量比数量更为重要。

37. 儿童的社会

人类曾经有过母系社会，也经历过父系社会，现在，我们进入了儿童的时代。人们越来越意识到，孩子是人类未来发展的最有价值的源泉。

如果我们的社会中，有大量的精神或者身体有缺陷的孩子，那么，就意味着一个民族的衰亡，而培养更多的高智商的健康孩子，则有利于一个民族整体素质的提升。可以说，孩子有权利健康地出生，有权利受到良好的教育，有权利开心地生活、表达内心的喜悦。

韦伯斯特曾经说："如果我们雕刻的是大理石，它终会慢慢消磨；如果我们打磨的是铜器，它终会随着时光黯然；如果我们修建的是庙宇，它终会土崩瓦解化为尘埃；只是，如果我们教育的是不朽的灵魂，那我们将在碑石上镌刻

第1章　了解自然教育法的目标与原则

下永久的光辉。"

可以说，世界上没有比孩子更重要、更充满趣味的了。

如果有人想从事慈善事业，或者成为对社会有用的人，那么，他就应该努力为儿童做一些事情。如果人们渴望成为智者，那么，他们应该去研究儿童。如果人们想永葆青春和快乐，他们就应该去同孩子一起快乐地生活。

38. 让童话与孩子如影相随

孩子们都知道，不管在家里还是在学校里，童话都是必不可少的。而消除担心、恐惧还有恶魔，也需要童话与孩子相随。如果一个人幼年时，通过枯燥的学习和惩罚的方式掌握知识，那么，将来，他就不知道该怎样更好地学习，甚至会厌恶学习。而如果将知识、道理用童话的方式讲给孩子听，他们很容易就能接受。

所以说，孩子的世界里不能没有童话。

39. 遵循拉斯金的教育原则

父母要想教育孩子，应遵循拉斯金的教育原则，努力让孩子们有快乐的思想之源，在孩子幼时，就给他灌输美好的思想。因为人小时候的记忆是最持久的。

拉斯金的教育原则根本上就是要给儿童的大脑注入美好的、活泼的、生动的回忆。"年轻时，我们没人知道，因为我们没有被如此教育过，由美丽的思想所构筑的童话宫殿，是能够经得起逆境的考验的。美丽的童话、幸福的回忆、神圣的历史、坚定的信仰，还有珍贵而平和的思想宝库，这些都不能丢失，都要让它们与我们永生相随，即使痛苦、低迷和贫困，也不能离开我们的心灵家园。"

而自然教育的目的，就是为孩子们建立这些快乐的殿堂，促进孩子的良好发展。

我们的教育目标

（1）创立一个教育圈子：爸爸、妈妈、老师和孩子。

要建立以父母与老师为核心的教育圈，让爸爸、妈妈、老师和孩子一起进入一个充满爱与赞美的自然教育圈。

在这样的教育氛围中，父母以及老师都有机会就如何教育孩子自由表达自己的观点，而孩子也可以帮助老师来了解父母的教导方式、教育理念。

（2）奠定良好的教育基础：先教父母，再教孩子。

在社会及学校中，我们应该设立与父母教育有关的培训课程，通过对这些父母或者准父母的培训，让他们真正具有教育好孩子的能力，从而奠定每一个孩子德、智、体全面发展的外部基础。

（3）制定全新的策略：游戏教育法。

通过一些有目的的游戏，为孩子营造欢乐的教育情境，从而让孩子在快乐的游戏中有所体会与收获。

（4）培养孩子的优秀品质：自我控制和乐于助人。

我们要培养孩子的自我控制力，培养孩子乐于助人的品质，让孩子在帮助他人的同时体会到快乐，获取愉悦。通过有效的教育，让孩子成为一个对社会

第 1 章　了解自然教育法的目标与原则

有益的合格公民。

（5）创造一种教育氛围：爱和兴趣。

在家庭、学校中建立爱的规则和宽松的氛围，让爱和兴趣成为主导。

我们的教育原则

（1）教育要终其一生，永无止境。

（2）要培养父母成为自然教育的人，这是首要的原则。

（3）自摇篮期就开始为孩子制订心灵、身体、智力这三方面的全面教育计划。

（4）每一个孩子都有天赋，父母要善于发现孩子所具有的天赋，并促进这种天赋的发展。

（5）父母要教孩子学习如何进行有效游戏，如何进行有意义的游戏。

（6）要发展孩子的五种感官能力，要知道，优秀的感官能力是保护孩子身体健康、安全的盾牌。

（7）要鼓励孩子成为大自然的探索者。

（8）对于孩子提出的问题，我们倡导父母认真地回答，从不拒绝。

（9）我们要开发孩子的想象力，要培养孩子的创造力。

（10）孕育万物的自然界，是孩子最天然、最美丽、拥有最丰富知识的老师。

（11）父母不要压抑孩子的想法，鼓励孩子尽情表达自己的想法与观点。

（12）要鼓励孩子，将所学的知识传授于他人，鼓励孩子学会分享，善于分享。

（13）在教育孩子时，对孩子所进行的个性化的培养，远远优于体制化的群体的培养。

（14）我们要给孩子们有建设性的玩具，而不是破坏性的玩具，同时，要给孩子们传授给予、感恩的人生观念，而不是一味索取，或者太贪婪的人生观念。

（15）在5至12岁时，要给孩子美丽的记忆。那么，在孩子12岁以后，他们的行为举止中就会体现这些美丽而且有益的思想。

（16）在孩子12岁以前，可以用自然而然的方式教孩子学习多种语言。

（17）通过协调的韵律，我们可以培养孩子的节奏感。

（18）对孩子来说，最初的音乐训练，一定要自耳朵开始。对于声音的练习，则应该在用眼睛分辨事物之前就开始。

（19）用童谣、歌谣、顺口溜，来教孩子日常生活中重要的事情，可以让他们铭记于心。

（20）要向孩子传授实用而有效的知识，让他们成长为有能力的合格公民。

（21）不要让孩子只为了应试而死记硬背。

（22）为了提高教育的质量，应该给老师更高的工薪，减少老师的工作时间，并要求他们教授少数的孩子。

（23）可以让孩子管理小花园，或者照顾年龄更小的孩子，这样，就能培养孩子关怀他人、照顾他人的天性。

（24）帮孩子掌握与世界沟通的技巧，教会他们使用外语，使用通用的国

第1章 了解自然教育法的目标与原则

际交流的工具。

（25）教会孩子掌握读、写、听、说的能力。让孩子练习打字，是一个非常好的提高记忆的方法。

（26）不管在家里，还是在学校中，孩子的世界里都要有童话、有爱、有同情心，还要有喝彩声。

（27）让孩子的心远离恶魔、担忧、恐惧与慌乱等会影响孩子心理健康的不良因素。

（28）在孩子的世界里，要删除"我不能"之类的词，要让孩子使用"我试试"之类的词。

（29）让孩子树立远大崇高的理想与抱负。

（30）帮孩子奠定教育的五块基石：观察力、浓厚的兴趣、专注的能力、模仿力以及探索力。通过学习控制自我、享受成功，进而体悟教育的终极意义。

总之，自然教育法就是注重发掘孩子的天赋，顺应孩子身体、心理、智力的发展规律，将孩子培养成为心灵美、智力高、身体好、爱生活的人才的一门教育方法。这也是我们编译此书的目的。在下面的各个章节中，编者将在斯特娜夫人阐述自然教育法的基础上，结合当代教育出现的问题，说明自然教育的重要意义。

第 2 章
自然教育法的实践与运用

自然教育所需的工具：适于 1～6 岁孩子使用的工具清单

编者将自然教育中所用工具与近年来各个家庭中孩子的玩具总结分类如下。

1. 第一年工具单

彩色气球、七彩棱镜、镜子、圣诞铃铛、不同音色的铃铛、拨浪鼓、一元硬币、跳跳球、洋娃娃、沙盒、家具组合类的玩具。

第 2 章 自然教育法的实践与运用

2. 第二年工具单

除了可使用第一年所用教育工具外,可增添以下这些工具:各种球类、不同款型的洋娃娃、有字母和数字的木块、数字和音符色块、诺亚方舟玩具、小村庄模型、船、积木、七彩图片、橡皮泥、象牙白的盒子和有触感的数字、彩色纱线、剪刀、贝壳、全音阶的小乐器、一棵树。

3. 第三年工具单

除了可使用前两年所用的工具外,可增添如下的工具:能组合重构的字母(拼音)块,电动类玩具,彩色蜡笔,水彩盒,小工艺桌子,装有粗糙或光滑触感的小物件的盒子,装有豆子、小卵石、小徽章等的盒子,鱼缸,宠物狗,小猫,小鸟。

4. 第四年工具单

在这一年中,前三年所用的教育工具,可继续使用。此外,可增添如下的工具:鸟和动物的图片、骰子、地球仪、鼓、有孔的珠子、多米诺骨牌、精确的地图、挂在墙上的大地图、七彩的陀螺、大理石、扑克、各种印刷制品、磁铁、算盘、量筒类的度量工具。

5. 第五年工具单

在第五年时,我们可增添如下这些工具:陶土板、用来编织的纤维和藤条、稻草人、放大镜、测量线、剪贴本、铅笔、小型照相机、自然教育游戏纸牌。

6. 第六年工具单

在第六年中，我们可增添如下的教育工具：钢笔、弹球、缝纫的装备、管弦乐器、编钟或木琴、卷尺、直尺、人工攀登树、园艺工具、各个国家的国旗、缩影房屋玩具、跷跷板、滑梯、英语或其他语言的游戏道具、象棋、扮木匠的玩具、万花筒、摇摇马、动物玩具、明信片、立体镜、建筑积木、迷你房屋、纸娃娃、茶具、各种硬币、古董、串珠、语言教育磁带或光盘。

7. 自制工具

或许，当一些母亲看到这一长串的教育工具清单时，会感觉眼睛发晕，脑袋发胀，认为购买玩具要花费很多的金钱和精力。但是，如果仔细看下清单，便会发现许多玩具可以一直使用到6岁，甚至时间更长久一些。当然，也没有必要购买清单上的所有教育工具。如果有一些工具买不到或者制作不了，父母可以用有相似功能的工具替代，毕竟，对孩子来说，他们要玩的物品种类是越来越丰富了。

可以说，这些小工具都是自然教育的好帮手，借用这些工具，我们可以让孩子的学习与教育过程变得高效。母亲可以用这些工具，给孩子带来无限的快乐。

聪明的母亲甚至可以亲自动手，制作出比玩具店售卖的玩具更有价值的玩具。对孩子来说，自制玩具更有趣，而且孩子的更多创造力能在这个过程中被激发出来。

下面就来看一看斯特娜夫人是如何使用这些工具来教育孩子的吧。

第 2 章 自然教育法的实践与运用

巧用自然教育工具教育孩子

1. 可健身的球类玩具

在所有的玩具中,如果让我给孩子选择最喜欢的玩具,那么,我只会选择球类玩具。可以说,球类玩具是最有力的游戏小助手,它如同运动中的小精灵,既包含着运动因素的精华,又能给孩子、老人及年轻人带来健康和快乐。所以说球类玩具"药球"的称号是当之无愧的。最重要的是,它的健身作用非常明显。

即使年龄很小的孩子,也喜欢看球被扔到空中,再被接住的这一过程。那些打球的孩子,他们喜欢看球高高弹起,就感觉自己像天生的棒球或足球运动员一样,在球被掷到空中时,出自本能地努力去接它或踢它。

小维妮弗蕾德还是个婴儿时,就对我用细绳拴在两把椅子之间的球,产生了强烈的兴趣。

每一个孩子都是天生的球员,而小维妮弗蕾德坐在铺于两把椅子之间的被子上,去踢那个摆来摆去的球,偶然踢到球,她就无比的兴奋,并努力地瞄准球,碰来碰去,乐此不疲地玩这个游戏。这项活动有助于锻炼她小小的脑袋和稚嫩的身体之间的协调性,并能在快乐的游戏中,不断地锻炼她的肌肉。从她不知疲倦的努力和异常兴奋的叫声中,不难看出,她获得了无限的快乐。不过,每次让孩子玩这项游戏的时间,都不应该超过10分钟,因为对于婴儿来说,这个游戏实在是太耗损精力了。

2. 婴儿的球类游戏

我曾经用这个球教小维妮弗蕾德学会观察——强化眼部功能和反应能力，锻炼视神经。现在，尽管小维妮弗蕾德已进入了青春期，我仍会和她玩这种不断升级的球类游戏。

在小的时候，在小维妮弗蕾德还坐不稳时，我就将她放在游戏毯上，将她周围铺上垫子或者枕头，以避免她摔倒。而我坐在她对面，微微地张开双腿，也将孩子的双腿摆成同样姿势。我轻轻地把球推向她。最初时，小维妮弗蕾德自然接不到球，但是她总会举起胖乎乎的小手，努力去碰球。一次又一次，我不停地将球滚给孩子，试图让她学习，如何将球回滚给我。

最终，在大约一个星期后，小维妮弗蕾德可以成功地将球滚回给我。又过了几周的时间，她学会了将球掷向我的方向。可以说，像这样的球类游戏，不仅锻炼了她的肌肉，还训练了她的眼部和手部功能。

之后，我们的扔球游戏玩得越来越熟练，当小维妮弗蕾德不需任何特别反应就能熟练接球时，我们开始学习诗歌。在学习时，经常是我念一句，她对一句，来来回回，一边扔一边念，一场游戏下来能够熟读不少诗句。

当然，也可以用球类游戏教孩子练习数数。比如，在拍球的时候，我从1数到5，后来逐渐增加。最初时，孩子并不明白我在拍球的时候发出的"1、2、3"是什么意思，但当她开始咿呀学语时，玩"拍球"时便会模仿着说"1、2、3"。

等小维妮弗蕾德的年龄稍大一些时，这个游戏就变成了应和着儿歌、语言等的拍球游戏。比如，她一边拍球一边唱着她和我编的简单儿歌。

当她不小心漏球的时候，我就有了拍球机会，我们甚至记录分数，看看谁拍的时间更长,数的数字更多。

就这样,用这个游戏,我们学会了多种语言的字母,学会了数数,学会了很多诗歌、顺口溜,小维妮弗蕾德甚至还用这种方法,教会了其他的小孩子复述英语字母。

3. 多种玩法的气球玩具

可以说,气球是小维妮弗蕾德有生以来的第一个玩具。对于一个六周大的婴儿来说,真正的球类游戏,还不能吸引他的注意力。但如果你将一个鲜艳的红色气球拴到婴儿的手腕上,他的小手会随着悬浮的气球而不断地运动,或者说气球随着他挥动的小手来回地浮动。

此时,母亲可以温柔地告诉他,这个气球是红色的,是圆形的,它很轻很轻,可以轻轻飘起来,可以上下浮动。让孩子观察与玩气球,既让孩子锻炼了小手,还在无意识中,让婴儿认识这个玩具的特点。

其实,任何婴儿都会用挥一下手臂或者踢踢小腿的方式,来锻炼他的肌肉,只是这样的动作,大多是无意识的。如果母亲帮孩子设定一个目标,他会更早进行这样的练习。随着气球的飘动,来锻炼如何协调手部的肌肉,此时,这个气球就相当于孩子的第一个小"哑铃"。

随着孩子慢慢地长大,气球的功能也会相应地增加。当然,我们可以用孩子身体的各个部位和各种辅助材料,来大胆探索气球的不同玩法,来培养孩子的创造力。

我们也可以用头来顶气球,可以用手来拍气球,可以用脚来踢气球,可以吹气球(别吹太大,以防爆裂),可以给气球放气、看它像老鼠一样乱窜。事实上，这些都能激发孩子的快乐情绪，让他体验合作与游戏的乐趣。可以说，气球是每一个家庭不可或缺的、最简单、最便宜的幼儿玩具。

4. 棱镜投射光波游戏

在日常生活中，我们可以用棱镜或镜子反光投射来逗婴儿，这是最简单的游戏之一。在阳光下，我们可以拿着棱镜或镜子不断晃动，让舞动的精灵之光在墙上、屋顶上四处窜动，甚至可以把阳光反射到他的床单上。

在孩子面前，我们不断地投射、晃动棱镜或镜子，只要坚持下去，孩子终会被快速闪动的五彩的光波所吸引，甚至会饶有兴趣地伸手去抓那些闪动的"光波"。这个小游戏，对视力的发展有很好的作用。

5. 铃儿叮当：婴儿世界的美丽乐章

我曾经将不同音调的铃铛，捆绑在婴儿床的床脚上。每当小维妮弗蕾德蹬脚时，铃铛就会发出叮当的响声，发出非常悦耳的声音。一般来说，她蹬得越用力，铃铛的声音就越响亮，如同动听的小乐章，可以培养孩子的乐感。

此外，我还在每个铃铛上系上不同颜色的丝带，丝带的颜色非常鲜艳，从而能充分发挥色彩的刺激功效。

如果你想让孩子听铃儿的叮当响，也可以这样做。而当红丝带的铃铛摇响时，母亲可以告诉孩子这是"红色铃铛"。就这样，一天天地过去了，在小维妮弗蕾德6个月大的时候，她已经可以按我的要求敲响红、蓝、绿等颜色的铃铛。当然，对于小小的生命来说，这个游戏时间不宜太长。

其实，经常让孩子听音乐，有很多好处。

如何让孩子对音乐感兴趣呢？作为母亲，总能找到培养孩子乐感的方式，比如，将风铃挂于门上，有人通过时，一碰到它，就会发出响声；比如，窗边的竖琴，一有风吹过，弦就会响，声音非常甜美悦耳；再比如，放于婴儿床边的摇铃，偶尔地晃动它，就会形成某种节奏，比如，打3／4或4／4的拍子，也可以为这个尚在襁褓中的小听众弹奏属于婴儿世界的美丽乐章。

6. 让孩子爱上漂浮的洗澡玩具

让我们看一看鸭妈妈的戏水原则：它总是带领着小鸭子到池塘中游泳，而不是跟在小鸭子后面，赶它们下水。

我们要试着让洗澡变成一个游戏或者一个娱乐活动，这样，在给孩子洗澡时，就不会那么难以应付了。

我们可以在浴缸中放一个玩具。而最适用放在浴缸中的玩具，是可以漂浮于水中的空心玩具。

如果一个孩子不喜欢水，那么，在他洗澡时，我们可以在浴缸中给他放这样的玩具，当孩子看着玩具随着水波漂动时，会去抓它、推它，由此，他将注意力集中在漂动的玩具上，忘记了妈妈在为自己洗澡。

小维妮弗蕾德小时候，总是很喜欢和洋娃娃以及一个小小的白桦树皮制成的独木舟一起洗澡。

由于她太喜欢洗澡，以至于我必须锁上浴室的门，避免她一个人溜进去玩水。

7. 有趣的沙盒训练游戏

有很多母亲不喜欢让小孩玩沙子，怕小孩玩得很脏或者误吞了沙子。

事实上，母亲可以给孩子一个沙盒，可以说沙盒是每一个儿童都应拥有的玩具。

我曾先后用20个婴儿来做实验，训练他们玩沙子。如果发现婴儿要吞沙子，我就会紧抓他的手，这样，他就觉得失去了自由。

由于怕失去自由，他自然不会再把东西放到嘴里。在生活中，我们让孩子明白嘴不是什么都能放的"食物储物柜"，并非是一件困难的事。

当然，沙盒还可以用来教授孩子地理等方面的知识，同时，可以让孩子感受不同成分的物质。

8. 识别字母（数字）的玩具

很多孩子都喜欢玩木块儿，喜欢搬木块儿、拼木块儿。母亲可以用木块儿来教授孩子学习一些知识。不同类型的标有字母或者数字的木块儿，都可从儿童商店购买。

母亲可将红色或是浅绿色的纸剪成字母、数字或者音符，贴在婴儿室的墙上，指着墙上的字母"A"，然后和孩子一起寻找木块儿"A"。不要尝试一次就教会孩子。

除此之外，木块儿也有其他作用，比如，可以让孩子练习数数，可以让孩子练习搭房子等。

第 2 章　自然教育法的实践与运用

9. 炫目的彩虹旋转陀螺

陀螺是一种会旋转的玩具，每一个孩子看到它，都会喜欢它。很多国家与地区都有这种玩具，并且会代代传承下来，只要有儿童的地方，陀螺玩具就是不可或缺的。

陀螺玩具有很多种，但最吸引孩子的，是七彩陀螺。它印着紫、蓝、青、绿、黄、橙、红色，它旋转时，缤纷美丽，灿烂炫目，孩子会觉得特别漂亮。它不仅培养了孩子的色彩感，而且能激发孩子的想象力。

与女孩子相比，男孩子往往缺乏色彩感，这在他们成人后会有所体现。没有通过色彩测试的男人往往比女人多，在幼儿时期，如果这些男人能够接受陀螺训练，他们通过色彩测试的概率会高一些的。

当陀螺停止旋转时，父母可以这样启发孩子："看看这个可爱的红色！"要注意的是，母亲要坚持始终从红色开始引导孩子，不管是以前的彩带训练，还是在以后的颜色测试纸训练中，直到孩子完全认识了这个颜色为止。

10. 与孩子一起玩动物游戏

所有的孩子都天生喜爱动物，即便是刻于木头或石头上的简单动物图形，也能吸引孩子的注意力。众所周知，诺亚方舟上有多种多样的物种。在看诺亚方舟时，母亲可引导孩子去看。在母亲的正确指导之下，这些木制动物可以给孩子带来很多乐趣。

在看诺亚方舟时，母亲可以乘机告诉孩子一些生物学的知识，告诉孩子不同动物的习惯。母亲可以生动地描述动物的外形，甚至可以假扮狮子、老虎等，与孩子一起玩动物游戏，也可以编动物故事，来开启孩子的想象力。

在日常生活中，母亲可以和孩子一起裁剪或者折叠动物形状，也可以在拼字游戏中，配以一些表演的动作，让孩子认识猫的特征。比如，当孩子拼写"猫"的时候，就可以让他一边拼写，一边模拟猫的动作，时不时地学几声猫叫，或者唱关于猫的儿歌，使单纯的拼字游戏变得丰富多彩，富有情趣。

在这里，建议母亲们买一些场景模型作为游戏的背景，在玩游戏及教孩子历史故事时，这种模拟场景可以说是十分有效的。

11. 让孩子大跌眼镜的精致小盒

通常，孩子们都喜欢小小的、可爱的物品。任何小小的玩具都能让他们开心，小维妮弗蕾德也是如此。

有一次，我的一个朋友让她选择两个球形的糖果盒，一个如足球一样大小，而另一个还没有核桃大。小维妮弗蕾德知道两个盒子都装满了糖果。

朋友认为：她会去拿装有更多糖果的大糖果盒，可是，小维妮弗蕾德在对糖果盒看了一会儿后，说道："哇，可爱的糖果！大足球盒子里肯定装了更多的糖果，但是小盒子实在太可爱了。如果您同意的话，我要拿小盒子。"

她的选择，让大人们十分意外。但是可爱的小物件，总是让人十分着迷，甚至心生怜惜，对女孩子来说，尤其迷恋小玩意儿。

12. 培养孩子的触感

通常，我们可以用让孩子触摸或粗糙，或光滑，或尖利，或圆钝的小东西的方式，来培养孩子的触感。

通过触摸砂纸，孩子可以感受"粗糙"是什么感觉；通过触摸白纸，来感

第 2 章 自然教育法的实践与运用

受"光滑"是什么样子。

我们可以将一些豆子、纽扣、贝壳、卵石、别针、米粒、陶瓷小动物、骰子、弹珠、小木片、珠子、咖啡豆和硬币放在一个大盒子里,而这个盒子,就相当于孩子触觉感知训练的聚宝盆。

在培养孩子的触觉感时,我们一定要将孩子的眼睛蒙上,让他们每次只从盒子中拿出一样东西,看他们是否能描述出这些东西的特点,比如,它是尖的、钝的、粗糙的还是光滑的呢?

在培养稍大一些孩子的触觉感时,我们也可以用同样的方法。比如,可以让孩子摸不同的东西,之后,再让他们说出这种东西的名称。

有趣的是,有个小孩儿,他将由粗糙材质制作的小猫叫作"普通的小猫",而将由光滑材质制作而成的小猫称为"乖乖的小猫"。

有个小男孩儿,总爱往嘴里放大头钉和别针,而我们可以用玩盒子游戏,帮助他改掉这个坏习惯。

具体的做法是,让他将盒子中所有会对他造成伤害的尖锐东西,放进另一个小盒子,同时教他识别别针、针、图钉等小东西。当男孩将这些东西小心地拿了出来,放入另一个盒子,并交给他的妈妈时,他说:"伤害汤米的坏东西,再也不吃了,再也不吃了!"

自此以后,那个孩子不再吞咽这些尖锐的小物件。对孩子来说,禁止他做一些事还不如引导他主动地去做一些有利的选择。

当然,我们还可以用这些盒子里的小物件,让孩子们玩非常有趣的"奇偶"游戏。玩游戏时,母亲在手里攥着一定数目的小物件,然后问孩子"是奇数还是偶数?"

母亲问，孩子来猜，然后，母亲和孩子一起数这些小物件，看看是否猜得正确。

13. 可爱的宠物们

可爱的宠物能够给孩子的生活带来无限的乐趣，并唤起孩子爱的情感，激发孩子关心他人、照料他人的本能。

可以说，我们如果从小注意培养孩子的情感，他们自然就懂得如何去爱他人，如何去为他人付出。

如果家里条件允许的话，可以养鸟儿，可以让鸟儿自由地飞，建议大家养一只金丝雀，给孩子当作宠物。但如果必须将鸟儿一直关在笼子里，那就不提倡养鸟了。

我们家有一只漂亮的金丝雀，在家中的某些区域内，它可以自由飞翔。有时候，它还站在打字机的架子上唱歌，有时候还能学跳绳。在小维妮弗蕾德拉小提琴时，它站在她的肩膀上，哼着美妙的曲调，并随着音乐的响起，慢慢为她伴舞。

不过，并不是每一个家庭都方便养鸟，但作为父母，至少要为孩子买一个鱼缸，在家中养鱼并非难事。我用一个圆球缸养了6条鱼，并养了很多年。鱼缸可作为装饰品，还能教儿童一些鱼类知识并使其了解这类生物的特点。

14. 跟万花筒去旅行

让孩子玩万花筒，有助于激发他对图片和图案的兴趣。万花筒图案千变万化，可以让孩子感受到图片变幻无穷的乐趣。

匹兹堡自然教育学校的一位老师，用万花筒和明信片带女儿到世界各地旅游。每星期，她至少与孩子进行一次这样的万花筒旅行，她的这种做法极大地丰富了孩子的地理知识和图片欣赏能力。

15. 乐器的神奇功能

很多父母喜欢让孩子学弹钢琴，事实上，其他一些乐器，对孩子的成长更能发挥积极的作用。

可以说，如果想要教育孩子热爱古典音乐，教师必须是一个真正的音乐家，必须花费很多的时间去练习，并且要让孩子尽最大的努力去演奏。

平时，老师可以与孩子一起听音乐、做表演，教他们熟悉韵律并玩一些音乐游戏。通过了解乐器，孩子们可以熟悉伟大的作曲家，可以听到伟大歌手的声音。

一般来说，借助音乐训练，在甜美轻柔的旋律中，他们可以慢慢地进入"安静"的状态，得到休息放松。而在活泼欢快的音乐氛围中，他们可以翩翩起舞。这些都不用老师特别指导。

16. 儿童家具的布局

可以说，儿童之所以淘气，其中有一个原因就是家庭所构建的功能不能满足儿童的一些需求。

在日常生活中，为了孩子而将家具进行特别布局的家庭实在是少之又少。我仅仅见过一个家庭为了孩子而设定了特别的家具格局，而那家有三个聪明可爱的孩子，父母正按照自然教育法的原则培养他们。

在孩子们的父母系统地了解自然教育法则之前，他们就认为，孩子出生在这个世界上，父母应让孩子开心，并自觉承担一切应承担的责任，给孩子创造健康快乐的成长环境。为此，他们在家中设立了一个美丽的艺术房，在艺术房中，有着低低的、可以让孩子坐上去的窗台，孩子可以看窗外风景，可以喝水或者玩游戏、看图画书。

在这个家庭中，既有适合成人用的桌子，也有适合孩子用的桌子；有大人坐的椅子，也有为孩子们特别挑选的可爱椅子；而他们家的浴室中，有低低的水池，孩子可以站在水池前洗脸、洗手。他们家里每一个地方都能为孩子提供方便。在整个楼上，设有孩子专用的面积很大的游戏室，游戏室里面有各种玩具和用品，它们可以让孩子们得到快乐。

孩子们为有这样的房间而感到开心。可以说，他们正是遵循着"为孩子"的想法，而精心布置了一个家，一个平等、温暖、舒服而自由的家。

在生活中，一些父母总是严格地管教孩子，孩子想看哪本书要经过妈妈的同意，想坐哪一把椅子要征得父亲的同意。也有的父母有爱唠叨的习惯：家里哪些地方被孩子弄脏了，哪些物品被孩子弄坏了，哪个东西被孩子砸碎了，孩子该洗脚了，该刷牙了，为什么没有叠被子……

于是，很多男孩因不堪忍受父母的这些唠叨，而选择离家出走。我的一个朋友的孩子曾经说："即便到了天堂，我也不想见我妈妈。如果在天堂遇见妈妈，她会说的第一件事仍然是，'你给我回来洗脚'。"

虽然我也没有为孩子布置一个适合她生活的家，但是在我的家中，我尽力把每个房间的某些部分给小维妮弗蕾德，并将一个房间作为她的游戏室。

她的大部分玩具都是放在游戏室中，她的玩具娃娃和最喜爱的书，可以随意放在家里的某一个房间中。在她看来，玩具娃娃也要像真正的孩子一样，要将它放置在舒适的椅子上。图书呢，都整齐地摆在桌子或者窗台上。

我一直把办公室整理得井井有条，小维妮弗蕾德像我一样，也将自己的游戏室收拾得井然有序。

小维妮弗蕾德有一双可爱的小手，在她小的时候，我们教她亲手将游戏室的所有物品整理好，我们告诉她，童话里的皇后，每天晚上都会检查游戏室，如果发现物品遗落或者有乱七八糟的地方，皇后就会生气，而生气的皇后是不会再将礼物放在小女孩的枕头下的。

17. 自然教育树

有一位靠洗衣服和熨烫衣服为生的母亲，希望我能为她的孩子提供一种游戏，从而能在她工作时，避免孩子因玩耍而干扰她的工作。

她对我说，孩子总是打开她的抽屉乱翻，总是在家具上上蹿下跳，令她非常烦恼。事实上，孩子这样做，是好奇心强的表现。

可为什么非要限制孩子的好奇心呢？为什么非要禁止孩子像猴子似的攀高爬低的本能呢？

我给这位母亲出了一个主意，锁上抽屉，然后，给孩子一盒好玩的玩具，如球、卵石、木块等，但是要将所有的玩具拴于一棵小树上，树下放一些垫子（这样如果他掉下来也不会受伤），这样，就可以让他体验爬树的乐趣，而不再去爬家具了。

或许，要求住在城市中的母亲为孩子准备一棵树是不太现实的事情，而空间小的家庭也无法在家中放下一棵树。

不过，父母可以动手给孩子制作"自然教育树"，这棵树有着非常结实的树干，其粗细可以有所不同，要有光滑的树枝。此外，可以在树上挂上一些物件。

当然，这棵树的高度是可以调整的，以方便不同身高的儿童。

由于"自然教育树"有光滑的树皮和树枝，因而，不会让孩子的眼睛或皮肤受伤，这棵树的下方，可放一个气垫或旧床垫，这样，当孩子掉下来时也不会有什么危险。

同时，"自然教育树"能避免孩子像在户外爬树那样，总是弄得一身脏。

18. 小型梯子的作用

从某种意义上来说，小型梯子也是非常有利于儿童发展的工具，它具有锻炼孩子的四肢及协调能力的功能。

木制阶梯也不错，父母与孩子可以自己动手制作木制阶梯，可以将材质非常轻的两英寸[①]宽、一英尺[②]长的木质材料制作成小型梯子，孩子可以由底部顺利地跑上顶端。

事实上，如果每天都让孩子做一些这样的练习，那么，很快他们就能学会掌握平衡，就像他们有四条腿一样。

19. 在地球仪中漫游

在孩子看来，每一个圆形的东西，都比方形的更好玩，从而更有吸引力。可以说，婴儿会喜欢地球仪，并在地球仪的快速旋转中感到新奇和快乐。

---

① 1英寸＝2.54厘米。
② 1英尺＝0.304 8米。

在学校,应该给每一个孩子一个小地球仪,这要比全班学生共用一个大地球仪更有意义,更能让孩子保持兴趣。

当老师在大地球仪上指出一些特别的地方时,孩子们则可以在自己的地球仪上找到相应的位置。

此时,老师可乘机给孩子讲一些与这个地方有关的故事、歌谣,或者给孩子讲这个地区所特有的动植物,以激发孩子们的兴趣,拓展孩子们的思路。

有时候,老师可以与学生一起用地球仪,来做旅行的游戏,比如,要一起计划去某地旅行,用牙签来标示旅行者从一个地方前往另一个地方的路线,中间经过水路、陆路,经过不同的民族和国家,最终,他们到达目的地,完成这一次漫长的旅游。

20. 最实用的节奏鼓

对于小孩子来说,鼓是最简单最实用的工具。父母可以教孩子敲鼓,这样,就可以培养他们的节奏感。此外,在玩行军游戏或者节奏游戏中,鼓也是非常好的辅助工具。

21. 串珠子训练法

无论是安静型的孩子还是调皮型的孩子,一见到珠子——这种圆圆的、有不同色彩和大小的玩意儿,都会非常开心。让孩子玩串珠子,可以锻炼他们手指的灵活性,也可帮助他们练习计数。而父母在碗中放一些大小不同的豆类食品,比如,黄豆、绿豆、花生米等,让孩子从碗中夹出光滑的豆子,也能借机锻炼孩子手部的灵活性及计数的能力。

22. 多米诺骨牌的功能

平时，父母可以让孩子玩多米诺骨牌，通过玩多米诺骨牌，小孩子可以学习数数，学习排列，学习轨迹。

23. 地图拼图游戏

要注意的是，玩这个游戏前，父母最好是事先给孩子讲一些与拼图相关的知识，这样，在拼图过程中，孩子可以更多地参与和回忆，从而让每一块拼图都有了意义和内容。

而我在使用美国地图拼图时，总是要给孩子们指出得克萨斯州是美国最大的州之一，罗得岛州是美国最小的州，而宾夕法尼亚州就像一个长方形等，孩子在掌握了这些知识后，再去拼图，往往会有更好的效果。

24. 小棍拼图的游戏

在教育孩子时，父母可用细木杆、冰棍棒、普通牙签，组成多种几何图形。这种组合图形的游戏有利于给孩子讲述几何概念，也可以锻炼孩子的手部能力。常见的细棍，也可以用来玩挑选的游戏，挑起一根小棍，而不要动其他小棍，直至挑完所有的小棍。

25. 磁铁原理

在教育儿童时，磁铁也有非常重要的用途，比如，父母可以用磁铁的相吸相斥原理，来与孩子一起玩磁铁吸铁游戏等，这类游戏，可以让孩子逐步接触关于引力法则的科学原理。

26. 美丽的剪贴画簿

孩子非常喜爱的一种记录形式,就是剪贴画簿。剪贴画簿的内容非常丰富:它既可以是孩子喜欢的图片,也可以是伟人的照片或作品。当然,孩子自己的成长照片或有趣的语录,也可以用来做剪贴画簿。如果用图片来做剪贴画簿,可以为图片配上故事。如果用故事做剪贴画簿,可以为故事配上插画……

剪贴画簿可以说是一种可让孩子尽情地记录,尽情地创造记录的一种形式。

在生活中妈妈可以用剪贴画或者日记的形式,为孩子制作成长的手册,比如,可以记录孩子何时长出第一颗牙,何时走第一步路,何时讲出第一句完整的话,等等。

当孩子长大以后,他们会为有这些童年的纪念品对母亲深怀感激之情。一位美国名人曾经说,他这一生最大的遗憾,就是母亲没有将他小时候说的话记录下来,也没有给他做过小时候的照片剪贴簿。

而小维妮弗蕾德就有一本贴满卡片、礼物、信和画片的册子,她从小就非常喜欢它。我希望小维妮弗蕾德从会写日记那天开始,就坚持写日记,当她长到她奶奶这么大的岁数时,再读这些早年的日记将会感觉非常有趣。

27. 用算盘教孩子学算术

在中国和日本,几个世纪以来一直使用算盘这种古老的计算仪器,可以说,它是教儿童加法、减法和乘法时的好帮手。

28. 放大镜的可爱之处

放大镜可以让孩子看清物体的细节部分，比如，让孩子看花朵不同部分的构成、昆虫的翅膀或者触须。此外，放大镜还可以形象地向他们解释某些物理定律或者生物特性。

29. 与容积知识有关的工具

每一个幼儿园都应该有测量的工具，比如天平和量筒工具，这样就可以让孩子尽早学习与距离和容积有关的一些知识了。小朋友可以在比较中学习长度的概念，学习一个单位与另一个单位的换算关系，学习买卖关系。

30. 小红花、金星和银星的妙用

现在，很多学校都用小红花或者金银星作为考核系统的指标。当孩子有特别好的表现时，就会奖励他一个金星或者一朵小红花。如果孩子的表现只是较好，则就会给他一个银星。

如果他因为顽皮，没有得到星星，就将一枚剪下的骑士徽章，贴在孩子的品行表上。许多家庭都正在使用品行表和性格分析的教育方法。图表比棍子能起到更好的效果。

31. 用来培养乐感的木琴

小木琴是一种可以击打的乐器，它具有激发儿童对音乐喜爱的功能，有利于培养孩子的乐感。

32. 小型照相机

在育儿室中,母亲应该放置有建设性的,而不是破坏性的玩具。

通常,如果给孩子的第一个圣诞礼物是玩具刀剑或者手枪,实际上这是在变相地鼓励他好战,孩子长大后将有可能拿着刀枪去战斗,这样的话,又怎能期望我们的下一代成长为和平爱好者呢?

母亲不如教他们用小型照相机,教他们将镜头对准他们的大自然朋友,鸟类、兽类或者植物类,而不是用枪指着这些可爱的生灵。

母亲送给孩子的最好的礼物,应该是一个照相机。她可以在孩子降生的第一时间就给他拍照,直到孩子长大成人。这些照片将会给母亲和孩子带来无限的快乐。

33. 婴儿的健身设备

父母可以在家中放一套孩子的健身游戏设备,一个小滑板、跷跷板、吊着的圆环或者秋千,这样,就可以为孩子健身做好准备。当然,也可以准备儿童木马,帮助孩子模拟如何成为骑手,教孩子怎样跨上马背,怎样有良好的标准的坐姿,如何正确地抓住缰绳等。

34. 模拟用的套装玩具

当然,父母也可以寻找一系列模拟玩具。比如,有的玩具公司会出售"玩具商店",其中包含一个小规模的商店和小包装的大米、面粉等,在玩算术游戏和学习国内经济时,这样的玩具是非常有用的。比如,木匠系列的玩具或者手工艺人配备的工具箱,可以给孩子们示范如何使用各种工具。与妈妈的五斗橱抽屉相比，小女孩儿对于用藤条编织的篮子更感兴趣，制作画框则对小男孩有更大吸引力。

看到孩子们从事有益的游戏，而不是把旺盛的精力通过破坏东西消耗出去，父母们一定会为此感觉非常开心。

35. 可以组合的卡通玩具

父母可以为孩子买有经典儿童文学作品中某些形象的小玩具，借这些玩具，可以生动地再现故事中的相关情景，以及故事中的人或物，也能让孩子充分发挥他的想象。

当然，我们也可让孩子重新组合这些玩具，自己再构思出一个新故事来演绎叙述——所有孩子都喜欢把零散的部分拼在一起，组合成新的故事。

此外，孩子在听完与这些玩具有关的故事后，他们会讲给别人听，这样，就可以加强他们讲故事的能力和想象力。

36. 让孩子学习茶道

茶道玩具是非常有益的，父母可以通过茶具，向孩子展示一些茶艺方面的知识、茶艺文化或者科学知识，这对训练他们的综合感觉也很有帮助。

父母可以让孩子借助茶具玩身份游戏，比如，扮演一位高贵的夫人，优雅地将茶水从她小小的茶壶中倾倒而出，小心翼翼而不溅出一滴茶水，这样，也促使她学习如何更好地运用眼睛和手。

37. 让孩子接受民俗文化教育

不同种类的古玩或者有民族特色的物品，都可以为不同课程打下基础。父母应鼓励孩子多与其他民族或者国家的孩子沟通，可以向其他国家的人民馈赠本国有特色的民俗物品，可以寻找国外有民族特色的纪念品。

这些东西可能会引发一个个生动的地理话题、民俗话题或者历史话题，用最具体的物品演绎历史或者文化能激发孩子的求知欲。

38. 巧用各国硬币

如果想让孩子认识金钱的实际价值，可以用一个个硬币来逐渐完成这个工作。硬币可以成为游戏中的道具，此外，也可用硬币来描绘各种图形，比如，任何孩子都能用五十美分或者五美分的硬币，轻而易举地画出圆形的轮廓。

当然，也可以通过玩国外硬币让孩子熟悉外币，从中了解外国的风土人情。

39. 有游戏功能的纸牌

不同类型的纸牌（天文类、植物类、动物类、水生生物类等），对于教师和学生来说，都有很大的帮助。通过玩纸牌游戏，孩子能了解大部分的野生动物、树木、花卉等知识。

40. 教孩子使用打字机

最好的工具要留到最后说，这就像一个小女孩，总是将她精挑细选的零食留到晚饭后再吃一样。

教育孩子的工具有很多，而在一系列的自然教育工具当中，打字机无疑是最重要的。

自孩子两岁开始，父母就应该教他们打字母和数字，甚至包括标点符号。

父母可以让他们用打字机誊写段落来阅读文字，学习文字、句子还有文章。

可以说，打字是非常实用的方法，它能够让孩子记住拼写的方式，还能帮助他们提高背诵能力。此外，打字也能锻炼孩子的手指灵活度，使他能更好地弹奏钢琴或拉小提琴。在打字机的帮助下，不到两个星期的时间，我就教会了孩子阅读一些简单的故事。一般来说，年龄大些的孩子可以打印长点儿的文章，并要大声地将它们读写出来。

此外，编者还补充了以下工具：

41. 神奇的塑料剪刀

可以说，所有的母亲都应该学会如何用硬纸板剪出椅子、桌子等模型。孩子对这些纸玩具很感兴趣，而剪纸类的玩具能够为孩子提供更广阔的想象空间。

在孩子小的时候，父母不妨给他们一把安全的塑料剪刀，并教他们学会剪一些简单的动物或者房子的纸板模型。编者相信，他们会对自己创造的作品充满兴趣与成就感。父母可以画出简单的人物、动物或其他图形，也可直接购买画好的图形，让孩子从纸上剪下来。要知道，让孩子稳固地拿剪刀剪纸，可以很好地锻炼他们大脑和身体的协调性。

让孩子玩大家非常熟悉的翻绳游戏，也有类似的作用，孩子们都喜欢这种古老的锻炼手指灵活性的游戏，无疑，锻炼手指能很好地促进大脑的发育与发展。

42. 在游戏中培养孩子的艺术感

在幼儿时期，由于孩子不会去注意任何没有颜色的物品，因此，父母有必要给孩子看鲜艳的图片。如果母亲在那些伟大作品的副本上涂描上特别鲜艳的颜色，孩子自然就会被那些美丽的颜色吸引，随后，他们就会关注图画所表现的内容。

在母亲帮婴儿培养艺术感时，艺术类图书、图画、彩色照片、画册，甚至彩色的明信片，这些都有潜移默化的作用。

此外，照相机对培养孩子的艺术感，也有很大的帮助，比如，在晚饭后，全家人可以一起享受拍照片的乐趣，并共同欣赏所拍的照片。

而看有意义的电影也是非常好的选择，好的电影从内容到形式，对孩子的艺术感受力都有促进的作用。

43. 魔法橡皮泥

你是否知道，给孩子一盒橡皮泥玩，可以让母亲少操多少心？事实上，几乎所有的孩子都喜欢玩泥巴、做泥饼。

或许，在一些父母看来，泥巴里有各种细菌，这项活动多少有些麻烦，那么就可以让孩子玩橡皮泥，可以说，橡皮泥是泥巴最好的替代品。

橡皮泥颜色丰富，又干净卫生。最重要的是，孩子们可以用它做馅饼、蛋糕、火车、坦克等模型，有些孩子还能做出小房子、家具、动物、人物等不同的模型。

44.在地图中旅游

像漫画图片一样，对于花花绿绿的地图挂图，儿童也非常感兴趣。父母可以跟孩子用挂图玩虚拟旅游游戏。在游戏中，孩子可以从一个国家到另一个国家旅行，并能掌握相对距离的概念。

45.最美的自然教育工具

一般来说，刚出生的婴儿看上去是那么的虚弱、无助与孤独。他们想要爱的轻抚，他们想看到笑脸，听到最甜美的声音。而在这个世界上，最美、最纯、最天然的教育工具，就是爱抚、笑脸和母亲的声音。

父母要做孩子的好榜样

一般来说，好母亲就能教育出好孩子。这虽然不是家庭教育中的金科玉律，但这个原则的适用度极高。每一个母亲都对子女抱有美好的希望，要想让孩子有所成就，母亲首先要做个合格的母亲。要知道，孩子是父母的影子，孩子的一切品性，不管是善还是恶，甚至是一些小习惯，都是自父母身上学来的。特别是母亲的一言一行，对孩子的成长起着巨大的作用。

1.有什么样的母亲，就有什么样的孩子

如果父母想让孩子成为一个健康、快乐、聪明、有用的人，那么，就先来反省一下自己是什么样的父母。可以说，在孩子的成长过程中，无疑，你是最重要的模仿对象。

第2章 自然教育法的实践与运用

如果一个母亲虚伪、悲观、懦弱或暴躁，或爱撒谎，那么，她的孩子这一生一定会有某种缺憾。即使现在，你没发现孩子有什么问题，但总有一天，你给孩子所造成的负面影响，会以某种形式表现出来。

作为一个母亲，一定要经常自省。你的所言所行、所作所为，都会是孩子模仿的内容。孩子稚嫩的心将在模仿中成长。父母应从孩子出生时就为他树立一个良好的模仿对象，在良好榜样的影响与滋润下，孩子能成为让父母自豪的成功人士。

可以说，父母的努力与自控，都会给孩子最温馨、最健康的记忆，将为孩子以后的人生赢得最宝贵、最灿烂的笑容。

俗语说："一日之计在于晨，一年之计在于春。"同理，人的一生，在早期的成长阶段，往往是最重要的部分。

孩子的心是一张晶莹纯净的白纸，怎样描绘，就有怎样的形态。父母是最有建设性的雕塑师。父母所创造的作品——孩子，往往与他们的心理、价值观一脉相承，孩子将在父母的雕琢中慢慢成长。

通常，性格暴躁的母亲会培养出暴躁的孩子，或者培养出的孩子特别懦弱。

而性格恬静、柔和的母亲，很可能自然而然地影响自己的孩子，所以人们常说，有其母必有其子。在其他孩子淘气、大吵大嚷时，她的孩子更有可能如同自己的母亲那样，静静坐着，用这样安静的方式，来表达自己的存在。

在有了小维妮弗蕾德后，我严格要求自己，特别注意自己的行为、语言、态度、习惯、处事风格等，从走路的步态、着装的配搭，到接待客人时的礼仪，哪怕是吃饭、喝水、上厕所、问候的小生活习惯，我都尽量让自己做到完美，做到得体，以维护我作为母亲的形象，从而为小维妮弗蕾德树立榜样。

可以说，每个母亲都希望自己的孩子喜欢学习，为了培养孩子的学习兴趣，母亲们可谓是用心良苦。而效仿与模拟可以培养孩子良好的学习习惯。

如果父母不想将来为孩子厌恶读书而束手无策，那么请从今天开始为孩子读书。

在小维妮弗蕾德两三个月大的时候，我就开始为她诵读一些书籍了。我总是习惯手捧一本充满美好感情或者可以激发美好想象的书，声情并茂地为她朗读。时间一长，每次我一坐在书桌前，小维妮弗蕾德就会找一本自己喜欢的书，乖乖地坐在我身边，煞有介事地看起来。就这样，小维妮弗蕾德养成了读书的习惯。我相信，孩子爱读书的好习惯会持续终生。

2. 给孩子阳光般的母爱

一个优秀的母亲应该宁静、友善、富有爱心和同情心，她知道恰当地教育孩子的方法，最重要的是，她愿意花时间陪孩子成长，关注并欣赏孩子的正面行为，对孩子抱着必胜的信念，愿意与孩子一起讨论问题，从不放弃自己应尽的教育孩子的责任。

很多时候，我们容易忽视孩子的敏感，事实上，在孩子稍微懂事时，倘若母亲哭泣，孩子很可能就会随着母亲一起哭泣。

对孩子来说，笑和哭都是可以感染的。孩子能够敏感地捕捉到母亲的情绪，并产生反应。可以说，对父母情绪上的不安，孩子能很快地感受到。当然，父母的快乐情绪，也能以最快的速度影响孩子。

总是流泪、忧伤、情绪沉闷的母亲，永远不能意识到自己究竟给孩子的未来带来了什么样的负面影响,这种忧伤所造成的潜在矛盾,很可能会影响孩子的一生。某一天孩子会将这种不良情绪或负面情绪,不可逆转地迸发出来,并且很可能有特别强的毁灭性。

一些不幸的婚姻从一开始就注定是错误的,比如,两个人匆匆忙忙地迈入婚姻的殿堂、肆无忌惮的行事风格、意外怀孕等,这些成人所犯的错误,其后果却不得不由孩子来承担。

如果一个母亲经常会精神忧郁或者脾气暴躁,总是阴晴不定,这样的母亲又怎能给孩子带来健康的身体和快乐的心情呢?

在俄亥俄州的一个小镇上,一个面目憔悴、身心疲惫的母亲生下了她的第19个孩子。当记者采访她时,她不停地抱怨自己如何被6个小家伙折磨得痛苦不堪,自己的生活如何困苦与贫穷,她甚至诅咒自己刚出生的孩子,希望他像那些躺在坟墓里的兄弟姐妹们一样,从她的生命里彻底消失。

正是她的愚昧与无知,毁掉了她与生俱来的伟大母性。在生了这么多孩子以后,却给予不了他们任何有用的东西,更不能培养他们优秀的品格和人生。可以说,她不配有"母亲"这个称呼。

母亲应该有一份责任,对孩子要尽教育的责任。从出生开始,孩子就应该在阳光般母爱的照耀下,睁开他蒙眬的眼睛,从此,母亲勇敢而温柔的爱滋润他一生。

我们的生活就像天气一样,有太多不确定的因素,有时阳光灿烂,有时乌云蔽天。不管生活如何,关键是我们的态度是怎么样的。而对生活如何评判和驾驭,则取决于一个人心情、个性。生活就是一架天平,一端托着幸福,一端托着痛苦,中间的那个支点呢,正好就是我们的态度。

在与孩子相处时，母亲需要千方百计地化解自己的负面情绪，做一个生机盎然、气质明媚的快乐母亲。在遇到烦恼、忧虑和困扰时，母亲应当懂得克制，尽量用平静和欢快的心态去与孩子相处，用微笑照亮整个家庭。

快乐的母亲必定能培养出快乐的孩子，一个快乐的家庭环境，有利于孩子在智力、体力和道德方面快速而均衡地发展。

多年来，我一直努力安排好自己的生活，不让自己的身心受坏情绪的影响。可以说，从怀孕之初到我生命之终，我都会尽力去做一位有修养的母亲。

每周，我会去看一次戏剧，也非常高兴参加高雅的沙龙聚会。一个人经常接受高雅、有趣、美好的东西，自然不会被坏情绪左右。最重要的是，母亲开阔的视野有利于培养孩子开阔的胸襟。

与此同时，我还准备了一些励志类、美文类和哲理性的书籍。我相信，每一个人都有迅速化解或者宣泄不良情绪的方式，比如说，吃一块香喷喷的奶酪蛋糕，或者去野外散步，去购物，去聊天，去运动。而我宣泄自己不良情绪的秘诀，就是书架二层左手边那一排书，它们可以使我心无旁骛，安静祥和。

小维妮弗蕾德快3岁的时候，我做了一次手术，在术后的很长一段时间里，我的伤口都在作痛。无疑，这对我来说是一种难耐的煎熬，而且是为时不短的煎熬。

我不希望小维妮弗蕾德看到一个孱弱且可怜的母亲，而是要培养她的信心，让她有迎接痛苦的勇气，有远离不良情绪的信心。我认为，最好的方式就是交流和疏解，这是我们面对死亡和痛苦时，都应该运用的方法。

在生活中，我看过很多人曾经后悔没有与病危的父母坦诚交流，甚至是告别。而我呢，并没有向小维妮弗蕾德掩饰我的痛苦，同时，也没有表现出沮丧和怯懦，而是和她一起仔细讨论伤口的愈合情况以及感受，一起探讨健康以后我的计划。慢慢地，小维妮弗蕾德被我的坚毅乐观与平和的情绪所感染，很快地从悲伤的情绪中挣脱出来，而且主动要求为我读书。

从那以后，我们还养成了一种习惯，那就是无论谁生病了，健康的人要为生病的人读书或者读报。

在小维妮弗蕾德生病时，她总会安安静静地听我读书，而不像其他孩子那样无助地哭闹或者折腾父母。可以说，正是在我言传身教的影响下，小维妮弗蕾德有了面对痛苦所需要的勇气和信心，这让我非常自豪。

如果家中出现困难或者危机，父母表现出担忧和恐惧，却不能勇敢地迎接困难的挑战，没有解决问题的决心与态度，那么，这种消极态度必然会影响到孩子。

有什么样的母亲，就有什么样的孩子。通常，懦弱的父母让孩子变得懦弱，勇敢的父母让孩子变得勇敢。

有阳光气质的母亲能愉快地应对生活，而且能妥善地处理生活中的每一件事，她的孩子们就是生活在阳光下的孩子。在这个世界上，有一些女人似乎生来就不知愁为何物，她们勤勉工作、无怨地操持家务、生儿育女，似乎怎么生活都非常惬意，她们总是有洪亮清晰的说话声、爽朗的笑声和无穷的活力。可以说，母亲的这种快乐，可以感染很多生命，为了新诞生的那个有无限未来的生命，做母亲的一定要将快乐的生活当作一种责任。

3. 龙生龙、凤生凤吗

在这里，我们并不是要宣扬"龙生龙、凤生凤"的宿命论，不过，我相信每一个母亲都不会怀疑这样的一个事实：那就是家庭的教育与父母的品格，对孩子的成长及教育有非常重要的影响。

每一个母亲都希望孩子有坚强、勇敢、坚毅、豁达、乐观等优秀的品质。作为孩子们的第一任老师，可以说，父母所具有的品格、文化、修养等因素，对孩子的影响很大，可以决定孩子的气质、品格、个性，甚至决定孩子的人生格局是怎么样的！

虽然有不胜其数的寒门出贵子、自强不息的例子可以证明，并不是家庭出身就绝对地决定了孩子的命运，但寒门出身的孩子，要想学有所成，就要付出更多的汗水、更大的努力。倘若父母可以用自己的奋斗和坚毅的品格，为孩子提供良好的家庭成长环境、更好的发展空间，那么，孩子就能相对轻松地获得成功。要实现这一目标，父母就需要努力担起这份责任，不要懒惰，不要怨天尤人，而是要一点点地努力，一点点地改变，坚持不懈，这样，就会让我们的后代一代比一代幸福。

教育的真正目的不仅仅是向孩子传授知识和技能，更重要的是培养他们的优秀品格。对孩子品格的培养，并不像对知识和技能的传授那样通过训练就可以做到。

一个孩子是否有热爱真理、公正无私、坚毅勇敢、豁达乐观等优秀品质，那要看孩子的父母是什么样的人。正如小猫会从母猫那里学会如何抓老鼠，孩子也会从父母那里学会他们的行事风格、处世态度。

我们不要以为孩子太小，不能理解，就因此而懈怠对他们的教育。

在日常生活中，我们绝不要忽略自己的行为对孩子的影响，绝不要忽视家庭的教育环境。

第 2 章 自然教育法的实践与运用

而柏拉图曾经说："没有人自甘堕落。"一个人之所以变坏，之所以堕落，让自己的人生混乱，是由于没有受到良好的教育。

可以说，孩子身上最重要的品质源于他的父母。通常，孩子成长的大部分时间都由父母（尤其是母亲）陪伴，父母对他们潜移默化的影响，就如同滴水穿石一样有效，向左还是向右，是偏还是正，母亲都发挥着举足轻重的作用。

如果父母希望自己的孩子成为有知识、有人格魅力的人，那么，在品格上，他们就必须给孩子树立一个好的榜样。

当小维妮弗蕾德还在摇篮中的时候，我和她的父亲便以身作则。我们希望女儿在长大之后，能成为一位彬彬有礼、有修养的女孩子，希望她有高贵的气质，有怡人的性格，所以，即便在最轻松的气氛中，我和小维妮弗蕾德的父亲，也不会随便开有损父母形象的玩笑，不会讲一些低俗的笑话，不会恣意妄为。我们并非只是把她当成一个婴儿看待。在生活中，我们总是从她的角度去思量，去与她交流，并且尊重她的意愿和选择。虽然她年龄不大，但我们会尽力和她交流，去了解她真实的想法，尊重她的想法。

我曾见到一个小男孩，他的父亲总嫌他笨，总是张口闭口说他是"笨蛋"，"笨蛋"可以说是他父亲的口头禅。从父亲那里，这个男孩还学会了虐待动物。有一次，我看他将只有一两个月大的小狗倒悬在半空中，那只可怜的小家伙呜呜地叫着。当我问他为什么要这样对待小家伙时，他却非常自豪地告诉我，这是男子汉才做的事情，爸爸就是这样的男子汉，而他已经是个小男子汉了。

在生活中，我们经常会看见让人可悲的事情，一些父亲总去俱乐部，或者爱打扑克、赌博、抽烟，家里的事情完全不放在心上。长大后，孩子就有可能效仿父亲，成为毫无责任心的浪荡子。

对孩子来说，父母是他的第一任老师，父母自身的心理素质、品德素质和文化素质等都会对孩子有潜移默化的影响。

在孩子小时候，观察和模仿是他主要的学习方式。如果父母尊重长辈、子女、朋友、同事等，尊重可能成为孩子学习的内容；如果父母执着与热爱自己的事业，对生活充满勇敢的态度，有敢于面对挫折的乐观态度，这有利于培养孩子坚忍的品质和社会责任感；如果父母富有爱心、同情心、助人精神，孩子也可能在长大后成为善良而无私的人。

可以说，只有在父母正确的引导下，孩子才能顺利度过幼年、童年、少年，最终走向成年，拥有健康而幸福的人生。

发掘孩子特有的天赋

每一个孩子在小时候都有天赋，不管表面上看是多么普通的孩子，都有某一方面的天赋。如果一个人在各方面看起来都很普通，看上去已没有任何才能可以激发，那一定是在他小的时候，父母没有做好必要的引导工作，从而让他日渐平凡。

在这里，我们并非在倡导将每一个孩子都培养成天才，但我们一定要去发掘孩子的天赋并加以引导，让那小小的天赋蓓蕾灿然绽放，为他今后的生活增姿添彩。

第 2 章　自然教育法的实践与运用

1. 让那小小的天赋蓓蕾灿然绽放

在生活中，为什么一些父母经常会觉得自己的孩子没什么天赋，只是个普通平凡的小孩呢？为什么孩子在小时候所具有的天赋和才能，都慢慢湮灭了呢？为什么那么多的成人，都没有与众不同的能力呢？

事实上，唯一的原因，就是孩子们所具有的天赋没有被发现，没有被很好地发掘出来，没有被正确地指导。

有时候，孩子的天赋特别强大，无法被扼杀被阻碍，破茧而出，熠熠生辉，一天天地变得强大。不过，更多的时候，孩子的天赋和才能被父母忽视，最终变得与众人没什么不同。

作为母亲，一定要用心发现孩子的天赋，并保护它、引导它，从而让它给孩子带来快乐与成功。请相信每一个正常的孩子，都有与生俱来的一些天赋和才能。

每一位母亲都一定记得孩子迈出的第一步，那是蹒跚而充满奇迹的第一步；每一位母亲都一定记得孩子第一次含糊不清地叫妈妈；每一位母亲都一定记得孩子开始学会认字、数数的样子。只是随着孩子一天天长大，生活琐事让很多母亲慢慢忘记了这条原则——在这个世界上，孩子一定有与生俱来的某种天赋。

很多杰出的人物自小就表现出了与其他小孩不同的卓越之处，这样的表现令父母惊喜，并称孩子为天才。

可事实上，还有很多很多被誉为天才的伟人，在小时候被称作笨孩子，他们不喜欢学习，爱逃课或者对数学一窍不通。但是，在长大后，这些"笨孩子"却有了成功的人生，这是由于他们得到了父母的启发和引导，展现了上天恩赐的天赋，最终通向成功之路。

歌德非常幸运，他成功地从富有洞察力的父亲那里接受了早期教育，在15岁之前，他就已经开始写文章，最终成为举世之伟人。因为自己的成长经历，歌德对公立学校的教育方式颇有微词。

而康德在7岁的时候就已经是颇受他人欢迎的小老师了，经常有一群孩子跟随他，听他讲课。那时候，他非常小，不得不站在箱子上讲课，这样才能被大家看见。但是，他有作为一个传播者所具备的领袖气质，天赋如此。

而最让叹服的是，约翰·密尔在3岁时，就熟知了希腊字母表；5岁时，就能纠正比他大的孩子的拉丁语和希腊语错误。这也源于他喜欢问形形色色的问题，还有就是他父亲的引导，使他获得了成功。

2. 发掘孩子天赋的关键期

格拉斯哥大学的詹姆斯教授认为，当一个孩子对这个世界表现出浓厚的兴趣时，就意味着这个孩子到了应该接受教育的时候了。此时，要根据他所表现出来的一些兴趣与倾向，来对他进行教育。要知道，从某一角度来说，这个兴趣和倾向就表现了孩子有哪方面的天赋。

在生活中，经常会听说某地有神童出现的消息，这些"神童"的确天资聪颖。通常，他们都有其他婴儿所不具备的能力，比如刚生下不久，他就能清晰地叫出"妈妈"；或者他有非凡的记忆力。这些孩子多在某些领域（语言或者逻辑思维能力、记忆力、数学能力、音乐能力等）拥有比同龄人要敏锐得多的反应与能力。

可惜的是，他们的父母往往不能正确地引导孩子发展这种天赋，只是乐于

第 2 章 自然教育法的实践与运用

四处炫耀,到处表演,而让孩子的这种天赋慢慢地萎缩。结果,那些曾经名噪一时的神童慢慢变得平凡,湮没于岁月中,等到成人时,他们已经和普通的同龄人没有任何区别了。

如果父母最初时就注意对孩子的潜能或者天赋进行开发与引导,能审时度势、把握方向、用正确方法引导,就可以将智力平平的孩子训练成"天才"。相反,即使一个孩子天资聪颖,天赋卓越,如果父母不主动开发孩子的潜能,也会让孩子因错过天赋开发的最佳时期,而最终变得平庸。

如果你的孩子不优秀,各方面的能力都很平凡,往往是因为在孩子出生后,你没有因材施教。

可以说,父母只要能抓住孩子成长的关键期,把握好孩子天赋成长的倾向与趋势,在不同的成长阶段给予孩子最好的教育,用最适当的方法最大限度地开发孩子的智力,那么,不管这个孩子天资如何,在将来,他都会成为一个非常卓越的人。

3. 用自然的方法来开发孩子的天赋

伯尔教授和夫人一共有 4 个特别聪明可爱的孩子。当他们的孩子尚在襁褓时,夫妇俩就开始对他们进行了"美文"训练。他们有意识地将所有的精力都用于如何让孩子爱上"美文"、善于使用"美文"上。

在培养孩子时,他们就努力开发孩子的才能,并将对孩子语言天赋的深度开发作为重点。

那时,他们把小不点儿们放在一个舒适的环境中,然后,母亲总是声情并茂地为孩子朗读一些作品,这些作品既有卓越的思想、经典句子,又能帮助他们加强语言方面的记忆和感受。

他们的孩子在摇篮期时，就能感受出比较简单的诗歌的节奏。伯尔夫妇相信，没有对孩子进行过有意识的观念及逻辑训练，没有对孩子进行过系统的语言训练，孩子不可能接近具有伟大思想的作品。

可以说，基本上所有孩子的天赋开发、智力训练都是需要父母的配合才能进行的。换言之，父母对孩子天赋的发现、引导和培养，发挥着至关重要的作用。那些智力发展迟缓，大器晚成的人，或许天生就有敏锐的思维能力，只是那些天赋被掩埋了太久。

如果这些人在小时候，接受过早期教育，如果他们的父母在更早的时候，能开发孩子的才能，他们一定更加成功，带来撼世之作或者能改变人类的发明。

在婴儿的摇篮期，我们可以用适当的、有目的性的游戏将他们潜藏的能量引导出来。孩子的潜在能量，需要父母的"牵"，需要父母的"引"。但是，在开发孩子的潜能时，父母们需要秉持一个原则，即通过自然的方法来教育孩子，通过"游戏"的方式去激发孩子的兴趣，去发现孩子的天赋。可以说，在开发孩子潜能时，"游戏"和"兴趣"是开发孩子潜能中非常必要的因素。

4. 以孩子的"兴趣"为标杆

鲍里斯·塞德兹博士，是一位杰出的心理学家和精神病理学专家，鲍里斯·塞德兹博士曾经认为："在错误理念的引导下，孩子的学习和思考将会导致神经错乱，甚至会导致精神分裂。"

从某一角度来说，错误理念的困扰和纠结才是精神分裂的诱因，而不是大

第2章 自然教育法的实践与运用

脑过度开发造成的。

如果一个人总是为错误的逻辑关系或者因果系统纠结,那么,他根本无法为思维找到出路,最终,会造成精神上的错乱。

现在,还没有一例神经错乱或者精神分裂的案例,是由于过度思考和学习引起的,因此不要担心对孩子大脑的开发,会对孩子的精神造成伤害。在孩子小时候,我们可以大胆地去激发他们对知识的热爱,对游戏的兴趣。

如果我们担心过早开发或者过度开发会伤害他们的大脑,而一再地延迟开发的时间,可能就会错过最佳的开发时机。我们要明白的是,只要是以孩子的"兴趣"为标杆,就不会给孩子带来损害,再者说,兴趣永远是最好的老师。

很多气质型的天才,比如,一些音乐家或者艺术家,当他们的才能开发得太深、太久时,其性情很可能就变得古怪,而且生活自理能力差,很多方面与社会脱节。因此我们会经常听到一种观点:真正的天才迟早会发疯。在现实生活中,确实有很多天才最终变得神经错乱,疯狂成了他们灵感的源泉,成了他们另类的感情、才情和激情的出口。也有人说,没有心理医生介入的艺术家或者文学家很难成为真正的大家。或许,很多事情都在印证,痛苦是创作的灵感,只有神经错乱的人才能更深地领悟人性和人生。

其实,这种观点非常荒谬,当那些"疯狂天才"驾驭不了自己的任何一种卓越才能或天赋,只能在某种特殊情境刺激下才得以发挥时,我们不应该再认同这样的"才能"。不管何人,都要有原则、有底线、有方向。所以,在教育孩子的过程中,即便母亲想最大限度地开发孩子的某些才能,也绝不能以牺牲别的天赋为代价,绝不能在某一领域无休止、无节制地开发,比如,过于集中孩子的数学智力的开发或者音乐感的开发,这样很容易埋下思维混乱或者与社会脱节的隐患。

赫伯特·斯宾塞认为,人的大脑不会比胃更有饥饿感,要想让孩子学习好,就应该让他们在趣味盎然的氛围中学习。

不要期待一个总是受到惩罚、威胁、逼迫,或从事沉闷工作的人仍然能充满学习的激情和动力。那些在最佳的时间,以自然而然的方式学习、以兴趣为学习导向的孩子,他们往往一生都会热爱学习,并且能在学习中受到启发,更好地成长。

我们一直主张培养智慧型的天才,所谓智慧型的天才,就是心智与意识都全面而均衡发展。不要羡慕那些有某一特长的天才们。孩子真正健康的发展模式,应该是他擅长某一领域,在其他领域也发展得不错。事实上,一个人的发展历程,就如同一棵树的成长过程,除了主干,其他的树枝也能均衡成长,这样发展才是最科学、最健康的发展方式。

鼓励让孩子进步

在日常生活中,我一直关注小维妮弗蕾德一点一滴的变化和进步,哪怕是微不足道的一小点进步,我也会为此感到高兴,也会做出回应和鼓励。可以说,维妮弗蕾德的每一点进步,都会让我信心倍增,而我的每一点回馈都让她更加努力。

1. 鼓励与肯定让孩子进步

婴儿并不知道我们为什么要教他字母,为什么嘴里要喃喃地念叨"1,2,

3……"可是,他却能感受到母亲的鼓励和希望,也能感受到源于自身涌动的骄傲和愉悦感。

最初吸引孩子眼睛的只是一些鲜艳的颜色。对孩子来说,他根本没有意识到,自己乘机认识了英语字母表,也不知道这些字母有什么用,对他来说,只是在游戏、玩耍。

在孩子是一个小婴儿的时候,喜欢玩游戏,而且他能够感应到:当找出正确的卡片时,妈妈由此而产生的喜悦和肯定,接下来,他会非常努力地去为妈妈寻找字母"A"。可以说,能让妈妈快乐,能为妈妈做一些事情,能得到妈妈的肯定和赞扬,都能让他感到自豪、开心。

我认为,鼓励孩子进步的方法有很多,但最有效的方法,就是对孩子所做的每一点努力都做出相应的回应。这就像孩子刚开始学走路时,孩子在母亲的鼓励下一步步、一点点地前进。

对于孩子每一点每一滴的变化与进步,母亲一定要敏感地去感受,并给孩子感应和回馈,而这种敏感的反应,正是父母对孩子成长关注的表现。父母的关注,能够让孩子的感情得到充分的支持和满足。

在孩子做一些事情时,即使事情很小,父母也要做相应的回应。这种回应看起来很简单,但它在孩子身上所产生的效果却非常显著。然而,很多父母都不太在意这一点,只看孩子有没有明显的进步,却不能给他们留下慢慢成长的空间,更不能对他们的微小变化产生回应和鼓励。

在我们身边,有些父母总是会抱怨孩子的进步太慢了,从而不自觉地将自己的孩子与其他孩子相比较,漠视孩子的微小进步与改变,不在意孩子的欣喜或期待。这样,不仅不能使孩子良好发展,反而让他滞留原地,甚至有后退的倾向。

一般来说，如果孩子们没有感受到父母的期待，没有感受相应的情感支撑和内心的满足，他们就容易对生活失去信心，并且缺少取得进步的动力，在遇到事情时，就会显得不够自信。

作为父母，应该深悟"甜言蜜语"的妙处，要在生活中，善于观察和揣摩孩子的心，然后，选择最佳的时机，有针对性地用"甜言蜜语"抚慰他、温暖他、肯定他、激励他、引导他。

当孩子垂头丧气时，父母一定要说几句温暖的话鼓励他；当孩子疑惑不定时，父母一定要及时地用巧妙的语言提醒他；当孩子有自卑颓废的表现时，父母一定要用他的"闪光点"让他重拾信心与希望；当孩子感觉痛苦时，父母一定要设身处地说些安慰的贴心话……这样，孩子萎靡的思想之花会渐渐开放，他垂落的人生之帆会再度扬起。

可以说，在儿童的成长过程中，父母要对孩子所有的积极想法与意愿进行鼓励。如果孩子们没有从鼓励中获得自信，那么，他就永远也不可能成长为你所期待的，充满智慧、充满自信、满怀抱负的人才。

在人类的自我发展和不断的成长中，人必须有充足的自信心。一个人一定要懂得如何主动地驾驭生活，而不是被动地去扮演无足轻重的角色。因而，从孩子出生后开始，他就要有充足的信心，要想孩子能有这种信心，母亲就要不断地鼓励，不断肯定孩子的每一个进步。

2. 不要让孩子说"我不能"，而是要说"我试试"

生活中的弱者总爱说"我不能""我害怕""我不行"。事实上，一

第2章 自然教育法的实践与运用

个活泼可爱、充满朝气的孩子,最应该挂在嘴边的话就是"让我试试""我可以""我能行"。在孩子的世界里,不能有"我不能",要将它改为"我试试"。

如果当年富兰克林没有说"我试试",我们现在就不会知道雷中有电;如果哥伦布没有勇敢地去说"我试试",我们要在很久之后,才会发现美洲大陆;如果爱迪生没有不断地说"我试试",我们依然要生活在黑暗之中……"我试试",看似一句简单的话,却表现了一种积极的人生态度,一种愿意努力、愿意争取的乐观态度。

可以说,一个经常会说"我试试"的人,一个习惯了说"我试试"的人,即使他的生活陷入困境中,他也不会放弃自己的理想。即使身处不利的环境中,他也会用歌唱代替叹气,用微笑去面对挫折。

在日常生活中,所有的父母,都应该让孩子自由地去探索和研究,鼓励孩子去尝试和实践。如果父母经常对孩子说"不行""不许碰",那么,他自然就会失去探索的勇气。

事实上,许多父母都在有意或无意中,阻碍了孩子的成长与学习。很多时候,在与孩子相处时,我们总是要求孩子保持安静、衣服整洁,最好乖点、听话点。

在吃饭时,我们总是担心孩子会弄得四处都是饭粒,而不允许孩子自己动手吃饭;不论在家里,还是外出时,我们总是因为生怕孩子碰着或者摔倒,而紧跟孩子左右;我们怕孩子伤到自己或者打碎东西,而不许孩子碰这动那;孩子只是无意地从衣柜里拉出衣物,我们都会朝他大喊大叫,叫他别动。

更多的时候,我们为了便于照看孩子,为了少让他们惹麻烦,就限制孩子的自由、限定孩子的活动空间。事实上，我们如果改变一下家庭的环境，改变一下家具的布局，让孩子自由、安全地探索，那么，他就会最大限度地发挥自己的探索精神。

可以说，如果父母过分保护、过分限制孩子的行为，就会抑制孩子学习和探索的欲望，并给孩子的心理带来负面影响。

父母一定要在家里为孩子设置一个可以尽情探索的安全空间，鼓励孩子自由活动，主动探索新东西，甚至制造噪声。这样，孩子就可以从周围的环境中探索、学习新事物，不断发展智力，并积累真正的生活经验。

我的邻居家有一个小女孩，她的父母因担心她摔倒，又担心她弄脏衣服或者弄破袜子，而不许她去溜冰。此外，她的父母还告诉她：划船、游泳、爬树等行为都是危险的。

一天，当这个小女孩见到我带着女儿骑马时，她竟然担心地说："哎呀，太危险了，它会把你们摔下去，摔断脖子，快下来……"

像这样的女孩子能有怎样的未来？可以说，女孩子的父母所用的这种教育方式是失败的。如果一个母亲真的爱自己的孩子，应该先明白孩子是一个独立的个体。

其实，当孩子有了强烈的愿望和自主意识后，父母只需要在一边默默地引导孩子，就能让他慢慢学会独立。

父母不要担心孩子做不好某一件事情，不要担心孩子太小无法胜任某一项工作，父母可以站在孩子身边，这样就能在他遇到困难时，在第一时间帮他。但要记住的是，父母不可以替孩子完成所有的事情。只要孩子自己能做的事，都不要帮他做。这样，孩子在遇到困难时，就愿意说"我试试"，就愿意靠自己的力量解决困难，而不会总想着让父母帮助，或让父母去解决困难。

3. 与其体罚，不如相互尊重和合作

在生活中，很多父母都不想让孩子犯错，甚至会处罚犯错的孩子。但既然成年人自己也会做错事，那么，为什么非要苛求小孩子不犯错呢？

父母所做的一切都是为了不断地改善培养孩子的方法，并不是为了让孩子一蹴而就、尽善尽美，况且尽善尽美是永远无法达到的境界。

很多人爱惩罚孩子，可以说，与鼓励相反的教育方式就是惩罚，基本所有的父母都把惩罚和奖赏，作为教育孩子的两大法宝。与孩子相处时，父母们都非常善于使用各种惩罚手段来教育孩子。

在教育小维妮弗蕾德时，我从不惩罚她，而是用合理的方式约束她。如果孩子能充分感受到父母的尊重与信任，那么，他们就会非常乐于接受父母的教导。

所罗门箴言中曾说"贤良的孩子是被打出来的"，事实上，这句话是错误的。在我们身边，有很多母亲失去理性地打骂孩子，惩罚孩子，而之后，当她情绪平静下来，她又后悔不迭，不断地亲吻孩子，拥抱孩子，或者给孩子很多补偿。

在孩子成长的过程中，孩子不需要权威性的压制和恶性的惩罚，也不需要母亲无原则的溺爱。父母一定要学习和掌握更有效的方法，来鼓励、引导孩子向正确的方向发展，而不是过多地管制和惩罚孩子。

海伦·亨特·杰克逊曾经讲述了一个特别悲惨的故事。有一个长老会的牧师总爱体罚孩子，他经常用鞭子打他的孩子，那个可怜的孩子在3岁时，就被

他活活地打死了,仅仅是因为他不愿意背诵父亲口授的冗长的祈祷文。

我想,现在,那个男孩即便是还活着,他也很难去热爱上帝。因为严酷的早期训练,早已让他觉得上帝这个万能的父亲是残酷的。

可惜的是,在现在这个不断进步的社会中,仍然还有父母在对孩子实行"棍棒政策"。这些父母认为,如果他们不用棒子打孩子,就会宠坏了孩子,就会纵容孩子。

这些父母应该明白的是,用棍棒打孩子,会或多或少地对孩子造成伤害,却无法让孩子明白真正的道理。

有一次,我看见一个小孩子在虐待一只小狗,而他之所以这样做,就是因为他父亲经常打他骂他。一般来说,棍棒下教育出的孩子,往往缺失爱的能力,有哪一个父亲或母亲愿意孩子一生中缺少爱呢?

作为父母,一定要区分约束和惩罚的界线,虽然这是一件不易做的事情。有时候,约束和惩罚的差别非常微妙,需要父母好好地把握这两者之间的分寸。事实上,惩罚主要针对孩子本身,而约束却能有效地改正孩子的一些不良行为。

4. 永远不要恣意地嘲笑孩子

在孩子的成长过程中,作为父母,永远不要取笑孩子,永远不要轻视孩子,不要忽略他的感受,不要总是把他当成需要依赖的孩子。要知道,孩子们的心灵是非常稚嫩、柔弱的,如果父母总是恣意地嘲笑他们,就会将孩子纯美的心田践踏得伤痕累累、一片狼藉。

孩子的自信心,是随着他不断的成长慢慢形成的。在此期间,他的自主意

第2章 自然教育法的实践与运用

识、意志力也在不断形成，此时，对他来说，父母是否尊重他的观点和想法，是非常重要的，那是他自我成型的关键因素。

在生活中，很多父母爱嘲笑孩子，这就如同给孩子的心中埋下了最锋利的剑，总会刺伤孩子的自尊。可以说，没有什么比取笑更能使一个孩子变得无礼、粗鲁、心灵扭曲和人格卑微了。

我邻居的女儿，在小的时候，画画很好，曾得过金质奖章，自然，父母对她的期望和要求越来越高。

令人发指的是，当孩子力不从心时，父母竟然开始指责孩子的画作，对孩子的作品冷嘲热讽，致使孩子对绘画的热情迅速冷却，宁愿装病，也不愿意再拿画笔画画了。最终，孩子失去了画画的热情。可以说父母的取笑和讽刺，严重地伤害了孩子的心，这种伤害的影响不只在嘲笑的那一时，它会影响孩子的一生。

虽然上帝没有给小维妮弗蕾德美妙的歌喉，但我还是让她保持歌唱的兴趣，不过，当听她总是跑调时，我终于笑出了声，小维妮弗蕾德马上不唱了，而且好奇地问道："妈妈，怎么了，我唱得不好听吗？"

见此，我赶紧一本正经地道："不，你唱得好听，我觉得高兴，就笑了起来。"

虽然我巧妙地掩饰了自己，但是我知道，孩子有一颗非常敏感的心，可以捕捉父母的任何反应。可以说，孩子唱歌是因为她开心，但孩子唱歌能力有限，所以，她唱跑调了，这是非常正常的。当孩子唱得不好时，更需要父母的鼓励。

为了更好地发展孩子的音乐天赋，我特意为女儿请了一位音乐老师。从音乐老师那里，小维妮弗蕾德不仅学到了很多音乐知识，也与音乐老师一起度过了许多欢乐的时光。

5. 鼓励与炫耀的区别

事实上，鼓励与炫耀是有区别的。很多父母会担心，我们给孩子太多的鼓励是否会令孩子变得爱炫耀呢？

我不赞成父母向他人炫耀自己家孩子的成就，因为时间一长，会让孩子养成一种向外人炫耀的习惯，孩子会习惯于表演，习惯于在一片称赞声中，染上虚荣的习性。

在所有的孩子中，维妮弗蕾德可称得上是优秀的孩子。但当很多孩子喜欢向他人卖弄自己的朗诵能力、数学天赋或者艺术才能时，维妮弗蕾德却没有这种爱炫耀的倾向，反而因为谦让有礼，给人留下良好的印象。

无论如何，一个谦让礼貌的孩子，总是会让人打心眼里喜爱。通常，在回答问题时，维妮弗蕾德不会抢着说，除非那个问题其他人都回答不了时，她才会回答。

记得有一次，我们在周末举行互助沙龙，此时，有几个孩子在角落里玩耍。

我看到，女孩子们正在像男孩一样进行腕力比赛，当时，维妮弗蕾德不到4岁，但她在与比她大两岁的特娜比赛时，轻而易举扳倒了她。

事实上，特娜是一个漂亮乖巧的小女孩，尽管她的母亲将她培养得彬彬有礼，但她的身体却非常羸弱。

自然，维妮弗蕾德在与她进行腕力比赛时，就取得了胜利。为此，人们赞

第2章 自然教育法的实践与运用

扬了维妮弗蕾德。见此,特娜的母亲有些挫败感,为了赢回所谓高贵的自尊,她开始向在场的人炫耀特娜的某些才能,她快人快语地告诉大家,特娜不仅能拼写单词、弹奏摇篮曲、还能背诵《三只熊》这首童谣等等。

听到了母亲的话,特娜似乎不再颓废,并显得有些得意扬扬。不一会儿,特娜就骄傲地坐到钢琴前,非常生硬地弹奏了一曲,然后,她又站在凳子上背诵了《三只熊》的童谣。然后特娜向维妮弗蕾德挑衅:"你会弹奏钢琴吗?你能像我一样完整背诵一首诗歌吗?你可以吗?"

当时,作为母亲的我,有些要沉不住气了,我了解维妮弗蕾德的能力,并决定让她们见识一下维妮弗蕾德的才华,于是叫维妮弗蕾德为大家朗诵一篇长篇叙事诗。

此时,维妮弗蕾德正在与一个布娃娃做游戏,听我让她朗诵诗,她很淡定地对我说:"哦,我现在有这么多有趣的娃娃玩,还是让特娜继续表演吧!"

维妮弗蕾德谦逊的态度、自制的能力,让我为她感到骄傲,又对自己的行为颇感惭愧。还有一次家庭聚会,也发生过类似的事情。

当时,在我向在场的孩子问蝉的成长过程时,孩子们都沉默不语。见此,我就让维妮弗蕾德回答问题,因为我知道她读了法布尔的《昆虫记》。但是,维妮弗蕾德却对我说:"哦,或许杰瑞知道呢,杰瑞,说说关于蝉的事情好吗?"她转过头来鼓励地看着杰瑞,于是,杰瑞就磕磕巴巴向大家讲了一些与幼虫和蝉蜕有关的知识。当他说完后,我赞扬了他。

之后,在接下来进行的游戏中,杰瑞一直挺着自己的小胸膛,情绪高昂,非常自豪。

当聚会结束后,我问维妮弗蕾德为何不回答时,她说:"妈妈,或许杰瑞想回答，但是不敢回答，如果能让杰瑞感到高兴，我为什么还要回答这个问题呢？"

维妮弗蕾德小小的年纪，就有谦逊的品质，而成年人却少有这重要的品质。可以说，这样的品质是弥足珍贵的。

维妮弗蕾德之所以热爱学习，不是为了在人前比其他小朋友表现得更加聪明，她所学习的知识完全属于她自己，她真正地拥有它们、掌握它们。

事实上，我还没有遇到过哪个孩子，比维妮弗蕾德所学习、掌握的知识更多，但维妮弗蕾德从来没有在别的孩子面前，显示自己有多么了不起，与之相反的是，当其他孩子炫耀的时候，维妮弗蕾德总是非常善意地保持沉默。能做到这一点，是由于她小小的灵魂中有一种豁达的品质。

在生活中，很多成人都有攀比或者炫耀的习气，甚至喜欢把它传染给孩子，要孩子也喜欢炫耀，或者将孩子的某一特长当成炫耀的内容。父母一味地满足了虚荣，却在不经意间给孩子的心灵留下一片污迹。

而维妮弗蕾德身上所表现出来的谦逊品质，不是源于理性的说教，不是源于强化的谦逊，恰恰相反，正因为她掌握了很多的知识，所读的书特别多，她的视野就变得极为广阔，她的心灵就更加美好，她的素质就有所提高，她因此而变得更加谦逊。

可以说，知识本身就是一种让人谦逊的力量。维妮弗蕾德的表现证实了这个真理。

给孩子适度的表扬与奖励

我们是不是经常会对孩子这样承诺：如果你考试成绩比较好，我就奖励你十块钱；在家里，如果你能自己打扫卫生，我就给你买玩具。

可以说，这种用钱与物质的奖励方式，将孩子的内部动机一点点地毁灭掉了。有时，外加报酬和内感报酬都兼得的时候，不但不会使孩子的动机力量倍增，有更高的积极性，反而会抵消内感报酬的作用。所以，我们要变换一种奖励方式。

1. 不要用金钱与物质来奖励孩子

我的邻居安太太，在对儿子进行鼓励时，就是奖励金钱，可以说，她一般都采用极度超标的内感报酬和外加报酬来进行鼓励。

一次，她的孩子吉米动手打扫了卫生，这可是吉米第一次自己动手清扫，对吉米来说，这确实是很大的进步。

见此，安太太异常高兴，可在表扬孩子时，她显然是太夸张了，她这样对孩子说："吉米，你简直太棒了，做了这么重要的事，这可是我没有想到的。噢！太好了，你现在是个懂事的孩子了。以前，我错怪了你，真不应该！妈妈很喜欢你，因为你做了这样的事情。为了你今天的表现，妈妈愿意给你一元钱作为奖励。"

安太太的做法，只会让孩子觉得，我做了这件事情，妈妈才更爱我；反之，如果没有这样做，妈妈是不是就不会那么爱我呢？

孩子的思维方式与成人是不一样的。在孩子做好事情时，安太太没有给孩子温暖、健康、适当的鼓励和回应,而是把她对孩子的评价,将吉米本身的好坏与所做的事联系起来,与是否爱他联系起来。而这样的赞扬,有可能会让孩子怀疑母亲对自己的爱。

父母在鼓励与赞美孩子时,一定要把重点放在他们的行为上,而不应将孩子本身的好坏与所做的事情联系起来,更不能以此来表达是否爱他。

我们在鼓励与表扬孩子时,只有将注意力放在孩子所做的事情上,才能让孩子有满足感、成就感,从而激励他去做更多这样的事情。

表扬看似简单,其实,它是一种非常奇妙的技巧,在鼓励与表扬孩子时,我们应该将所支持的原则或者观点,潜移默化地植入孩子的心中,而不是外化成孩子对奖励的需求和物质的渴望。

事实上,让孩子内化成功,他才可能自觉、自愿地去做值得赞扬的事情。毕竟我们不可能时时刻刻去表扬孩子,有时候,孩子即使做了很好的事,也不会有父母去赞扬。

不过,也有一些父母喜欢动不动就用物质奖励孩子。那么,像安太太这样用钱作为孩子的奖励方式,会对孩子产生怎样的影响呢?事实上,这会让孩子有这样的看法:如果做了父母希望做的事情,很可能会得到物质报酬,从而产生一种心理定式,不断渴望获得这种奖励,充分将内部动机演化成外部的物质需求,让原本的好事情变了滋味。

可以说,这种外化的奖励很可能成为孩子发展的桎梏,让孩子做好事情的动力变成了外部动机,变成了金钱交易。在生活中,我们应该试着增加孩子内部的动机,帮助孩子收获其中的乐趣,帮助孩子享受劳动的快乐和美好。

无论何人,在赞扬孩子时一定要有所选择。在维妮弗蕾德的成长过程中,当她有很大进步的时候,我就会直接夸奖她,给她口头的奖励,但对于她一直做得很好的那些事情,则会在心里赞赏她:女儿,你真行。

2. 帮孩子将合理的"界线"内化

我们要让很多良好的习惯、品质、行为等,都内化成孩子的一部分,永远跟孩子如影相随。幼儿的成长过程就是良好习惯的养成和规范内化的过程。而孩子内化是一个需要长期坚持、需要循序渐进的过程。

在生活中,我们一定要坚持不懈地教孩子学会负责任,教会孩子在错误的尝试中不断积累经验,教孩子学会判断什么是"我不可以"做的,什么是"我应该"做的。平时,我们要陪伴他而不是替代他,让他学会为自己负责,学会自己做一些决定。负责的基准是他有自己行事的原则,这些原则都需要内化成他思想的一部分。

在孩子成长过程中,我们有许多教育孩子的机会,每一个环节可能都是孩子吸收某种东西、学习某种原则、触探某种底线的过程。

我们要做的就是让孩子吸收健康的、正确的内容,并将其一点点地内化入孩子的内心,让他完全掌握它们。当很多东西成功内化后,父母就不需要再天天引导孩子了,而站在孩子身边,就可以看到,他在按照正确的方式行事。

而维妮弗蕾德的谦虚品质、读书习惯,都是一点点、一天天内化的结果。

面对小小的婴孩,父母要与他建立良好的情感联系,与他建立基本信任,父母保护他、养育他,满足他的爱和被爱的需要。随着孩子的不断成长,他的自主意识一天天强大,此时,就要面对很多该与不该、要与不要、能与不能的界线,父母就需要为孩子设立"合理的界线",并引领孩子将合理"界线"

内化。

在此期间,父母会遇到很多障碍,但只要坚守原则,引导得当,孩子就能够依照一定的标准,为自己负责任。

在孩子的人生道路上,父母就像护栏。你必须坚强,当孩子一次又一次地撞击护栏时,你一定要站得稳。你必须坚强到底,在保护他的同时,又要让他自己学会走路,有自己的判断力。

3. 让孩子做自己喜欢做的事情

前面曾提到,在鼓励和赞赏孩子时,应该将注意力放在孩子的行为上,放在孩子所做的事情上,要让孩子在"做成事情"所带来的美好感受中,有愉快、满足与成就的体验,要把对孩子的鼓励演化成孩子内部的需求,而不是总想通过外部的激励让孩子努力。

有一个星期天,我出去了,在家的维妮弗蕾德将屋外的花园收拾得干干净净。她不仅动手除掉了花园中的杂草,清扫了从树上掉下来的一些枯叶,还为花园浇了水、松了土、施了肥。

当我回到家时,发现花园干干净净,非常开心。于是,我就非常热情地问她是怎么工作的,都做了什么样的工作。而维妮弗蕾德则兴致勃勃地给我讲述了她怎样扫地,怎样处理落叶,怎样除杂草,怎样用小水桶为花草浇水,怎样找到肥料,还弄脏了什么地方等过程。

在孩子向我讲述这一切的过程中,我充分感受到了劳动的愉悦。接着,我要做的,就是激励女儿的成就感:我牵着女儿的手,一起来到花园,由衷地赞美花园的美丽,并告诉她,我从来没有发现家里的花园可以如此美丽,如此

第 2 章 自然教育法的实践与运用

干净。

很快，维妮弗蕾德意识到自己的成绩，内心充满了自豪与成就感，可以说，她辛勤劳动所收获的成果，就是对她劳动最好的奖励。

在养育孩子的过程中，我发现：父母那些温暖的言语、赞赏的眼神、精神的鼓励，可以让孩子变得非常开心。而那些单纯的物质刺激，却有可能会让孩子产生为了满足物欲而去"努力"的思想。

或许，最初时，孩子会为得到奖励，对所做的事情充满了兴趣，做事的积极性也很高，但当他对这件事情不感兴趣时，而是为了物质激励去努力时，他就难以享受到做事情的快乐。所以，与物质奖励相比，对孩子所进行的精神奖励更为重要，培养孩子的自尊心、成就感、满足感、荣誉感等内部的动机更为重要。

要用成年人的语言与孩子交流

当孩子还没有出生时，他就对母亲的声音有非常深刻的印象，他非常依赖母亲的声音，并且特别信任这个声音。只是有很多母亲，并不习惯与孩子进行正常的沟通。

1. 不要用婴儿式的语言与孩子谈话

有很多母亲认为，用成年人的语言，与咿呀学语的婴儿进行交流，是不太合适的，所以，她们就喜欢用叠词或者特定的婴儿用语，与孩子聊天。当她们抱着婴儿时，她们叫婴儿"宝宝""妞妞""甜心""小不点"等。在交流时,"火车"会用"呼哧呼哧"的声音代替,"猫"是"喵喵"。对孩子说狗时,即使不用"汪汪",也会用"狗狗",不管这是一只斑点狗,还是一只吉娃娃,她们都这样跟孩子说。似乎仅仅用最简单的描述,仅用几个单词就能代替孩子们所看见的一些事物。

然而,婴幼儿时期是孩子的发展至关重要的一个时期。在此期间,父母可以通过触摸、轻轻地按揉小婴儿身体的方式,来帮助他的四肢成长与发育,帮他强健身体,同时,更应该用与他进行语言交流的方式,来让他的大脑进行发育,来强健他的思维。可以说,如果父母不断地用婴儿的语言与一个孩子聊天,不仅仅会给他错误的语言概念与声音概念,还会桎梏他的思维和语言拓展空间。

此外,用婴儿的说话方式与他沟通,也会阻碍孩子词汇量的扩大,以及他语感的发展,更会给孩子的认知带来一定的障碍。等他成长到6岁时,他在语言方面的表达能力将比那些用正常的语言交流的同龄孩子差一些。

对那些被剥夺了正常交流方式的孩子,我非常同情他们。在维妮弗蕾德出生后,我就尽可能地对她说准确而完整的句子。在向她灌输正确的语言表达方式时,我也不会忽视俗语的重要价值,因为俗语的生动化让语言的宝库更加丰富多彩。

与孩子交流时,我特别注意说话的方式,当我对维妮弗蕾德讲一只狗时,我会说"那是只狗"或者逐渐让她区分是哪一种狗,而不是对她说"汪汪"或者"狗狗"这类笼统的概念。

一般来说,我绝不会教给孩子一些不完整的、替代性的话语。这种完整的语言教育从一开始就有很明显的效果,当维妮弗蕾德还不到1岁时,有位朋友

第2章 自然教育法的实践与运用

曾经对她说:"维妮弗蕾德,我想看看你的汪汪。"

听了朋友的话,她反驳说:"这不是汪汪,是狗。"见此,这位朋友大为惊讶。

父母一定要记住巴尔博士曾经说的那句话,教1岁的婴儿学习拼音是很容易的,没有任何理由教婴儿说一些不完整的话。

可以说,在孩子想告诉父母一些什么的时候,父母要耐心地倾听孩子的谈话,让孩子多多地谈论自己。事实上,倾听本身就是褒奖孩子的一种方式,能让孩子充满自信。

在孩子的心目中,父母能否受欢迎,关键在于父母能否静下心来,去倾听孩子的观点、孩子所讲的故事。与孩子交流不要毫无耐心地反驳孩子,或许,孩子表述得完全错误,但父母依然要尝试着去了解他这样表述的原因,试着让自己了解孩子的思维方式,从而能深入孩子的内心世界。

2. 与孩子平等交流

大部分父母都知道应当尊重孩子,应当与孩子用正确的方式交流。可事实上,很少有人能够做到与孩子进行正常的交流,父母总是不能把孩子放在与自己平等的地位上沟通。

在父母的心中,孩子似乎永远是长不大的孩子,与他们相处时,父母们总是用教训的口气、敷衍了事的口气、诱导的口气来与孩子说话。其实,孩子是非常敏感的,他们能够分辨出大人在讲话时,所要传达的真正意思和态度。可是,父母却没有意识到自己在同孩子讲话时,使用了这样的腔调和态度。

在培养小维妮弗蕾德的过程中,我意识到,只要我愿意花时间与女儿交流,能平等地倾听她说话,她就会感到满足,并愿意把自己的事说给我听。即便在小维妮弗蕾德非常小的时候,我也非常认真地倾听她讲话,只要是她乐意表述,我都会鼓励她讲下去,并且像对待成年人一样,从不对她的问题或讲述的事敷衍了事,总是给予应有的回应和回答。

小维妮弗蕾德有很强的表达欲望,她非常乐意向我和她的父亲讲述自己的事情。她常常给我们讲她一天的生活,讲她一天的感受,讲她学到了什么、发现了什么,有着怎样的心情。有了这种真诚沟通作为基础,我就很容易了解她,这对教育孩子来说非常重要。

由于我们一直在使用正确的交流方式与女儿沟通,她的表达能力发展得非常快,她与同一年龄的孩子相比,语言能力要强得多,而这无疑对孩子今后的发展大有裨益。

3. 不要拒绝回答孩子的问题

孩子的好奇心是非常强烈的,好奇心是孩子探索世界的利器。一些孩子常常会提出一些让人匪夷所思的问题。

虽然孩子所提的问题让人心烦,让人不知所措、不知如何回答,但父母绝不能因为不耐烦而逃避,或者拒绝回答他们所提的问题,那样会挫伤孩子的自尊心。或许,很多父母总是认为:小孩子嘛,有什么自尊心不自尊心的,不回答就不回答了,没什么大不了的。

事实上,孩子们都有自尊心,父母一定要保护孩子的自尊心。如果做父母的能够更慎重地对待孩子,是可以避免更多问题儿童出现的。

有时孩子提出的问题不合情理,父母千万不要去嘲笑他。一旦我们伤害了

第 2 章 自然教育法的实践与运用

孩子的自尊,孩子就不敢提问、不再提问了,那他们无尽的好奇心就得不到正确的引导,这会导致孩子的创造力被压制。

在小时候,小维妮弗蕾德有形形色色的问题,这些问题涉及范围很广。当她提问题时,我总是鼓励她,并耐心作答,绝不欺骗女儿,从不给她不确定的答案,而是尽量以清晰明了、浅显易懂的方式去回答她。

通常,我会根据孩子已有的知识结构与思维能力,来考虑用什么样的表述方式,才能让孩子完全听懂或接受。有时,孩子所提的问题,我也会回答不上来,但我从不随意给一个答案,而是和维妮弗蕾德一起去查百科全书或其他资料,直到找到我们想要的答案为止。

我们的孩子像一个活生生的小问号,有各种各样的问题,他们通过提问对这个世界进行探索,满足自己的求知欲。为了能及时回答孩子的问题,父母可以准备一些图书,比如《知识百科全书》,它是父母很好的帮手,在这本书中,父母基本可以找到孩子有可能问到的每一个问题的答案。

第3章
自然教育法与自然学校

提升母亲的素质

大教育家福禄贝尔曾经说过这样的话:"国民的命运,与其说是操纵在掌权者手中,倒不如说是掌握在母亲手里。"

1. 高素质的母亲,培养高素质的孩子

正因为孩子的命运掌握在母亲的手中,所以提升母亲的素质是相当重要的。可以说,提升母亲的素质不仅能培养优秀的孩子,而且能为整个民族的发展做好铺垫。换言之,母亲的教育是奠定一个民族整体素质的基石。

母亲是爱的传递者,她承担着教育启蒙者的重任。母亲的手,是推动摇篮的手,是抱着婴儿的手,是那么的温柔纤细,可是它们却能推动整个世界。因

第3章 自然教育法与自然学校

而，无论我们的工作岗位有多重要，无论我们所做的工作有多复杂，我们都要记住：在家里，还有更重要、更复杂、更细致的工作在等着我们去做，而这个工作就是教育孩子。

一个孩子，如果他母亲自幼就对他进行了良好的教育，在他步入社会时，他会成为一个有良好习惯及崇高品质的合格公民，这既是一个家庭的幸福，也是一个民族的幸福。如果每一个家庭都有一个好母亲，如果每一个母亲都重视对孩子的教育，并身体力行，做孩子的楷模，那么，这个民族的整体素质就会有极大的提升。

母亲在怀孕时，一定要去欣赏美好的东西，远离暴力、肮脏、恐怖的事物。要知道，暴力、肮脏、恐怖的事物会影响人的情绪与内分泌系统，这些会间接影响腹中的胎儿。当孩子尚在腹中时，就要让我们的孩子远离恶魔，使他们有非凡的勇气，有快乐的精神生活。

一个人在一生中，要不断接受各种各样的考验，所以，我们要让自己的孩子有足够的能力和勇气，去面对生活中可能出现的一切困难。作为母亲，我们必须最先做好准备，做坚强的母亲，并培养孩子有热爱美好、热爱正义、热爱真理、热爱善行的精神。

可以说，女人不生孩子就少了很多生活的幸福，但一个母亲必然会遇到许多困难，必然面对巨大的变化。在教育孩子的同时，母亲还要照顾好丈夫和整个家庭，甚至还需要做许多工作。因此，凡是没有决心战胜这些困难的妇女，最好不要生孩子。请一定做好充足的准备之后，再踏上做母亲的漫长征途，要知道，这一段历程将占人生旅途的三分之二。

对任何一个家庭来说，都是这样的：哪怕家徒四壁，只要有一个正直、善良、勤劳、乐观的母亲，孩子的心灵就有了可以停靠的港湾、可以成长的源泉。对于任何一个孩子来说，母爱都是这个世界上最珍贵、最美好、最无法替代的爱，也是能让孩子健康快乐成长的最有效资源。

母亲不仅是孩子的第一位老师，更是大自然给人类的最神奇的恩赐与礼物。

2. 母亲的教育很重要

斯宾塞曾经说："在教育孩子之前，应该先教育母亲。"先教育母亲，这也是自然教育的重要原则之一。我们每一个人都有母亲，不过，并不是每一个人都有一个能够担当起教育好孩子重任的母亲。要成为一个合格的母亲实在不易，那是一个特别伟大的工程。

事实上，在维妮弗蕾德还没有出生时，我就已经开始思索应该怎样教育她了。每当感觉到她在我腹中踢我，我就美滋滋地想象她出生后是什么样子。我一心一意想要做一个好母亲，现在，我依然在成为好母亲的这一漫漫途中前行。

很多母亲被家务所累，为生活所迫，没有时间关心孩子，甚至将孩子放在一边不管，这样的母亲是不合格的，是不称职的。在我看来，母亲最重要的职责不是做家务，而是要好好地教育自己的孩子。

我将培养维妮弗蕾德作为我一生中最重要的任务，我愿意为完成这个任务接受教育和培训，愿意不断提升自己，修炼自己。

不知道大家是否注意到这样的一个现象，那就是很多伟人的孩子，往往并不出色。而我认为，伟人之所以没有优秀的孩子，就可能是因为他们并没有选到一个同样伟大的女人当妻子。如果一个孩子在小时候,他的母亲没有丰富的育儿知识,他的母亲没有好好培养和引导他,他长大以后就很难有所成就。

我认为,每一个人都应当是教育工作者,至少,每一个母亲都应当是优秀的教育者。孩子的教育不应在学校开始,不应该由教师开始,而应在家庭里开始,应该由母亲开始教育孩子。

我之所以创办这个自然教育的学校,并且在学校中设立了培养父母的课程,是希望那些尚在蒙昧中,没有清晰地明确自己生命责任的母亲,有受到教育的机会。

3. 越早开始教育孩子越好

奥利弗·温德尔·霍姆斯曾经说:"教育孩子应在孩子'出生前300年'就开始了。"最初听到这句话,我们可能认为它有些离谱,但仔细分析一下,我们就知道,这是在告诉我们,越早开始教育孩子越好。没有人能够指出我们的教育应该是从哪一位母亲开始,但如果想让孩子有一个更好的未来,就要培养一个优秀的母亲。

要想做一个优秀的母亲,先要做一个称职的母亲。一个称职的母亲在孩子出生前,甚至孕育生命前的一个时期,就要关注自己的身体健康。在母亲还是少女时,即使你从来没有想过自己会有个孩子,你也应该呵护自己的生命健康,珍视自己。

在我知道自己即将要做一个母亲的时候,我改变了很多不良的习惯,让生活起居变得正常、有规律。从怀孕开始,我从没有去喝酒,或者肆无忌惮地吃一些对孩子成长不利的食物。每天,我努力保持微笑、保持健康的心态。我知道，郁闷、忧伤会让婴儿发育不良。

那段日子，我经常去看美丽的风景、天天想快乐的事情、我读好书、听好音乐、欣赏大自然的美和艺术作品，并且做很多善事，让我的心灵长时间地处于宁静和喜悦之中。我知道，我所要负责的不仅是胎儿的健康，我也要为胎儿的品德形成和智力发展担负起责任。

可以说，母亲的饮食对胎儿的健康有很大的影响。为了生出一个健康的孩子，我对食物进行了研究。我不再吃咸菜和腌制食品，不再吃虾。

我知道，母亲生病了，就很容易把病毒直接传染给胎儿，如果一个母亲患有高血压，孩子就很有可能患有心脑血管方面的先天性疾病；如果一个母亲酗酒，孩子在出生时，就可能有酒瘾。为此，我远离吸烟、酗酒等不良习惯，同时，我小心地保护自己，让自己远离疾病，以免殃及胎儿。

我邻居的孩子出生后，就特别爱哭，他就像中了魔咒一样，整天是哭声不断，吵得其他人都不能好好地睡觉。我认为，这很可能是因为母亲的原因。在孩子出生前，他的父亲就进了监狱，母亲在眼泪和惶恐中生下了他，并将自己的惶恐与不安传染给了孩子。

当我得知自己即将有一个孩子的时候，就觉得幸福而平和。之后，我为自己安排了严格的作息和生活计划，我取消了那些会让人过度劳累的长途旅行，取而代之的是，每天傍晚我都会在林间散步。尽管我很不喜欢让自己暴露在太阳下面，让太阳晒黑我的皮肤，但当医生告诉我，适当地晒太阳对胎儿有诸多好处时，我就不再用美丽来充当遮阳伞，我会经常接受阳光的沐浴。

为了让自己的身体更健康，我还坚持体育锻炼。每天，我至少运动30分钟，而且一直坚持这样锻炼身体。我相信，我肚子中的小宝贝一定会与我一起享受这份宁静和愉悦。

4. 母亲们应该尽量亲力亲为

任何人都不能替代母亲的角色。

很多母亲在生了小孩子后，喜欢雇用保姆照顾孩子。事实上，在所有生物中，只有人类才有保姆这样的角色，在动物的世界里，动物的妈妈绝不可能把自己的孩子交给别人养育。其实，保姆的工作更多的是看管孩子，她只需要保障孩子的安全、不让孩子挨饿就可以了。

一些不负责任的保姆，为了图方便省事，会整天对孩子说，不许做这个，不要做那个，别弄脏衣服，别乱动东西，这样非但不能发展孩子的能力，反而使孩子的能力在萌芽时即遭到扼杀。

之前，我曾经讲过，模仿是孩子的天性，孩子与保姆相处，就会模仿保姆的行为。如果保姆有不良的行为，他就会沾染这种不良习惯。对孩子来说，他需要长大，但更需要的是成长，因而，父母们一定要自己负担起教育孩子的责任，尽量不用保姆教育孩子。

当然，如果家中生活较富裕，在对孩子进行照料时，母亲可以把部分无关紧要的任务交给保姆分担，那些属于母亲的工作则不能由保姆代替。在照顾孩子时，母亲们应该尽量亲力亲为，而孩子的教育必须由母亲承担。

一般来说，孩子吃饭、洗澡和穿脱衣服等事情，也应该由母亲负责。而保姆呢，可以做好教育的助手，可以帮孩子做一日三餐等。

如果家里经济条件许可，父母要尽可能雇用有教养的妇女做保姆，要选性格较好的保姆。保姆的性格特别重要，保姆的习惯、表情对孩子都有影响力。

所以，我们应选择性格开朗、健康、爱说爱笑的保姆。只有这样，才能让孩子身心愉悦，健康成长。

在我们的自然教育学校中，我在培养一些母亲的帮手，培养一些合格的保姆，无论从精神上、身体上，他们都能帮助母亲们照顾好婴儿，而且也会注意孩子的心灵和品德情操教育。社会需要高质量的保姆来照顾孩子。

大脑要食物来"营养"

在日常生活中，我从来不用食物去贿赂或者诱惑维妮弗蕾德，也从来不用让她吃或不吃作为一种惩戒的手段与方式。把食物当成奖励、惩罚或威胁孩子的手段，把食物当成调教孩子的某种工具，扭曲了食物的作用，是不科学的，会让孩子对食物产生不良的情绪。

1. 孩子对吃喝并没那么大兴趣

对于女儿维妮弗蕾德，我始终把管教和食物这两件事分开来看，并尽力为她营造一种和谐轻松的进食气氛和环境，让她独立自主、轻松愉快地进食，而且进食就是进食，没有其他意义与条件。

大多数母亲都有这样的习惯：她们会在孩子不高兴或者哭闹的时候，拿糖果或者其他各种各样的零食给他们吃，用这样的方式哄他们开心。在我小时候，我的父母就曾经这样哄我，看来这种方法源远流长。在鼓励、表扬孩子时，父母们也会用这样的食物策略。父母们乐此不疲用食物哄孩子，奖励孩子。从表面上看，这种食物政策似乎总是颇有成效。

第3章 自然教育法与自然学校

事实上,如果母亲给孩子吃太多的食物,孩子容易变得迟钝而且容易生病。

那些已经吃了太多仍被要求吃光盘子里所有食物的孩子,通常不知道他们的极限。最影响孩子健康的是,如果让孩子一直吃零食,就会使他的消化功能紊乱,到吃饭时,他的消化液供不应求,吃到胃里的食物不能很好地被消化、吸收,自然,孩子就没有食欲了,这会渐渐形成挑食的毛病。

对孩子来说,父母用食物来奖惩孩子,也会让孩子对食物单纯的享受变了味道。可以说,父母的食物抑制或者食物激励政策,并不是好的策略,这种策略不仅会让孩子越来越难满足,还会让他长大后缺乏自制能力。

如果用吃喝来奖励维妮弗蕾德,她会认为满足吃喝是一件非常重要的事情,就容易形成自私、狭隘的性格。如果因女儿犯了某个错误而不让她吃饭来惩罚她,这样很容易让她变得不开心、忧郁,会认为父母不再爱她。

其实,对于吃喝,孩子们并没有我们想象的那样有兴趣,对孩子来说,视觉和听觉的乐趣才是更重要的。

孩子之所以热爱食物,是因为对他们来说,这些食物是新鲜事物。婴儿在接触某一新食物时,往往喜欢自己研究一番,以满足自己的好奇心。

从营养学的角度来看,孩子会对自己的营养摄入做出适当的选择,在一段时间,他们会自行调节营养摄取。在日常生活中,母亲不用担心孩子的营养不充足,以至影响他的成长发育。

其实,很多时候,孩子是因吃太多而被撑病的,而不是因吃得太少而饿病的。有时候,我们饿孩子一餐,反而对孩子有好处。孩子的饮食确实需要成人的照顾,但是,成人也要尊重孩子的饮食选择。

父母一定要悉心地照顾孩子，特别是母亲，要尽量清楚地知道，对于孩子来说，什么是最佳的食物，怎么样让孩子吃饭是最好的，最合适的吃饭方法是怎么样，什么时间段是孩子进食的最佳时间。同时，父母也要记住，每一个孩子都是不同的个体，对这个孩子有利的，对其他孩子未必有利。

对孩子来说，他的饮食方式最好是多样化的，同时，也应该充分考虑孩子的年龄、体质、营养需求、食物爱好等因素，来安排适合于孩子的食物种类与饮食方式，循序渐进地帮助和引导孩子建立起健康的饮食习惯。

2. 坚持母乳喂养

在犹太人的法典中，有这样的规定：父母必须让新生儿哺乳24个月，母亲不能提前给孩子断奶。此外，伟大的教育家卢梭，也曾考虑过是否要将对孩子实行母乳喂养作为社会改革的目标之一。事实上，母乳喂养可以杜绝很多对孩子健康不利的因素。

对于婴儿来说，母乳是为他们量身定做的食物。在母亲的孕期中，婴儿通过脐带从母亲身体里摄取营养；哺乳期时，婴儿通过乳房从母亲身体里摄取营养。在这两个阶段，婴儿都需要母亲的身体来保护，并借此接受养分和温暖。

最有意思的是英国人，他们曾经用羊奶喂养婴儿，甚至让婴儿直接吸吮羊乳头。后来，由于饲养的牛越来越多，人们就开始用牛奶取代羊奶，用牛奶喂养婴儿。但是，依然有很多婴儿难以活过1岁。无疑，大量孩子的夭折给那些母亲们以深刻的教训，让她们明白了母乳才是婴儿最好的食物。而牛奶或者奶粉，不是婴儿最好的食物，它们只是供那些无法哺乳的母亲使用。

不管奶瓶有多漂亮，奶瓶中的奶都难以替代母乳。可以说，只有母乳中有最利于婴儿成长的、最有营养的成分。母乳有400多种营养素，是任何配方奶都无法替代的。

生了孩子后，不少母亲误以为，自己不能分泌出足够的乳汁来，这是一个极大的误区。我们都是哺乳动物，所有的哺乳动物都有足够的乳汁来喂自己的孩子。

一般来说，母亲喂养婴儿半年至两年的母乳，却能在之后的很长时间受益，这种益处能延伸到日后的50年或80年，甚至影响孩子的一生。一些伟人经常受身体不健康的困扰，而其实，他们所受的这些困扰，可以追溯到其婴儿时期的饮食情况。

在小维妮弗蕾德不到两个月大的时候，她就可以独自坐着，而且看起来就像个更大的孩子。对此，我的朋友们十分惊叹，他们感叹她有如此好的身体。

小维妮弗蕾德之所以有健康的身体，源于我用母乳喂养她。最让我省心的是，她很少生病，她有健康的肤色和诱人的体香（吃母乳的孩子身体里总散发着一种甜美的味道）。

母乳是母亲给孩子的生命能源。对孩子来说，母乳不仅易消化、味道适宜，而且温度最合适，且能预防过敏及感染等。

最重要的是，母亲用母乳喂养孩子，能与孩子进行亲密接触，母亲让孩子通过吮吸，彼此建立起了一种既亲切又温馨的联系。虽然给孩子喂养母乳是母亲的本能，吮吸是孩子的本能，但二者都是需要学习的艺术。

母亲用母乳喂养孩子时，有些宝宝很轻松地就能吃好，有些吃母乳的宝宝，却需要多点时间练习和鼓励才可做到。事实上，母乳喂养最初的数周是最有挑战性的，无论母亲面对的是怎样的问题，只要勤加练习，用母乳哺喂孩子这件事，就会变得越来越容易。

在刚出生的几天中，孩子似乎还不知道自己之所以不舒服，是因为饿了，他更不知道，只要开始吮吸乳汁就会使自己感到舒适和满足。

维妮弗蕾德刚出生时也是如此，当她大哭不止时，我把乳头放进她的嘴里，她却继续哭叫着不停闪躲，即使吃了几口乳汁，也依然继续哭叫。

我知道，对于婴儿来说，吮吸是一种本能的反应，是她天生就有的能力。所以，我慢慢地顺势引导，只要她吸过几次，感受到吮吸与乳汁、舒服之间的关系，一切就会好起来。

事实上，对婴儿进行哺乳喂养，不仅可以满足婴儿身体的需求，同时，也能让他享受到与你在一起的亲密感和安全感。在这最初的数周，如果婴儿需要哺乳喂养，那么，在用哺乳喂养的方式喂养他时，他总能有满足感，此后，你就会发现他能给身边的人带来平静和欢悦的时光。

在为女儿维妮弗蕾德喂奶时，我始终坚持这样一个原则：要充分满足她吃奶的需求，只要她饿了就给她喂奶。可以说，刚出生婴儿的胃很小，无论你多久前喂过他一次，你仍可再喂他一次，他吃母乳时，一般是不会吃得太多的。

此外，母亲们要注意的是，在喂奶期间，母亲也不要用香水或有浓重香味的化妆品。因为新生儿的嗅觉极为灵敏，她熟悉母亲的味道，浓重的香味会使婴儿不安，让她误认为这不是自己的妈妈。有一次，我稍微用了一点护肤品，结果，小维妮弗蕾德哭闹不安，甚至要推开我。

可以说，在哺乳期间，我对女儿的照料特别细心。现在，她有那么健康的身体以及聪明的头脑，这与她在婴儿时期，我对她的细心照料是分不开的。

第 3 章　自然教育法与自然学校

3. 不要破坏他的胃口

芝加哥一所公立学校的一位负责人,曾经这样说:"一个孩子从出生到离开家庭,父母都应该密切关注他的身体健康。即使一些父母是出于获利的动机抚养孩子,也需要这么做,因为哪怕你是为了收获,培养一片黑胡桃小树林,或者为了美丽,培养一簇玫瑰花丛,我们都会分阶段地培养它们,并且我们会常常惦念着它们。"每一个母亲都要知道,孩子的饮食需要根据不同的阶段做出相应的调整,需要随着其年龄的变化而不断变化。

在小维妮弗蕾德成长的过程中,我一直让她吃健康有营养的食物。一般来讲,在婴儿出生后的第一年,是他生长发育速度最快的一年,在此期间,他们的饮食呈明显递进性。

在婴儿出生后的第一个月,婴儿只会用舌头吸吮,此时,如果将固体食物放入婴儿口中,他们就会将食物用舌头推出口外,而不大会将其咽下,液体类食物在这个阶段最适合他们。

在4—5个月时,大多数婴儿体重会增长到他出生时的两倍,到一岁时增长至三倍。婴儿体重大幅度增长,他的身体就需要更多的营养。

通常,婴儿出生后4个月,能从母乳或配方奶中吸取充足的营养。从第4个月开始,我们可以为婴儿添加一些精细的半流质食物,如木瓜泥、香蕉泥、苹果泥、胡萝卜泥、菠菜泥、土豆泥或者米糊等辅食。母亲在喂孩子时,不要把勺子放得太深,以避免他被噎着。婴儿吃饱时,就会有很明显的表现,比如,他会转头、闭紧嘴巴等,这表示他不想吃了,也可能用哭来表示不要再吃了,此时,我们就不要强迫孩子再吃东西。

在这以后,在第三阶段,我们要慢慢给孩子增加一些固体的食物,来保证婴儿吸取充足的营养。当婴儿再大一点时，他就想自己动手去抓取食物。这个年龄段的孩子，在自己进食时，不可避免地会把食物弄得一片狼藉，将手脸搞得很脏。不过，随着他年龄的增长，这种情况会慢慢消失。

在喂孩子吃东西时，父母一定要保持冷静，要保持温和的态度，让孩子在用餐的时光中过得温馨愉快。

在小维妮弗蕾德4个月大后，每天在进食前一小时，我都会给她喝一茶匙甜橙汁。再后来，我慢慢地给她增加了西梅汁、煮鸡蛋和土豆泥等食物。在这里，需要说明的一点是，在女儿两岁以前，我很少喂她肉吃。

在小维妮弗蕾德两岁后，我开始用菜、肉、鱼、蛋、豆等为她制作一些食品，对她来说，面包、薯类等食品，也都是很不错的选择。在5岁时，小维妮弗蕾德的饮食需求已基本与成人差不多了，不过我很少让她吃刺激性强的食物。

可以说，很多民族的食物都是以谷物为原料，这类食物绝对有利于身体的健康，但小维妮弗蕾德不太喜欢吃，因而，我从来没有去强迫她吃，只是会想办法多变换一些做法，将此类食物混杂在各种菜肴或者主食中，来转移或分散她的注意力，这样，在不知不觉中她就吃了这些食物。

其实，即使是成人，也会感觉被强迫吃下自己厌恶的食物是一件痛苦的事，所以不要四处追逐孩子让他吃东西，不要逼孩子吃他不愿吃的东西。

再吸引人胃口的食物也不能吃过量，这是母亲要掌握的婴儿饮食原则。如果让孩子吃过多的相同的食物，就可能让孩子对它没了胃口。在照顾孩子饮食时，母亲一定要特别注意，别破坏掉孩子的胃口，因为这等于在破坏他的健康。

第3章 自然教育法与自然学校

从婴幼儿时期起,孩子就要养成良好的饮食习惯,父母要防止其挑食、偏食。婴幼儿应在安静的环境中专心、愉快地吃东西,避免外界的干扰,这样才能保证他们的身体充分吸收营养。

现在的孩子要面对各色各样的食品诱惑,此时,父母更应该注意合理地为孩子安排饮食,让孩子养成规律饮食的习惯。

可以说,孩子不是天生没有胃口,只是消化不良才使他们的身体变得不健康。避免消化不良的最主要的方式,就是让孩子饮食有规律,让他愉快地享受每一份食物。小维妮弗蕾德自从出生以来,我就坚持定时给她喂奶、喂水,这样,她的饮食生物钟从一开始就特别有规律。

4. 让孩子吃饭有节制

在喂养维妮弗蕾德时,我始终恪守这样的原则:在吃饭时,让她有独立性和自主性,让孩子感觉吃东西不仅是一件重要而快乐的事情,还是一件她想做,而且能自己轻松控制的事情。

在孩子小时候,如果她觉得用手抓着吃比较方便,比较有趣,即使她弄得脸上、手上、桌子到处都脏兮兮的,我也不会去指责和训斥她。女儿先吃什么,爱吃什么,喜欢将哪些食物搭配着一起吃,怎么样去吃,我都让她选择。

可以说,只要女儿没有挑食或贪吃的行为,在吃饭时,家里就能始终保持和谐而愉快的气氛。孩子如果有挑食或贪吃的行为,我会温柔提醒她,但不会斥责孩子,我会慢慢培养她养成良好的饮食习惯。

我认为,孩子充足的营养供给对大脑的发展有十分重要的作用,任何营养不足都会降低大脑的发育与发展,影响身体的素质,并会影响到多种相应的行为，从而对孩子的成长产生消极的影响。

父母可以改变孩子的饮食结构，避免孩子发育不良。大脑营养不够，会导致一些问题，比如，记忆力下降、思想混乱等。

事实上，父母们都希望孩子的大脑有很好的发育，可以正常地运转。这就需要父母合理安排孩子的饮食，保证供给大脑正确的"食物"，帮助提高孩子的脑力，这也是孩子智力发展的一个重要因素。

孩子大脑的发育需要适当的营养，如果孩子吃得多、食欲好，这固然是一件好事，但孩子太贪食，反而会影响大脑的发育，甚至让大脑反应迟钝。

父母要适度地调节和控制孩子的食欲，从而帮助孩子健康地成长。小维妮弗蕾德也有贪吃的时候，每当她在不适当的时候想吃东西，我会想一些办法引导她忍耐或者分散她的注意力，从而减少食物对她的诱惑。

5. 适当给孩子吃一些零食

最初，为了让维妮弗蕾德养成有规律的饮食习惯，我严格控制她吃零食，苹果、香蕉、橙子之类的水果，或者松子、榛子、胡桃类的坚果，都不能多吃。

通常，我规定她在正餐结束至少一个小时以后，吃一点零食。那时，我坚信，控制零食就是保证孩子的健康。

但在纽约巡回演讲时，一个母亲喂养孩子的方式，改变了我对孩子吃零食的观点。

那个母亲的孩子已经1岁多了，仍然不会用咀嚼的方式吃东西。孩子只能吃放了少许盐的淡而无味的粥，尽管粥中加了各种豆类，还有蔬菜颗粒，

第3章 自然教育法与自然学校

营养充足,可在我看来,这样喂养孩子的方式仍旧有问题,或者说孩子只喝"粥",这样的饮食太单调了。

这位母亲确信,孩子越晚吃零食就越健康。同时,她不想让自己的孩子长一口难看的蛀牙,或者成为一个不招人喜欢的胖子。尽管我也支持她的观点,但当她的孩子看着其他孩子吃巧克力或者蛋糕,脸上露出特别羡慕的表情时,我为那个孩子感觉难过,正是她的母亲剥夺了孩子最喜爱的食物。

那一瞬间,我突然明白,如果过分限制孩子吃零食,其实就是剥夺了孩子的一种乐趣。而自然教育一直强调的就是,要顺应孩子的本性。在孩子的吃零食问题上,我也在犯同样的错误。

在长大成人后,那个孩子很可能会用拼命地吃零食的方式,来补偿自己童年曾缺失的乐趣。我就曾见过一位每天都拿零食袋子的女士,即使参加聚会时,也会不停地吃零食。

对于是否让孩子吃零食,我有自己的观点与原则。固然,新鲜的食物是最好的食物,比如孩子喜欢吃的水果和蔬菜,不过,我还会让维妮弗蕾德吃一些适量的坚果。

至于小孩子都爱吃的甜食,我则尽量控制供给,因为它有让孩子长龋齿和变肥胖的风险。如果我们严禁孩子吃糖果一类的食物,会更加激起孩子对糖果类食物的热情和渴望,也让孩子的童年生活少了些许美妙的感受和记忆。

可以说,所有的孩子都难以抵制糖果的诱惑。对于这类食物,小维妮弗蕾德也特别渴望。每天,我允许她吃少量的糖果,并且尽量避免让她在正餐前吃这类食物,因为那样往往会影响小家伙享用正餐的兴致,破坏她的饮食规律。

为保证孩子的饮食均衡与营养,父母可以采取一些小妙方教育孩子。比如，与孩子"订立盟约"就是一个不错的方法。

我就与小维妮弗蕾德订立了一个"盟约":什么时候吃以及吃多少糖果和甜食。她遵守这个"盟约",因为这是我们共同订立的。

有一则古老的童谣曾经说:小女孩是由糖果、香料和一切美好的东西构成的;小男孩是由剪刀、蜗牛和宠物小狗的尾巴构成的。在日常生活中,父母就让孩子适量地吃一些零食吧,这是不会毁掉孩子健康的。

自然教育的学校

自然教育学校的教育目的,就是为将来要做父母的年轻人做好充足的准备,让更多未来的父母能合格上岗,承担起自己应尽的教育责任。

大部分高校都在教学生学习很多的学科知识或者某种主义,从而让学生能全面地发展。可所有的学校都忽略了一个重要的课题,那就是总有一天,这些上学的孩子们会成为爸爸妈妈。

1. 移动的课堂

大部分学校都没有开设这样的课程,告诉未来的爸爸妈妈如何承担好自己的责任,如何担当养儿育女的重任。要知道,养儿育女是一件非常严肃的事情,绝不能冒险。在孩子出生之前,父母就应该了解,要如何从德、智、体三方面培养孩子,这是父母应尽的责任。

在我们的自然教育学校中,我们不仅要教准父母或者父母学习如何保障孩子的身体健康,还要告诉他们如何通过玩游戏、讲故事等个性化培养方式,来

第3章 自然教育法与自然学校

促进孩子精神和道德方面的发展,从而培养孩子良好的品格。

我们自然教育学校认为,孩子应该享受自由的生活。如果天气好,可让孩子出去走走,培养孩子完全可以到户外去:在小山坡上,在草地上,或者在公园里。即便天气不好,孩子在学校的教室上课,他们的感受也完全与传统教育产生的感受不同。

我们把教室布置得更像一个家,更像一个漂亮的婴儿室。在教室的墙壁上,贴着很多美丽的图片,在窗台、壁炉架和书架上摆有伟大雕塑作品的复制品。

可以说,如此布局有利于孩子在幼儿教育时期学会欣赏艺术,学会用眼睛去感受世界。

在每个教室中,我们都摆放了古玩架。我们从世界各地收集了许多古玩和带有民族特色的物品。小小的一个古玩架为教师提供了很多授课的资源,教师可以借此激发孩子对其他国家的兴趣,并让他们乐于了解一些国家的地理位置。

在我们自然教育学校的教室中,通常没有固定的学习座位,没有固定的书桌或游戏桌。我们的桌子重量比较轻,方便灵活,易搬移,而且每个孩子都有一把可以随身携带的轻便椅子,这样,孩子们就可以把桌子或者椅子随时挪到其他的地方,随意坐在自己喜欢的地方。在我们的教室中,我们使用很大的白纸,可以用彩色蜡笔在上面随意书写或画画,而不是用让空气中飘满粉笔灰的黑板。

在我们的教室中,内部不用扫帚,而用吸尘器和拖把打扫卫生。孩子在进入自然教育游戏室的时候,一定要穿拖鞋,这样既放松又卫生。我们还教孩子们遵循日本的一个规矩，学习日本人的微笑习惯——从不说令人不愉快的事情，礼貌而客气地对待每一个人。

2. 花园式的课堂

自然教育一向倡导让孩子与自然亲近的教育理念，倡导培养孩子对动植物的兴趣，给孩子创造观察动植物生长的机会。

我们不仅鼓励小朋友整理自己户外的小小花园，还在教室座位下的花盆中播下植物的种子。如果没有足够的空间，我们就在教室中种一些漂亮的、适宜在水中生长的植物。开始时，我们只是将小片叶子的花卉种在水中，然后，就可以观察它们成长和绽放的过程。这类植物始终能够激发孩子的兴趣，让孩子产生无限的探索意愿。

老师们也会收集一些比较特别的植物，以开阔孩子的视野。小维妮弗蕾德曾经有一棵很棒的、来自北卡罗来纳州本土的植物——金星捕蝇草。她非常高兴地捐献给了老师，这可是她收藏植物中最喜爱的品种。可以说，所有活的生物都会引起孩子的兴趣。那些装有金鱼、小乌龟或蝌蚪等水中生物的鱼缸，既可以激发老师的灵感，又能开阔孩子的视野，锻炼孩子的观察力。

通常，在一些条件比较好的自然教育学校，有很大的可以让孩子进行探索的空间。有的自然教育学校，可以为每一个孩子开辟一个独立的花园，孩子们可以给自己的小花园命名，并亲自记录其中植物的变化、寻找树叶的秘密、观察自己的小树朋友。

每当春天来临时，孩子们可以在小花园中饲养小蝌蚪，喂养小鸡、小鸭。在种植、饲养等活动中，孩子们可以对动植物进行研究、记录、观察比较。

孩子们在付出辛勤劳动及等待的过程中，能感受到动植物生长的喜悦及收获的快乐。

在此期间，如果孩子看见自己种的植物或饲养的小动物死了或受伤，都会伤心地哭泣，所以，他们会很认真地照顾自己的小花园。

我们让孩子用自己的五官、四肢、肌肤去接触大自然，感受大自然的多姿多彩，感受大自然的神奇、真实。自然教育学校也为孩子提供了充足的活动材料，如尺子、放大镜、小铲、水壶、记录表格与空白纸张等，无疑，这些材料都有利于孩子发展与成长。

3. 自然教育工具的运用

在自然教育学校中，所有的教室中都设有低矮的窗户，窗台的面积很大，大得可以让孩子们坐上去。在这些窗台与座位上，还摆放了《知识百科全书》《新标准字典》《彼得兔》和《本杰明兔子》等儿童书，孩子可以在这里读书。

在前一章中，我们曾经描述了在自然教育学校能使用的各种工具或玩具，其中音乐设备是必不可少的，这样我们就可以经常给孩子放音乐。通常，在放音乐的时候，我们就教孩子跳一些动感十足的韵律操，或者伴着外语的歌曲，跳不同风格的舞。在自然教育学校中也有钢琴，往往是老师弹钢琴，孩子唱，或者一个孩子弹，另一个孩子唱。

在所有的自然教育课堂中，小型打字机可以说是最受推崇的工具，并且占有相当重要的位置。利用它，孩子可以非常轻松地掌握阅读、拼写和标点使用的规则。一般来说，打字录入有助于孩子们熟悉那些文学大家们的美妙语言，也能进一步锻炼孩子们手指的灵活性，这样，在弹奏钢琴或拉小提琴时，他们就能更好地发挥自己的才华了。最重要的是，锻炼手指能促进大脑的发育。

如果孩子玩累了，我们可以让他们坐在舒适的窗台上，引导他们去《知识百科全书》中寻找各种知识，在童话故事中发挥他们的想象力。此时，孩子会朗读故事，也会表演故事，甚至还会不断地问问题。如果孩子们问老师都不知道的一些问题时，老师可以和孩子一起翻开《知识百科全书》寻找答案，这也是一个非常有趣的探索过程。

童话故事、露天舞会和独幕剧可以说是进行自然教育的最好场景工具，而利用场景教育来培养孩子们的想象力或创造力，是我们一直努力的教学目标。

绘画是人们表现自己灵魂的最好方式之一，在自然艺术学校中，孩子对于艺术的学习充满灵性和自由的空间。孩子们可以在一个装有湿润沙子的沙板上，随意创作作品，随意设计造型；在自然艺术学校中，孩子们可以收集一些叶片，并且用这些叶片在白纸上摆出图形，并描绘它们的轮廓，涂描上自己想象出的颜色；当然，孩子们也可以用一些小棍子摆出几何图形，完成各种奇妙的构想；在大大的白纸上，孩子们可以海阔天空地创作关于天空、海洋等景色的绘画作品。

通常，两岁半到6岁是孩子思维最敏捷、记忆力最强的时期，而孩子的记忆年龄到12岁时就结束了。因而，孩子两岁时，父母就要开始加强引导他们对不同语言的学习。当孩子不会说某种语言时，老师和母亲还可以利用语音磁带来帮他们完成语言的发音学习。

自然教育学校如此自由，它的建立非常简单，它可以建立在任何需要的地区，那些愿意跟着训练有素的自然教育老师学习的父母，经过短期的培训后，都可以在家中自己建立自然教育学校，或者两三个家庭一起合作，建立一个街道学校。

一般来说，自然教育学校所需要的师资与格局、设施要求很简单，有一个良好的自然的环境和一个爱孩子的老师就可以了，而这个环境是一个充满大自然感觉、充满童趣、充满自由和快乐的环境；自然教育学校所需要的老师，是一个懂得如何微笑，懂得如何引发学生兴趣以及通过与孩子合作来培养孩子观察能力的老师。

在这里，孩子们通过模仿老师的行为，通过对自我专注力的培养，通过培养对各种学科的兴趣，来获得知识，自由健康地成长。

由于自然教育学校的工具和所有游戏都没有申请专利，因而，任何父母都可以在自己的家中创立自然学校，现在，父母们就对孩子开始有效的自然教育吧！

4. 一个班级孩子越少越好

通常，传统学校的班级中有很多的孩子，人数在30个左右甚至达到50个，而且所有的孩子的教育，都是使用一样的课程、一样的教育模式、一样的内容。事实上，每一个孩子都有自己独特的天赋，如果想让孩子充分发挥他特有的天赋和潜能，就应让孩子接受个性化的教育和培养。我认为，自然教育学校的每一个班级中，只接收10个孩子，这样才可以保障因人制宜的个性化开发，同时，老师可以随时关注到每一个孩子。

孩子们在自然教育学校中，虽然总是持续两个小时上课，但因为我们设计了不断变化的游戏，不断转换的空间，所以在上课时，不管是老师还是学生都不会感到疲倦或者厌倦。由于考虑到小孩子集中精力的时间不超过15分钟，在我们自然教育学校中，所有的游戏时间都不会超过10分钟。我们总是在孩子玩得很酣畅的时候就停止了游戏，意犹未尽的感觉会让孩子第二天又要求玩同样的游戏。要知道，在教育孩子时，对孩子进行重复性的教育，是非常重要的原则和手段。

与学生们在一起时，老师们需要经常保持微笑，不管他们在学校外面有什么不开心的事情，一旦进入了自然教育学校中，就要远离所有的负面情绪，就要带着一脸的微笑。

在日常教学中，我们用爱和兴趣作为激励孩子的方式。我们也对孩子进行实质性的奖励和惩罚，但是我们的奖励和惩罚形式非常有趣，这是促进孩子进步的一种非常有效的动力，也能够帮助我们更好地进行工作。而一些伟大的金融家也认为，他们的工作效率来自奖励。

表现不好的孩子会因为他的不良行为受到一些小小的惩罚，我们会将他的名字从骑士名单中删除，或者他因此无法得到带金星的勋章，我们以此表示对其行为的不满。实际上，惩罚绝不意味着对孩子整体的否定，而是对孩子某一具体不良行为的否定。对此，孩子们兴趣盎然，非常努力，以便争取再次进入骑士队伍或者重获金星勋章。

5. 考试并不能测试出孩子所掌握的知识

什么是教育呢？

事实上，多年的传统教育让越来越多的人坚信，所谓教育，就是让孩子在学校中，一年级一年级地上学、升级，并获得相应的文凭和学位。说实话，孩子的毕业文凭并不能作为他教育水平的证明,可以说,文凭的高低与教育水平的高低之间,未必能高度地统一。

年轻的神学家费德一直在拒绝接受学位,他认为,我做费德就足够了,没有必要做费德博士。可以说,一个人学习的目的是掌握生存的技能,享受拥有思想和知识的快乐,而不是仅仅为了获得什么学位或者什么头衔。

传统的教育方式,其实一直是将一堆现成的学科成果灌输给学生,学生仅仅是接受知识的容器,接受、记忆、将那些现成的知识理论再现。

多年来,我一直致力于将自然教育理念引进家庭和学校的工作,我反对用考试折磨孩子。考试并不能测试孩子知道了什么知识,知道多少知识,反而给孩子造成困扰和痛苦。测试总会让孩子们害怕得不到A,担心名次排在后面,害怕来自父母和老师的批评及轻视,孩子因为考试而自杀的问题,可以说是由来已久。

我办自然教育学校的宗旨,就是想让孩子带着问题学习,可以说爱提问是孩子的天性,而孩子能提出问题,就说明他确实在思考了。在我们自然教育学校中,每天早上孩子来学校后,会问一些他们想知道的问题。他将问题大声地朗读出来,让所有的孩子听,这样,就会让孩子们一起思考,一起找答案,如果没有人能回答出来,就到《知识百科全书》中去找答案。

那些会写字的孩子,都想有一个知识记录本,记录他们在每一天中所收集的信息,并标上日期和题目。在这些记录本中,他们不是抄写词组,不是做数学题,而是记录下每一天他们新掌握的知识,每一次他们新解决的问题。

以后,每当孩子翻开这个本子,他们就会感到自己的知识在增加,他们会为自己所记录的内容而感觉自豪,可以说,这种方式比考试更能有效激发孩子学习的主动性。

每到月底的时候,老师就会检查孩子们的本子,看看谁的本子记录的内容丰富而且准确,谁的本子保持得干净而且整齐,表现好的孩子就会获得金星。而且获得金星最多的学生,在学期末,就会被封为女王或国王。

事实上,这样的"考试"方式从来不会让孩子感觉烦恼与恐惧。我一直鼓励孩子要保留自己的知识记录本,当他们长大后会发现,他们获得的知识远远比他们为了考试而学习的知识丰富,而且要记得更牢固一些。

6. 让孩子和平友爱

在我们自然教育学校中,我们一直教育每一个孩子要爱好和平,憎恶战争。

不论我们做游戏,还是讲故事,我们所做的游戏,所讲的故事都宣扬要爱好和平,宣扬要有奉献与慈悲精神。

如果我们想要成为一名战士,如果我们给孩子树立了好战的榜样,那么,孩子将会效仿我们,并努力成为一名战士,我们的世界中会永远充满战争。如果我们不再敬佩那些好战的勇士,而钦佩那些有建设性的天才,将有伟大贡献的人物作为榜样,如果我们从孩子小时候就给孩子灌输和平友爱的思想,那么就将引领我们的整个社会进入稳步发展的和平时代。

大自然是最好的老师

大自然可以说是最好的老师。要让我们的孩子不断地向生活学习,向大自

第3章 自然教育法与自然学校

然学习,并且在游戏中学习和成长,在探索自然中成长。

1. 大自然是最好的老师

大自然中无处不是学习的乐园,只要做一个有心的父母,就可以有取之不尽的素材教育孩子。父母们可以带孩子到树林里去,到奔流的小溪边去,到广阔的草原去,到邻近的花园去,到高高的山顶去;父母们可以让孩子聆听蟋蟀的歌声、小鸟的叫声、西风的呼呼声、波涛的旋律;父母们可以给孩子讲童话故事,告诉孩子们海的女儿的故事,给他们讲王子与公主的爱情,讲善良的小女巫。对孩子来说,与自然界生命的交集、汇合,由自然界演绎出的神话故事,都是孩子生命中的正能量来源。可以说,大自然是教育孩子最好的助手,是最丰富、最生动的教科书。

每当温暖的午后,小维妮弗蕾德不想睡午觉的时候,我就将她放在树荫下的吊床上,轻轻地摇着她。此时,我不会唱摇篮曲,因为轻轻的风声,嗡嗡的虫鸣就如同天籁中的摇篮曲一样动听。孩子变得平静而柔和,她尽情地呼吸,从自然界中获取神奇的力量。

可以说,自古至今,还没有哪一位老师可以像大自然一样让人兴趣盎然,如大自然这般无私奉献,多彩的大自然尽情地给我们最丰富的生活,让我们充满无限的力量,因此,每一个母亲都要让孩子接近这位无与伦比的老师。

我带维妮弗蕾德到大自然中学习地理学、植物学、地质学、动物学、物理学、化学、天文学和矿物学等知识。我愿意带着女儿与这位女神般的老师相拥,从中汲取知识的力量,滋养更美好的心灵。

2. 巧妙地让儿童尽情发挥想象力

在充满新鲜空气的大自然中，孩子们呼吸的是最干净的空气；在充满神奇故事的大自然中，孩子们不断地探寻世界的真相，他们有强烈的好奇心和探索欲，他们的思想也健康而充满活力。

一个热爱大自然的人，永远不会变成恶棍，父母要给孩子创造更多的机会，让他们与大自然亲密地接触。

在小时候，维妮弗蕾德对大自然充满了探求的热情与丰富多彩的想象。她不仅仅在显微镜下观赏、研究、分析花朵，还不断地丰富她的标本集，并且非常高兴地去了解同类植物之间的"兄弟"关系。

当我给她讲辣椒、马铃薯、西红柿、烟草是"兄弟"关系，都是属于茄科时，她就可以发挥她的想象力了，她把这些有不同父母的"堂兄堂弟"放在一起，组成了一个神奇的组合，并且写了一个有趣的《植物园故事》，这篇文章讲述了一个孤独的物种寻找自己亲戚的经历。

维妮弗蕾德喜欢做笔记。而她的植物笔记本上满满记录着植物生命中的有趣现象，在笔记本上，既有随处可见的"土豆大哥""西红柿表姐"等有趣的故事。还有植物大变身的故事，比如，小麦变成面包的历史，小麦经过怎样激烈的思想斗争，才最终愿意放弃自己的生命，成为我们的食物。

与此同时，维妮弗蕾德也在收集来自不同土地的花卉，并将它们做成标本册，她的世界各地的朋友为她提供了各种各样花卉的标本，因而，她的植物标本册中的内容是非常丰富的。

维妮弗蕾德曾经非常讨厌有很多脚、长得很丑、有软乎乎的身子的毛毛虫。但当我给她讲，这个丑丑的蠕虫将变成美丽的蝴蝶时，她的心境就变得不一样了。自此后,她在路上再看见丑丑的毛毛虫时,就会非常小心地绕过它们,避免去伤害它们。之所以如此,是因为维妮弗蕾德知道,它们还要经历更美丽的蜕变与重生,在蜕变后,它们就会感受不一样的"虫"生。

最有趣的是,她甚至告诉更多的小朋友,不要去伤害那条丑陋的灰色蠕虫,因为在某一天,它将会变成一只美丽的蝴蝶,当它变成蝴蝶后,就能翩翩起舞,开始很神奇的经历。

我曾经告诉维妮弗蕾德关于大自然的小生命,比如:蚂蚁、蜜蜂、果蝇的故事和它们的生活方式。可以说,我讲的这些故事,不仅仅让维妮弗蕾德能感觉到这些小生灵的有趣,能了解它们独特的生活方式,还能不断地激发她的想象力。最让人惊奇的是,她用文字为那些小生灵的生活增添了更多的神奇色彩。

可以说,在面对大自然的生命时,基本上所有的孩子都有无限丰富的想象力,他们给各式各样的生灵写一些生动的故事,并可以杜撰出这些小生命在想什么,又想要说出什么样的内容来,这些故事充满了乐趣。

在与自然界的生命交汇时,几乎所有的儿童都能表现出回归自然的本性。在与大自然的生物相处时,他们有十足的勇气。不管是危险的蛇,还是丑陋的蟾蜍,都可能成为他们有趣的玩伴。

小维妮弗蕾德也是如此,她喜欢那些像婴儿一样可以爬行的动物。事实上,并非自然界所有的物种都是安全的,经过与动物的几次亲密接触,维妮弗蕾德终于被大自然教训了一顿。

有一个时期,她对大黄蜂产生了兴趣,结果,却让自己受了伤,饱尝了伤痛。在被黄蜂蜇到时,她才知道,它们并不是那么友好。为此,维妮弗蕾德还为其他小朋友们写了首押韵诗,作为警告。

后来,我们一起把自然界的"朋友"和"敌人"分了类,让她不要再主动去接近那些可能对自己进行攻击的动物。

另外,维妮弗蕾德还饶有兴趣地研究甲虫,并为它们做了分类。至此,她已经了解到:甲虫有6条腿,世界上有150万种不同类别的甲虫。此外,她还雄心勃勃地计划去自然界发现一种新的甲虫,并将其载入甲虫的族谱,甚至可以以她的名字命名这种由她新发现的甲虫。为此,她去了图书馆,阅读了她能找到的关于甲虫的所有书籍,并写了许多与甲虫有关的故事。不管什么时候,只要遇到甲虫,她都要研究它的种类,看能不能发现新品种的甲虫。

3. 多给孩子提供接触大自然的机会

伯班克教授曾经说:"任何儿童都不应该被剥夺与自然接触的机会。如果没有攀过岩,没有玩弄枯叶和泥巴团,没有与小蝌蚪、大乌龟一起玩过,没有和大黄蜂、小蜜蜂接触过,就等于剥夺了孩子受自然教育的最好机会。"

伯班克教授希望每一所学校中,都一定要设一个农场,然后将这个农场划分成许多区域,这样,可以给每个孩子分一块场,来作为孩子自己的花园。

与此同时,伯班克教授也建议每个母亲,一定要为自己的孩子准备一块可以种植、栽培植物的土地,可以养小动物的小园子。可以说,他的教育观点与自然教育的原则完全相吻合,而让孩子有一个属于自己的可以培育花朵的小小花园,那将是一件多么惬意多么令人神往的事情,这个小小的花园不仅对孩子的健康大有益处,而且会培养孩子的关爱与善良之心。

由于大自然总是远离闹市,因而,身在城市里的孩子很少有机会与大自然

第3章 自然教育法与自然学校

接触,如果你的孩子也是这样的话,那么,父母就应该主动创造让孩子接触大自然的机会。至少,父母要每周都带孩子去周边的森林或公园郊游一次,从而让孩子呼吸大自然中最新鲜最纯净的空气,让他们拥有健康的大脑和身体。

我家那可怜的女洗衣工有6个孩子,她无时无刻不在为生计而奔波、操劳。当我问她"为什么你不将孩子们送到公园去玩一会儿呢?那样他们将会更快乐,而且会有更多收获"时,她总是苦笑着对我说,那些即便以美分来计算的汽车票价,对他们家来说也是"大数目"的支出,她支付不起孩子去公园玩的费用。所以,她的孩子们只能在家中或者在附近很脏的巷子里玩。

我希望所有的学校,都要为那些家境贫穷、无法支付孩子远行交通费用的家庭设立一笔"远足基金",从而让那些家境贫穷的孩子有机会沐浴在自然之中。

可以说,小维妮弗蕾德是非常幸运,她有很好的成长环境,她还有属于自己专用的花园,甚至不止一个花园。在我们家附近的一个地方,她有一块小花园。她非常乐于在她的小花园劳作,除草、种菜或者浇花。当小花园中的杂草长得非常茂盛时,我们就一起非常小心地除草,以免不小心碰坏了那些叫"小仙子"的花朵儿。

在小花园中,我们经常一起玩马铃薯游戏,把它们当成婴儿似的看护照顾,让它们快快地长大。有时,我们会无所事事地悠闲地躺在树下,一边懒懒地晒着太阳,一边聊着关于蔬菜、花朵的话题;有时,我会用这个机会给小维妮弗蕾德上一堂作文课,我们在一页纸上写上红色、绿色或白色的蔬菜和水果的数目,然后用生动的语言描述每一种蔬菜,要突出地体现它在色彩、味道方面的特点。当然,我们也用花朵儿做这样的文字游戏。

每年，小维妮弗蕾德都会跟我一起去外边露营。有时，我们在非常安静的树林里露营；有时，我们会在苍茫的大草原上露营；有时，我们还在杂乱无章的灌木下露营，与大自然亲密地接触，总是令人十分开心。

在大自然中，我们不断发现"树的语言""小溪的痕迹""石头的启示""花朵的传递"，总能发现很多事物的神奇之处。探秘大自然之旅，总会发现这个世界上最美好的事情。

我相信，美丽的大自然能给我们神圣的感受与信仰。而经常与大自然亲密接触，会让我们比常人有更高的修养和健康的心境。我们希望忘记城市的喧嚣，"平躺在层层的苜蓿花上，开始熟悉草地上的小小世界"，如歌德呼吁的"像昆虫一样生活"。

对孩子来说，大自然是最精彩的教育场所，是最好的教科书。很幸运，我们生活在一片生长了数年之久的美丽树林中，可以说，在这个世界上，再没有比这更好的教科书，来教我的小女儿学习知识了。

第4章
五官官能的发育与训练方法

儿童的听力训练妙方

1. 听力训练的方法与用具

可以说,维妮弗蕾德之所以如此优秀,是由于从她出生时开始,我就有意识地对她的感官能力及智力进行开发、训练。要知道,婴儿的感官中都潜藏着可以开发、超越的能力。而为了更好地开发和利用孩子在婴儿时期所具有的潜能,父母一定要从训练婴儿的五官开始,这样,就可以很好地刺激婴儿的大脑发育。对于人类来说,视觉、听觉、味觉、嗅觉、触觉是感知外部世界的生理基础,而充分地刺激孩子的感觉器官,能够促进大脑的各个组成部分积极活动,从而让孩子大脑的各个功能区都发挥出最大的效能。

虽然一个小婴儿出生没多长时间，可他的感官却有非常发达的能力，他们的很多器官都有很敏锐的反应。当维妮弗蕾德还是婴儿的时候，我就开始训练她的视力、听力、观察力、专注力、触觉等。可以说，五官的有效训练让维妮弗蕾德表现得非常灵敏和聪慧。

一般来说，五官是婴儿认识世界的首要渠道，也是婴儿能自我保护的盾牌，更是可以训练婴儿大脑发育的一个有效途径。

在婴儿五官的训练中，要先进行耳朵听力的训练，要知道，婴儿听力的发展要早于视力的发展，发展听力是进行五官官能训练中的第一步。其实，早在母亲的腹中时，胎儿就能听到外界的声音，因而，婴儿听力的训练越早越好。

在女儿还没有出生时，我就给她取好了名字，并时常和未出生的女儿说话。我不仅给她放动听的歌曲，还温柔地与她进行沟通交流。

我经常呼叫着她的名字："小维妮，小维妮，你听见妈妈在叫你吗？"我想，她一定能够听见我跟她说什么。每天，我都在某个固定的时间，跟尚在腹中的她进行交流。

在生活中，有很多父母忽略了对孩子进行五官的训练，将本应及早进行训练的这一重要课程，给搁置或者怠慢了。

而当孩子躺在摇篮中，无聊地盯着天花板或者吮吸拇指时，母亲就任由孩子这样荒废时光，在孩子最需要进行各方面能力锻炼的时候，母亲们却茫然无知。结果，在孩子长大后，当孩子需要观察力、专注力、视力、听力来帮助自己认知世界时，他因缺少应有的基础训练，而不能高效地运用。

一个人的各种能力，如果不能经常使用，就不能有效发展，最终，它们就会退化萎缩。同样的道理，孩子的五官也是这样，因而，我们应该尽早开发、

第 4 章 五官官能的发育与训练方法

训练、运用他们的各种官能。

在日常生活中,许多父母都会有这样的经历,当孩子被尖锐的声音惊吓到时,往往是声音越响亮,孩子的反应就会越强烈,这就说明他已经有了非常强烈的听觉意识。当我发现维妮弗蕾德有这样的行为时,我就知道她绝对已经有了足够的听力训练基础,可以按我的计划对她进行听力训练了。

在维妮弗蕾德两个月大时,我为她准备了许多可以发出声响的玩具,比如,各种悦耳的音乐盒、摇摇铃、拨浪鼓,不同形状的吹塑捏响玩具,能一拉就响的手风琴及各种发出响声的悬挂风铃等。每当这些玩具发出动听的声音时,维妮弗蕾德就会很有好奇心地转过头去寻找声源。

在维妮弗蕾德开始进行听力训练时,我除了用发音玩具外,还通过拍拍手、学猫叫、学牛叫等方式逗弄她,使她随着声音不断地转头。平时,在她不想睡觉的时候,我也会用很轻柔的声音与她说话,还试图逗她发出"啊啊"的声音,以此来促进她听觉能力的发展。

在对孩子进行听力训练时,我们要掌握一条重要的原则,那就是一定要用柔和或者韵律协调的音乐来训练孩子,不要选用节奏过强过硬的声音训练孩子。

我认识一位很喜欢摇滚乐的母亲,在日常生活中,她不喜欢让孩子听柔和的音乐,也不去给孩子唱什么摇篮曲,而是用刺耳的摇滚歌曲来哄孩子,她认为,这样就可以让孩子有摇滚的气质。可惜的是,这个孩子长大后,不仅对音乐没有丝毫兴趣,而且脾气也是出了名的暴躁。所以,那些热爱摇滚乐的母亲,在对孩子进行听力训练时,要适当地改变一下自己的音乐爱好。

对孩子进行听力训练时,要注意的是,每次都不要进行太长时间,也不要不停地给孩子放音乐听，否则，就很容易让孩子对音乐失去兴趣，停止反应。同时，要注意的是，在进行声音刺激时，一定要避免有其他声音的干扰，要让孩子感受更纯粹一些的音律。

2. 孩子的节奏韵律训练

我曾经在小维妮弗蕾德小床的床脚上，用不同颜色的丝带，系着不同音调的铃铛，来训练小维妮弗蕾德的听觉和色彩感觉。

在进行训练时，我会拿着红色的铃铛有节奏地摇着，利用声音和色彩吸引孩子的注意力，并告诉她这是一个"红铃铛"，多次重复地做这个训练。

可以说，教育孩子绝对是对父母耐心程度的最大考验。尽管小维妮弗蕾德根本听不懂"红铃铛"这个词，也根本不明白"铃铛"是什么，"红"是什么，但在孩子未来的训练中，就会逐渐显现出这种交流方式的优势，比如，孩子会有更好的语言能力、视觉能力及色彩能力，会为孩子很多能力的发展奠定良好的基础。

在用其他颜色的铃铛进行训练时，也可用这样的方法，摇摇蓝色的铃铛，再告诉孩子这是蓝色的铃铛，之后，可如此反复训练，不断地强化这种训练。

当然，在最初的时候，她并不会注意铃铛，但一遍遍地训练之后，她会慢慢开始观察，而铃铛鲜艳的颜色和清脆悦耳的声音，会让她感到新奇，而且快乐。

通常，这样的训练从孩子两个月大时，就开始了，经过4个月的训练后，小维妮弗蕾德已经可以清楚地分辨每一个铃铛的颜色了，并且也能够在我的要求下，正确地摇动红色、黄色或者绿色的铃铛。她自己也很喜欢用力摇动这些

第4章 五官官能的发育与训练方法

可爱的铃铛,用她微弱但执着的力量,让那些铃铛发出声音来。

在对孩子进行听力训练时,我们一定要借用一些生动、有趣的道具,在游戏中,以孩子感兴趣的形式进行,这样,就可以让孩子有乐趣,以免孩子感到不耐烦。小孩子都不喜欢刺耳的声音,而喜欢那种有节奏的韵律感,比如,音乐、有节奏的击鼓声和时钟的"嘀嗒、嘀嗒"声。而小拨浪鼓、小风铃、小竖琴都能发出悦耳的声音,它们是孩子听力训练的好帮手。

3. "有内容"的声音训练

当维妮弗蕾德第一步的节奏韵律训练进行到一定程度时,她就有了音乐和节奏的感觉,接下来,我就开始用具体的"有内容"的声音训练方法,即利用朗读诗歌、美文的方式来刺激她的听力,以此来开发她的其他智力和潜能。

通常,对于尚在襁褓中的婴儿来说,母亲悦耳的声音,特别是母亲柔和的歌声有妙不可言的神奇影响力,在母亲声音的感染下,孩子可以变得开心,可以变得安静,可以静静地睡去。

那些爱唱歌的妈妈千万要好好发挥上帝给自己的这份礼物,不要错过培养孩子对歌唱产生兴趣的时机。遗憾的是,我不会唱歌,不过,我想出了很棒的方法,我用富有感情和节奏的朗诵,来引导孩子,以此激发她对音乐的兴趣。

在女儿很小的时候,我就看着她粉嘟嘟、肉乎乎的小脸,轻轻地给她朗读诗歌,我挑选的是一首精彩而且生动的叙事诗。听着这首诗,女儿就安静下来,慢慢地进入甜美梦乡,这说明了这个方法的确有效。后来,我在其他孩子身上做了类似的试验,结果依然是如此。叙事诗同摇篮曲有着异曲同工之妙,它那舒缓的节奏,温柔的声音可以让孩子安静地进入睡梦中。

并不是所有的婴儿都爱听摇篮曲,但孩子总会喜欢某一首美妙的诗歌,有些叙事诗是比摇篮曲更动听的"摇篮曲"。

我曾经为维妮弗蕾德朗读过一些英文版本的名诗佳作,曾经为她读过不同风格的文章,曾经为她用不同的节奏读文章。

而维妮弗蕾德做出的反应让我相信,她能够领会这些诗歌所表达的节奏和内涵,她似乎能明白那些文字与声音中所传达出的情感。当我一再地为她读一首饱含激情的诗歌时,她显得十分兴奋,比如,她会不停地踢着小脚,挥舞着小手;当她听到一首柔美、平和的诗歌时,则表现得特别安静,如同一个天使一样静谧柔和。

或许,这与我朗诵的语调相关,如果我总是用最适宜的节奏和情感来传递诗歌的内容,孩子就可能凭借母亲的语调,来理解一些什么,这样的领悟力,让人很吃惊。

从某种意义来说,诗歌与音乐有相同的作用,都是带有意义的声音。

我一直坚持实行着朗读教育法,经常坚持为孩子朗诵。它所带来的效果非常显著,在维妮弗蕾德刚刚1岁的时候,她已经能够背诵出维吉尔的《艾丽绮斯》第一卷的前10行和另外一首诗歌的一小部分了。我从来没有强制女儿去背诵,我只是为她不断重复地诵读,聪明的女儿却自然而然地记住了这些诗歌。

我不擅长唱歌,所以,我就需要用朗诵来弥补这种缺憾,不过,女儿有个很会唱歌的保姆,她完全可以作为我的辅助老师。当我向女儿说出"ABC"时,保姆就在旁边,将"ABC"唱给女儿听。

当然,对于这样的课程,一个6个月大的婴儿往往是充耳不闻的,但天天坚持让她听,时间一长,就会有非常大的作用了。对于婴儿,母亲要有足够的

第4章 五官官能的发育与训练方法

耐心,不管是读一首诗还是一些字母歌,如果需要上百遍地重复地读,那就要重复地读下去,直到孩子有了回应为止。

4. 钢琴游戏的妙用

孩子们对音乐的节奏,天生有强烈的感应。在女儿只会发出咿咿呀呀的声音时,我就对着女儿,有节奏地拍手,让她感受节奏;等女儿稍微大一点点时,我就抓住她的小手,和她一起有节奏地敲击小鼓,让她感受敲击小鼓的节奏;再过了一段时间后,我就让女儿试着敲击木琴,并开始进行弹钢琴的游戏,从而让她领悟节律。这些对她的听力和乐感训练都非常有效。

小维妮弗蕾德的幼年,可以说是完全沉浸在音乐的节奏之中的。我自己也一直爱好音乐,为了培养女儿对音乐的感觉与兴趣,每天,我都要给她播放一些国内外的古今名曲听。虽然女儿那时候很小,却已经隐约记下了许多音乐的表现形式,对于不同的音乐,小维妮弗蕾德会有不同的反应。

有一段时间,我经常在家里弹奏钢琴。每每女儿听到钢琴悦耳的声音时,就会流露出回应的表情。那时我常常练习贝多芬的《献给爱丽丝》,一遍又一遍地弹奏它。

有时,小维妮弗蕾德是在隔壁的房间,但在听了我弹奏后,也会对音乐有奇妙的感应。记得有一天,我弹完琴想去隔壁看看小维妮弗蕾德,可还未进门,我就听见她在"咿咿呀呀"地哼唱着什么。我认真一听,非常吃惊,那似乎就是《献给爱丽丝》的调子。

我在门口停留了好一会儿,不去惊扰在歌唱的小女儿。虽然她唱的仅是《献给爱丽丝》刚开始的几个调子,而且很不准确,但也能够分辨出来就是那首名曲。我受了很大的鼓励，在接下来的几天中，我反复弹奏《献给爱丽丝》刚开始那几段，不断地让女儿加深印象。

不久，我就发现，我的工作日见成效，慢慢地小维妮弗蕾德就能模仿着唱那几个乐句了，不仅音准，而且旋律和节奏完全正确。那时的小维妮弗蕾德也不过8个月大。可见，不管是通过诗歌朗诵，还是通过钢琴演奏训练听力，都有很好的效果。

维妮弗蕾德3岁时，就开始学琴了。我们总是玩"寻找音符"的游戏，我用手指着挂在墙上的音符，女儿就要在琴键上找出并敲响相应的音符。没过多长时间，女儿就能在钢琴上弹奏出简单、悦耳的曲调了，而且她很快就将《献给爱丽丝》的大部分内容学完了，除了比较难的部分，很多部分都是一气呵成。我想，这一定是和她在摇篮中的"学习"分不开的。

此外，我还发明了一种非常有效的听力训练游戏，这个游戏源自于捉迷藏游戏，只是我做了一些调整与转换。我在游戏里添加了音乐的成分。我把东西藏在屋里某个地方，然后用弹响钢琴的方式，引导女儿去寻找。当女儿靠近藏东西的地方时，我就在钢琴上弹出低音；女儿离藏东西的地方比较远时，我就会弹高音。女儿只有通过认真地分辨声音的高低，才能找到我所藏的东西在什么地方。

5. 让孩子感受不同声音的刺激

我与女儿维妮弗蕾德之间进行讲话，可以说是进行得非常早，事实上，在我怀孕不到两个月时，我就开始告诉她我的感受。而女儿出生后这样的交流越来越多。也许，她听不懂我在说什么，也不回应我。可我也从没有停止过与她讲话、交流。实际上，我是在让她感受到声音的刺激。

由于我注意与她讲话、交流，在女儿6个星期大时，她就已经能冲着我微笑，对我谈话的声音和声调，做出相应的反应。几个月之后，她不仅会冲我微笑，还能发出一些意义不明的模糊声音，甚至还可以不自觉地用点头、摇头的方式，来回应我的讲话。

我总是抓住时机与她谈话，尽管我不明白她的回应是什么，但我知道，利用这样的机会，可以更好地锻炼孩子的听力。

交流需要仔细倾听，我相信，小维妮弗蕾德一定知道我是在和她讲话。

当孩子已能分辨家中不同人的声音时，我把孩子带到了户外，让维妮弗蕾德听其他陌生人讲话，听自然界里的其他声音，以此来丰富她对声音的感受。

书籍是人类最好的老师，自然，我还与维妮弗蕾德一起阅读那些有美丽图画的书，最初时，她完全看不懂，我就读给她听。维妮弗蕾德在听我读书的时候，总是非常安静，非常认真，仿佛她明白所有的角色和故事。由此不难看出，即使是不懂事的孩子，她对母亲的声音也是非常感兴趣的。

当维妮弗蕾德可以讲基本的词汇时，我就开始不停地和她交流沟通。我发现，有很多时候，维妮弗蕾德会自言自语。我认为，父母应该抓住这个关键时期，尽量跟孩子进行交流，让她的听力由此更上一层楼。

在这一时期，如果给孩子请保姆，应该请健康快乐的保姆，她们喜欢表达、善于表达。可以说，如果照顾孩子的人不爱说话，那么，就会减少孩子说话的机会，他的听力、语言能力等都不能很好地发展。

在游戏中培养儿童的视力

1. 培养孩子视力从"识色"开始

不论大自然中的颜色、形状,还是空间都可以让孩子认识这个世界。婴幼儿的肌肉都尚未发育健全,他们只能利用视觉及听觉来接受外部的相关信息。不管是孩子的视觉基本能力、视觉追踪能力,还是眼球灵活运转的能力,父母都可以进行有效的训练,从而让孩子有更敏锐的感官能力。

对孩子来说,特别是年幼的孩子,他与父母之间,有一条重要的、不可或缺的情感交流渠道,那就是来自父母的热切的关注。对婴儿来说,父母充满爱意的注视,就等于是一根爱的纽带,它可以将父母的内心与婴儿的感受紧密地联系起来。

每天,如果母亲都花一定的时间去关注孩子,那么,这将有利于孩子身心的健康。可以说,婴儿一出生开始,就有一定的视觉能力,尽管他的这种视觉能力较弱,双眼的运动也很不协调,可他非常喜欢被父母注视着。

维妮弗蕾德喜欢我注视着她。当我温柔地注视着她时,我感觉她也在专注地看着我的脸,似乎能够感受我的心。此时,她的眼睛也变得亮亮的,有时,她的眼神显得很幸福、很平静,有时,她甚至会开心得手舞足蹈。

有一次,我发现,小维妮弗蕾德面无表情地盯着天花板看,可她似乎什么也没有看见,样子显得有些傻傻的。见此,我就走过去逗她:"怎么了,小维妮?"没想到的是,她仍然没有反应,不给我任何的回应。

当时,对女儿那么漠然的反应,我感觉很奇怪,女儿今天怎么了,莫非

第4章 五官官能的发育与训练方法

是生病了？于是，我用一本红色封面的书在她的眼前晃了一下，突然间，我发现，她脸上露出了笑容，并且使劲地舞动小手，不停地蹬腿，表现出一副很欢快的样子。至此，我才明白了，女儿喜欢看颜色艳丽的、让人感觉悦目的东西，而婴儿室原有的颜色让她不再有新鲜感了。

我没有丝毫的迟疑，当天就去外面买回了许多颜色悦目的东西，有美丽的大挂图，有鲜艳的玩具娃娃，并且专门把房间的窗帘换成了红黄相间的花窗帘。

此外，我还经常带她到超市去，去看色彩丰富的各种外包装和衣饰，我还经常带她到大自然里，去欣赏多姿多彩的树木花草。总之，我尽自己所能让她接触色彩比较丰富的东西，为她的眼睛开启了一个鲜艳的世界。

此外，我还让维妮弗蕾德自由地在地上、草地上、公园里爬行，让她在不断的探索中，培养正确的认知能力。事实上，让她不断地爬行，也能很好地锻炼她的视觉能力，因为她必须学会用眼睛判断距离的远近。

2. 舞动着的"色彩精灵"

为了不断提升维妮弗蕾德的视觉能力，我开始拿书、拨浪鼓、气球、图片等物品，在维妮弗蕾德眼睛周围慢慢移动，按由慢到快的速度，由小到大的范围，并按照一定的方向来进行训练。在进行训练时，我总是从左到右，再返回来做；从下到上，再返回来做，如此反复不停地进行训练。

我尽可能地围绕维妮弗蕾德眼睛，来回移动物品，并不断地变换方向，进行不同方向的移物训练。就这样，经过一段时间的训练，维妮弗蕾德的眼球变得更加灵活和灵敏了。

在日常生活中，我们可以给孩子看的东西有很多。最初时，我选用比较单一但色彩鲜艳的图片，之后，又慢慢增加一些多颜色的物体。形状也是千变万化，方形、圆形、球形、不规则形状、长的、短的等都在使用，以此来丰富维妮弗蕾德的视觉内容。

有时，我也会用棱镜将光线投射在墙壁上，当墙上呈现出彩虹的颜色时，我就不停地晃动，来回舞动跳跃的彩色光点让小维妮弗蕾德感到非常开心。

每每此时，她会挥舞着双手，一个劲地想去抓住这些美丽的光。我称这些光为舞动的"色彩精灵"，因为它们既有美丽的颜色，又可以快速地闪动。

在维妮弗蕾德还不会说话时，如果维妮弗蕾德哭闹，我就让"色彩精灵"来为她跳舞，而她就会马上不再啼哭。可以说，对"色彩精灵"的视觉追踪训练，让她的眼睛更加敏锐，也更加灵动。

事实上，卓越敏锐的视觉能力对于女儿的未来具有十分重要的作用，可以说，维妮弗蕾德日后之所以有出色的观察力、辨析力、记忆力、反应力、灵活性，以及她在语言文字、书画艺术、自然科学各个方面的能力，都与她在幼儿时，我对她所进行的视觉训练有关。

3. 让孩子成为"色彩专家"的小游戏

有一天，在院子里，我看见邻居家的小猫在不停地跳跃，一会儿在地上打滚，一会儿又去咬自己的尾巴，小猫玩小皮球时，更是玩得兴致勃勃，乐此不疲。当时，我恍然大悟，明白了那只小猫不仅是在玩耍，更重要的是，它在锻炼自己身体的运动力、协调能力和灵活性。连小小的动物都知道在游戏之中锻炼自己各方面的能力，更何况我们人类呢？

第4章 五官官能的发育与训练方法

在对维妮弗蕾德进行早期教育时,我基本都是采取游戏的方式进行的。我曾经利用响铃、艺术品和棱镜对维妮弗蕾德进行早期教育。

现在,小维妮弗蕾德已经非常熟悉各种颜色。而我们继续以色彩为基础,训练维妮弗蕾德视觉的敏感度。我教她认识了组成彩虹的每一种颜色:蓝色、绿色、黄色、紫色、靛青、橙色和红色。与此同时,在家中,我让小维妮弗蕾德注意很多物品的色彩,比如,家具、油漆的颜色,洋娃娃衣服的颜色,窗帘的颜色,我亲手编织的色彩斑斓的沙发罩的颜色。

事实上,很多的视觉游戏,都可以很好地锻炼孩子眼睛的协调性、灵活性和敏锐性。我用一种测试色盲的测试线来训练她,让她从中挑选出灰度不同的红、蓝、绿等颜色,对她来说,这是非常简单的一个游戏,小维妮弗蕾德不费吹灰之力,就可以完成这个游戏了。

我们还会用毛线玩游戏,面对杂乱无章的各色毛线,我负责收集所有红色系的毛线,小维妮弗蕾德负责收集所有绿色系的毛线,我们比赛,看谁能在最短的时间内先收集到所有的相近颜色。利用玩这个小游戏,很快地,维妮弗蕾德就对一些深浅不同的相近颜色有了更清晰的认识。

在这里,我特别向男孩子的母亲推荐,你可以让自家的小男孩去玩这种毛线游戏,因为虽然男孩子的触觉比女孩子强,但男孩子的视觉却比女孩子差些,以至于成年以后,仍然有一些人有颜色区分上的困扰,很多成年男士无法像女士那样,去区分裙子色彩的细微差别。如果这些男孩子早期受过色彩训练,情况就很可能要好一些。

我还会和维妮弗蕾德一起做视线的追踪游戏,在做游戏时,小维妮弗蕾德舒舒服服地躺在小床上,而我则担当移动物体的角色。我会用手拿着一个颜色鲜亮的卡通玩具，在她眼睛的正上方，上下左右、由远及近、由近及远地四面移动。小维妮弗蕾德的视线也会追随玩具上下左右、远远近近地移动。每天，可以反复做三到四次这个视觉训练游戏，但就像我们一向要求的那样，每次做游戏的时间不宜太长。

我和维妮弗蕾德都喜欢做一种叫彩色雪片的视觉训练游戏。我们用一个盒子，来装做游戏用的彩色雪片。这些彩色雪片是用纸剪出来，再一一涂上各种颜色的。在做游戏时，在我随意从纸盒里取出一片雪花片，维妮弗蕾德必须以最快的速度准确说出它的颜色来。

在维妮弗蕾德刚刚学会走路时，我就经常带她去一些地方散步，这时，在认识颜色方面，她比我要强许多，俨然是一个小"色彩专家"了。在观察天空的颜色时，她会以这样的语言描述天空：深蓝的天空，湖蓝的天空，灰色的天空，蓝灰色的天空。

大自然真是颜色丰富的宝库，在观察自然万物的不同颜色时，她会用比较形象的语言，说出树林、海水、花朵、动物等的颜色。

与此同时，在日常生活中，她也会观察建筑物的颜色、橱窗的颜色、人们服装的颜色。有时，还饶有兴趣地评论他人服饰的色彩搭配，此时，我一般都会尊重她的意见。可以说，正是对色彩的认真观察，很好地训练了她的审美能力和鉴赏能力。

4. 让孩子用眼睛识别名画

孩子最初所接触的物体，对他们来说，都具有教育意义。可以说，那是孩子初步接触世界时，世界回馈给他的感受。当维妮弗蕾德还是婴儿的时候，我就在

第4章 五官官能的发育与训练方法

她的房间中,摆放了很多伟大艺术家作品的复制品,让她去看、去欣赏这些作品。此外,我还为她讲解这些艺术作品的创作情况,从而让她慢慢理解这些作品。

不管哪一个孩子的小婴儿室,都应该装扮成一个充满艺术气息的房间,就像小维妮弗蕾德的房间一样,不仅要挂许多世界名画的摹本,还摆放着许多著名的雕塑模型。这样,在孩子很小的时候,你就可以抱着孩子,教他认识家里的各种物品,反复地让孩子欣赏那些复制名画和雕塑。

通常,孩子总是最先被图画中艳丽的颜色所吸引,之后才会去关注作品中的内容。你也可以慢慢给孩子讲述这些作品的艺术表现力,这是一个循序渐进的过程。

事实上,在孩子的智力进入更高的等级前,他们就应该用眼睛先认识这些图画,相信他们能从色彩的运用中,体会到那些大师的独特而伟大的审美观。

日常生活中的艺术类图书、墙上的图画、彩色照片,甚至明信片,都能帮助母亲训练孩子的视觉能力。而有效的视觉训练,可以使孩子慢慢有敏锐的艺术感受。

维妮弗蕾德非常喜欢万花筒这个玩具,玩万花筒时,她往筒眼里一看,就会出现一朵美丽的花,将它稍微转一下,又会出现另一种花的图案。于是,她就会不断地转万花筒,万花筒里的图案也随着转动不断地变化着。可以说,很多国家与地区的孩子都喜欢玩万花筒。万花筒有助于激发孩子们对照片和图案的兴趣,有助于孩子视觉能力的训练。

此外,照相机也是自然教育的好帮手。在节假日、晚饭后,全家人在一起的时候,可以一起享受远处景物拍摄或是家中场景拍摄的乐趣,这样还可以训练孩子的视觉能力。

当然，如果让孩子跟父母、家人一起去看一场老少皆宜的艺术展览，对孩子来说，也是不错的一种视觉能力训练的方式。

训练孩子的视力不是一项单纯的眼部训练，它将对孩子各方面的能力形成，都有特别深远的影响。

从小培养孩子的口才

1. 及早教孩子说话

当女儿说出第一句"话"时，她的发音是那样的含混不清，但我已经非常开心了。从那时起，我就开始对女儿的发音能力进行训练。无论什么时候，父母都不要小看孩子说话的力量。

我经常发现这样的情况，当女儿哭闹的时候，只要我走到她身边，问她为什么哭呢，或者向她说些别的什么，她就会马上不哭了。如果她只是静静地平躺着，一听到我的声音时，她就会动一动，就会渴望我爱抚她；与之相反的是，在她蹬腿挥手的时候，她一听到我的说话声，就立即安静了下来。

要想让婴儿听明白父母的话，需要一段时间，但是自从她出生后，她就已经能对父母所说的话做出不同的反应。当女儿能开口说话时，我就千方百计地让女儿产生说话的热情，我能倾听到她那美妙的声音。我认为，如果不尽早教孩子学习说话，他的大脑就不能得到很好的发展。

作为父母，一定要尽最大努力地鼓励孩子说话，要为他营造说话的环境，给他提供说话的素材与机会。事实上，如果把握好孩子的听和说两个方面的能

第4章 五官官能的发育与训练方法

力,就抓住了教孩子说话的关键所在,孩子也因此会越来越聪明可爱。

2. 教孩子说完整的话

我认为,从小教孩子学习完整的语言会有事半功倍的效果。在女儿很小的时候,我就用标准的英语与她沟通,很快地,她就掌握了英语,又很快地学会了世界语。

很多人都会为维妮弗蕾德出色的语言能力而惊讶不已,其实,在语言的学习方面,她并没有什么超人之处,与别的孩子不同的是,当别的孩子在纠正不完整的语言结构时,她却利用这段时间,又去学习另外一种完整的语言了。

与孩子相处时,一些父母喜欢用婴儿的语言和孩子们进行交流,喜欢使用叠词或者声音代词,用"喵喵"代替猫,用"嘎嘎"来代替鹅的叫声,总是爱用简单的语言跟孩子说话,时间一长,必然会让孩子的语言世界变得简单起来,会让孩子无法接触到规范的完整的语言,将来他不得不花费很大的精力学习如何使用完整的句法。

我坚信,在婴儿期,孩子的语言教育将决定他一生的语言发展。因而,从一开始,在维妮弗蕾德说话时,我就一直用非常准确的发音、精选的语法和词句。虽然,有些时候女儿不能完全领会某些词汇的意义是什么,但我依然坚持这样做,并耐心地帮她去理解它们。

在维妮弗蕾德还不会说话时,我就开始抱着她在房间中四处走动,让她看屋里的东西,同时,我慢慢地,用清晰而准确的词,说出这些物品的名称。

我经常指着那些物品对她说:"椅子、桌子、苹果、窗子、床……"那时,虽然她还不能发音,但这些标准的词语,却已经在她的脑海里留下了深深的印象。

由于我对她说的都是正确规范的语言，因而，等她能开口说话时，她脑海中的记忆会马上闪现出来，从而能让她将语言说得很标准。其实，这也是极其自然的事。可以说，维妮弗蕾德惊人的语言能力，并不是天赋，而是因为受到了正确的训练。

每一个小孩子都有非常强烈的好奇心与求知欲，只要父母善于引导和利用，那么，他们无论学什么语言，都会很轻松、很顺利地掌握它。

3. 反复的自我表达训练法

孩子一旦学会说话，就会变得特别喜欢说话，会经常一个人反复地念叨着刚学会说的单词。

我家小维妮弗蕾德也不例外，自从她能开口说话以来，总是独自一人坐在地毯上喋喋不休，时常反反复复地说那刚学会说的词汇。有时，她一边玩玩具，一边不停地说"桌子上的橙子，是谁的橙子，洋娃娃也要吃橙子"。

小维妮弗蕾德的表现，让我深受启发。后来，我利用孩子们都具有的这种爱念叨单词的习惯，把女儿能理解的有趣的故事，用精选的词句编成一篇简单的短文，我编的这篇短文有些像顺口溜，易于记住。由于这篇短文中都是有趣的故事，朗朗上口，维妮弗蕾德能很快地记住，因而，她总是开心地复述着。当然，也可以将这些精练的小短文翻译成不同的外语后，再教给女儿，我相信，她在已理解的基础上，会学得更快。

在小孩子喋喋不休地说话时，语法不是最重要的，因而，父母不用刻意引导孩子掌握语法概念。事实上，在日常生活中，我们很少使用语法，特别是对于孩子来说，语法更是没有多大意义。

在维妮弗蕾德8岁之前，我没有教她学习语法。我认为，利用听和说的方式来教孩子学习语言，比教她枯燥的语法有用得多。一般来说，在教育孩子时，只要用的是标准语言，自然会让孩子掌握正确的语感。据说，斯宾塞先生60岁时，都没有学习过语法，但他依然创作出了伟大的作品。

为了训练维妮弗蕾德清晰的口齿表达能力，为了让她有更流利的表达力，我还常常同她玩"绕口令"的游戏。在做游戏时，我们会选择一段绕口令，逐渐加快速度，看看谁能够一直说下去，谁就是胜利者。这是小维妮弗蕾德非常喜欢的游戏，因为她的表现一直不错，在同小伙伴们玩这个游戏时，她总能成为赢家。

为了保证维妮弗蕾德掌握一口标准的英语，在家中，我们使用了"语音错误表"来规范家中所有人的语言使用标准。图表被分为三个部分：妈妈，爸爸，维妮弗蕾德。每次，不管是谁，不管是"妈妈""爸爸"或"维妮弗蕾德"，只要在语言使用方面犯了错误，念错了，说错了，或者用错词了，都需要在他的名字下方画一个黑色星星。

在一周结束的时候，有最少黑色标记的人，就是大赢家。黑色标记数量最多的人，是失败者。失败者要给获胜者赠送两份礼物。

4. 让孩子用精准词汇表达自己的感受

小维妮弗蕾德非常可爱，她的感受能力也相当惊人，从很小的时候起，她就能恰如其分地运用词汇，来表达自己的感受。

在日常生活中，父母可以利用一些有效的方法来培养孩子的感知能力，并且在这一过程中，让孩子慢慢地学会一些精准词汇的使用。

在婴幼儿时，我尽量多让维妮弗蕾德触摸不同质地、不同形状、不同温度的物品。时间一长，她就非常喜欢自己用小手来感知世界。我经常用一块布将她的眼睛蒙住，在她面前摆放一些物品，让她用手去摸，并让她说出所摸到的物品名称以及她的感觉。比如，她摸到一个水晶天鹅时，我会问她"它是什么、有什么感觉、是什么形状"等，她就会说："像是玻璃一样，光滑的，冰冰凉的，还是很硬的，有长长的部分，有圆润的部分，有弧度……"我会让她将刚才说过的形容词记住，比如：光滑的、冰冰凉的。

等小维妮弗蕾德稍稍长大后，我又给了她一些小木片，有的粗糙，有的光滑，让她触摸，让她描述。这些东西在帮女儿感受物体、表述自己对物体的感受时，有很大的帮助。

我用类似的方法，培养女儿的感受能力，并在这个过程中教会她一些形容词。在女儿长大之后，能够很敏锐地描述事物，能写出非常漂亮的文章。

平时，我鼓励小维妮弗蕾德多说话，我们经常进行"事件再现"的回忆训练。我会让维妮弗蕾德回忆她在一天中的经历，在有激烈情绪活动的记忆时，比如，当有生气、开心的事情或者有趣的、有意义的事情发生时，我会让她做更准确的细节描述，以此来锻炼她描述事情的能力。

与此同时，我也注重维妮弗蕾德演讲能力的训练，这是一种比较好的表达的方式，我们一般用表演戏剧的方法进行训练，让那些洋娃娃、小熊、小狗坐在凳子上当我们的听众，孩子一个人在舞台上演讲。

每当女儿演讲完后，我就会代表所有的"观众"鼓掌。慢慢地，维妮弗蕾德就有了优秀的演讲才能，不论在什么场合，她都能有出色的表现，可以说，这正是得益于之前有效的训练。

第 5 章
自然教育的学习法则

让孩子系统地学习英语

1. 好玩的字母游戏

与孩子交流时,我一直坚持用成人使用的交流方式,确切地说,我是在用准确的发音、标准的语法和词句与维妮弗蕾德进行交流。

一般来说,孩子应该从字母开始学习,然后再将字母组合成单词(斯特娜是美国人,所用语言是英语,故如此说。——编者注)。在女儿刚满6个月的时候,我在她的婴儿室的墙上,贴满了用红纸剪下的字母和数字。当她漂亮的小眼睛四处观察的时候,就能随时看见它们,这样,她很小就会对这些文字和数字产生较深的印象。

为了帮助她记住字母，我跟她做木块的游戏和字谜的游戏。做游戏时，我给小维妮弗蕾德指了指墙上的"A"字母，并希望她在面前的一堆字母块中，找出字母"A"。我们专注于寻找"A"，并且只看字母"A"，只找字母"A"，直到她完全认识了这个字母为止。

接下来，我们再开始研究字母"B"，并且比较生动地把"B"字母演示成背部的两个小鼓包，我们一起不断学习这个字母"B"，直到"B"深深地进入她的小脑袋中。她只要看见这个字母，不管是在单词里，还是单独存在，不管是书写体中，还是在印刷体中，她都能将它一眼认出来。每一次，我们只学一个字母，以使她记忆深刻。

就这样，我们一个字母一个字母地学习，最终，她记住了每一个字母。

当小维妮弗蕾德认识了所有的字母后，我们就开始进行元音和辅音的学习与区分了。

这一次，我们采用将字母剥离出来的游戏来学习。这个游戏是这样的，我们要事先准备两套单词板，一套是红色的，一套是绿色的。在做游戏时，我们先把绿色硬纸板上所有单词的元音去掉，把红色硬纸板上所有单词的辅音去掉。当我们将绿色纸板上单词的元音取完之后，这个游戏就结束了，无法继续进行。这让维妮弗蕾德很容易弄明白，原来辅音有很多，足足有21个辅音呢，而元音却只有"A、E、I、O、U"这5个。虽然元音很少，却是每个单词里不可或缺的，否则，就无法组成单词，所以，元音字母是相当重要的。

在做游戏时，即便小维妮弗蕾德不认识所有的单词，也丝毫不影响她对游戏所产生的兴趣。她总是非常开心地将元音字母从绿色纸板上抠下来，将辅音字母从红色纸板上抠下来，乐此不疲地做着这个游戏。

2. 好玩的单词游戏

当小维妮弗蕾德学会字母之后，我就可以让她进行单词的学习了。在小维妮弗蕾德的婴儿室里，我贴了一些最简单的词，这些单词整齐有序地排列着，比如，bat、cat、hat、mat、pat、rat、bog、dog、hog、log（蝙蝠、猫、帽子、席子、拍打、老鼠、沼泽、狗、肥猪、原木）。在女儿刚开始认字时，她最容易对这些名词产生兴趣，最容易弄懂这些名词，而且它们都含有相同的字母，非常有利于她这个初学者学习。

在让她学习单词时，我将它们进行了生动的演绎，比如，在学习"cat"这个单词时，我先让维妮弗蕾德看与猫相关的画面，让她听一听猫叫，然后，我指着墙上的"cat"，反复发"cat"的音给她听。接下来，我又要求维妮弗蕾德从字母盒中选出"c"，再选出"a"和"t"，让她用这些字母拼写出"cat"。用这样的方法学习单词，需要反复地练习几天。可以说，这种方法很有效果，维妮弗蕾德在不到1岁半时，就可以自己看书了。之后的教育就变得非常顺利轻松了。

在日常生活中，我和小维妮弗蕾德还玩一种叫"蜜蜂碰碰看"的拼字游戏。我们将26个字母排成一条竖线，之后，我们看哪一个字母和"at"组合后有意义。比如，我们用"b"和"at"可以拼出单词"bat"，用字母"c"和"at"拼出单词"cat"，但是用"d"却拼不出一个有意义的单词。于是，我们就把"d"叫作雄蜂，不过，我们发现它有很多同伴，比如"e, g, i, j, k, l, n, o, q, u, w, x, y"以及"z"。我们称"b, c, f, h, m, p, r, s, t"以及"v"为工蜂，它们可以拼出"bat, cat, fat, hat, mat, pat, rat, sat, tat, vat"等词。通过认真的计算，我们一共有10只工蜂，有16只雄蜂。

我们发现，在玩这个配对游戏时，雄蜂的数量总是多于工蜂。

在玩这个"蜜蜂碰碰看"的游戏时，可以尝试着让很多字母组合在一起。而用这些字母组成单词后，不仅方便记忆，而且可以用拼出的单词，编写一些简单的韵律诗，来帮助孩子加强记忆。

事实上，"图像标示记忆法"也是加深单词记忆的好方法。我有一本有动物图片的图画书，其中有一页是奶牛的图片，我对小维妮弗蕾德一直重复奶牛这个单词，这样，在她看到奶牛（cow）时，就会想起这个单词了，比如，奶牛（cow）产奶，奶牛（cow）吃草，奶牛（cow）哞哞叫，奶牛（cow）长着角；而在猫（cat）的图片下则写着：猫儿（cat）舔牛奶，猫儿（cat）吃老鼠，猫儿（cat）喵喵叫，这样的游戏对孩子很有帮助，不仅能加深她的记忆，还能让她学习新的单词。

"建设单词城堡"是一个成年人都喜欢玩的游戏。玩这个游戏时，要用由很多不同造型组成，并写着字母的木块作为道具。每个人从城堡中拿出一个字母块，然后再分别去拿第二组的字母块。在玩游戏期间，可以根据需求，彼此交换字母块组成单词，同时，也要用你的字母组合块构思你所想到的建筑物。

这个游戏可以建设很多的字母城堡模型。比如，我们抽到了很多字母，彼此也根据需要交换字母，我有了"b，l，e，f，a，u，t，i"，可以组合成"beautiful"这个单词，与此同时，我还要根据字母块的造型搭建成字母城堡，既能在城堡中看出是"beautiful"这个单词，还得有漂亮的城堡造型。

此外，我们也在玩"赢名词""赢动词"的游戏，这个游戏的道具，是一个装满各种词的卡片盒子，我们从盒子中抽出一张张卡片，然后，将名词放在一起，将动词放在一起，将形容词放在一起。

如果我们在玩的是"赢名词"的游戏,谁在固定时间内拿到的名词最多,谁就是获胜者。通过这样的训练,维妮弗蕾德很容易就能区分不同词性的词。

3. 好玩的语法游戏

为了让孩子掌握正确的表达方式,我设计了一个叫作"女王和国王"的游戏来纠正孩子的语法错误。在做游戏时,我们将房间分成了两部分,一边是女王的领地,聪明人在这里居住;房间的另一边则是国王的领地,那里居住着愚蠢和不修边幅的人。

在玩游戏前,所有的孩子都排成一排站在房间的中间。游戏开始了,我们就先说"Between you and I"这一句话。显然,这是一个错句子,正确的表述应该是"Between you and me"。

做游戏时,迈克站在队伍的最前面那一排,他非常自信地告诉我这个句子是正确的,于是,他将被发配到国王的领地去,那是笨蛋和邋遢人居住的地方。接下来,我们让下一个孩子莉莉娅猜这一句:"I don't love he",聪明的莉莉娅很快意识到了句子的错误之处,于是,她去了聪明人应该去的女王的领地。

在做游戏时,我们所使用的句子有对有错,有长有短。有时候,孩子们能给出正确的判断,有时,他们给出的判断则是错误的。不过,随着游戏的进行,孩子们就变得越来越警惕,越来越认真,生怕又被发配到国王的领地中去,要知道,在国王的领地中当笨蛋,可不能享受公主和王子的待遇。

就这样,自然教育学校的老师,慢慢地用这样的方法,让孩子们学会了如何正确地表述。

4. 让孩子用钢笔书写

维妮弗蕾德非常喜欢模仿他人，对一切事物都是兴趣十足。看到她喜欢模仿我用钢笔写字的样子时，我就乘机开始教她书写。

不过，最初我没给她钢笔，而是给了她一支红铅笔，并鼓励她把自己的名字写得漂亮一些。

经过几天的不懈努力，她能非常流畅地写出自己的名字了。这时，她才1岁零5个月大。在维妮弗蕾德两周岁时，有一次，我们一家外出游玩，住在旅馆中。当维妮弗蕾德在登记簿上流畅地签下自己的名字时，旅馆掌柜见此大吃一惊，毕竟，她还是个只有2岁的孩子。

维妮弗蕾德有很多来自世界不同地区的朋友，在给她的朋友们写信的时候，她总是坚持使用钢笔。事实上，我也认为，坚持用钢笔来写东西是一个作家应有的素质，小小的笔尖中总能涌动出灵感。

对此，维妮弗蕾德也有自己的见解，她说："笔是一种工具，打字机也是一种工具，它们都是用来表达思想的。使用钢笔不会比打字机更加礼貌，使用打字机也不会比使用钢笔显得失礼。"不管是笔，还是打字机，在维妮弗蕾德看来，这些工具都只是不同的表达手段而已，她可以根据自己的需要进行选择，从不拘泥于其中任何一种工具的使用。

从字母到单词，到句子，再到文章，我一步步地训练维妮弗蕾德。正是这种不辞劳苦的训练，才让维妮弗蕾德很早就显现出优秀的语言能力。

维妮弗蕾德刚刚学会写简单的文章时，我就让她坚持每天都写日记。所以，她从两岁时就开始写日记了。每当下雨刮风的天气，不能在室外玩时，她就会拿出日记，笑眯眯地读着自己身上曾经发生的故事。有时候，她还轻轻念出声来，或者和我一起分享。

这些记录幼年时期的日记，在她成人以后会有更多的意义，并且也能成为她的后代最珍贵、最有趣的读物。

由于女儿对书写有非常浓厚的兴趣，因而，她的写作能力提高得很快。在她5岁时，曾参加一家著名报纸的征文比赛，其作品获得了该报的金质奖章。

维妮弗蕾德很早就开始了自己的写作生涯，并且有着很强的创作欲望。对她来说，她真的实现了当年想用打字机来赚钱的想法，要知道，维妮弗蕾德的稿费收入可不菲呢。

各种有趣的外语学习法

1. 先教孩子学母语

有些语言专家曾经认为，小孩子有能力同时学习两三门外国语言。在一些沙龙中，有些父母为自己的孩子能用多种语言朗诵诗歌而感觉到骄傲。

对这样的语言教育方法，我却不认同。同时让年幼的孩子用英语、法语甚至德语讲话，对于区分能力不太好的孩子来说，很容易产生语言思维混乱。

在女儿小时候，我没有让她同时去学多门外语，我希望女儿学好母语之后，再去学习其他外国语言。等到当孩子掌握了两门外语时，应该先让他们了解每种语言所代表的文化特色，这样，就不会出现语言混淆。

在与维妮弗蕾德交流时，我尽量只使用一种语言，而且要用一种语言长时间地进行交流。美国是一个移民国家，在某些家庭中，可能会有父亲和母亲使用不同母语的情况。像这样的家庭，一定要让孩子在不同的情景中接触两种语言，以利于他们区分。

与孩子交流时，母亲或者父亲最好只用自己的语言，而不是一个人同时用两种语言。

在与刚刚开始学习语言的孩子交流时，父母必须用母语与孩子说话。没有第二种语言的干扰，孩子才能更好地学习母语。

当维妮弗蕾德基本上能够熟练地使用英语交谈之后，我才开始教她学习其他语言。当然，维妮弗蕾德的语言能力发展得非常好，所以，她在5岁时，已能够熟练地用8个国家的语言与人交流了。

2.给孩子找个外语老师

歌德曾经说：一个对外语一窍不通的人，不可能了解自己。一个人如果要彻底地了解自己的母语，感受不同文化之间的差异性，就必须要了解一些其他国家的语言，而且要学习这些语言，最好在12岁以前，因为那时人的记忆力很强，可以非常轻松地掌握外语。

我认为，对所有的语言学习，都应该用自然、直接的方式学习。可以说，想通过语法来学习语言，不能获得驾驭语言的能力。

在一些学校里，老师经常通过教语法规则，来教孩子们学习语言，但用这种方法已经被证明是失败的了。

语言是人们思想表达的工具。所有人都应该能够脱口而出，随时应答。语言的学习不是仅仅限于阅读文字，限于分析语法，限于外语考试。

有许多大学生，虽然他们在大学期间，读了四年某种外国语，但是，当他们到了国外的时候,想要向他人要一杯水喝这样简单的事情,都不知道该如何准确地表达出来。

而在法国或者德国,一个与当地孩子一起玩耍了几个月的小孩儿,却能在不了解任何语言结构的情况下,用外语来表达自己的想法。一个人知道如何阅读和翻译外语,无疑是很好的,但是任何人都要明白,语言的作用主要是用来与人交流的,这是每个人学习语言的目标。而只学习语法规则,当然不能达到这个目标。事实上,语法更多的是通过规则和图解来分析语言,这让孩子们学起来既困难,又不感兴趣。

编者认为如果父母没有教孩子外语的能力,可以为孩子找一个外语老师,如果等孩子上学之后才让他学习外语,就错过了学习外语的最佳年龄段了。

3. "寻找孩子"的游戏训练法

在印欧语系中,不同的语言之间,有很多共同的地方。在学习外语时,词源学是学习外语的最好方法。

在学习拉丁语时,可以先让孩子们看一些拉丁单词,然后,再与孩子们一起查阅字典,让他们看所有由这个拉丁语词根衍生出来的其他语种的单词。很自然地,孩子们会喜欢上词源学。此外,这还能培养他们查字典的习惯,有利于他们日后掌握更丰富的知识。

小维妮弗蕾德喜欢用拉丁语词根衍生出来的单词来填充她的小笔记本。在笔记本每一页的顶部,她会写上拉丁语单词的词根,然后,在下面列出所衍生出来的母语单词;在另一栏中,她会写上同一个拉丁语词根衍生的世界语、法语或者其他语种的单词。

小维妮弗蕾德曾经做了一本《娃娃书》，其实，这是一个"寻找孩子"的游戏。由一个母单词开始，可以寻找很多的同源词的"孩子"。

每一天，她的"寻找孩子"的清单中，都会加上一些新的单词。我相信，在以后的很多年中，她会继续在清单中，添加一些单词"小娃娃"，这本《娃娃书》对她的语言学研究将有极大的帮助。

正是用这个方法，小维妮弗蕾德将每个母单词和它的意思，以及它的很多"孩子"都深深地印在了自己的脑海中。最让她乐此不疲的是，她每发现由某一个单词所生的"孩子"时，她都会细心地写下这串字母。

对于小维妮弗蕾德来说，通过阅读释义和讨论单词，通过给单词找"孩子"，她收集了更多的信息。她很高兴去发现有相同词源的系列单词。吃晚餐时，她与父亲谈话，尽量在说每一句话时，都用到当天所遇到的单词娃娃。

在维妮弗蕾德7岁生日前，她的第一本词源本就已经写得满满的了。我发现，词源真算得上是一个"多产的母亲"，维妮弗蕾德查到了许多派生出的拉丁语单词。由维妮弗蕾德的统计结果显示，拉丁单词"女士"一共有250个"孩子"。

依照这样的"生孩子"规律，维妮弗蕾德学会了不少单词。

4. 让孩子多读外国文学作品

学习外语的方法有很多，而阅读经典的外国文学原著，则是其中一个不错的学习外语的方法。

在教维妮弗蕾德学习西班牙语时，我给她推荐了简易本的《堂吉诃德》。在她看完此书后，我们一起讨论这本书中的语言风格，而塞万提斯轻松活泼的用语习惯，给她留下了很深的印象。

在教维妮弗蕾德学习法语的时候，我们又一起诵读拉辛或者高乃依的剧本。用这样的方法学习，既能让她学习一个国家的语言，又能让她了解该国的风俗，甚至这个国家的文学思想精华。维妮弗蕾德良好的文学素养，正是在她进行多国语言的学习中得到培养的。

当孩子们在学习某一门外语的时候，要尽量给他们推荐一些经典而有趣的简易本的原著来阅读。通常，孩子们是通过诵读那些美丽而经典的文字，来学习语言的，这样，即使他们没有系统地学习语法和规则，也能较好地运用词句结构。

可以说，这种自然而然的熏陶，说明了经典著作的力量是巨大的。因此，不管维妮弗蕾德学习英文、拉丁文、法文、希腊文、西班牙文，还是其他什么语言，我总是在第一时间，给她列出一些书目，让她去阅读，这些书目包括一些诗歌、散文、儿童故事，也包括一些简单的剧本等。阅读让语法的学习成了最简易的事情。

5. 翻译家的游戏

据我以往的经验来看，孩子学习语言的能力是极其惊人的。维妮弗蕾德在刚学会英语时，我把"您早"这句话，用13国语言教给了她，她很快就学会了。每天早上，她就会对着代表13个国家的13个不同的玩具，用不同国家与地区的语言，对它们说"您早"，她不厌其烦地每天都要向它们问好。

维妮弗蕾德的玩具模型有很多，其中，有大象、狮子、企鹅、老鹰、老虎、鲨鱼等。有时，维妮弗蕾德会对我说，某某国家是大象，某某国家是狮子，某某国家是鲨鱼。此时，我就会让她用这些动物所代表的国家的语言，来问候这些动物玩具，小维妮弗蕾德就会对着狮子用法语说"您好"，而对着鲨鱼用俄语说"您好"。

可以说，"翻译家"游戏是学习外语中角色模仿的好方法。在用这个方法学习时，女儿会把自己装扮成一个地道的翻译人员，有着出色的翻译经历，曾追随国王出访其他国家。现在，她要陪同我这个"外交大臣"去接见来自不同国家的客人，这些客人有来自德国的，有来自西班牙的，还有来自法国的。

那时，我们经常把房间中的桌子、椅子、门窗、床假想为那些外国的客人。而我就是"外交大臣"，我一边对"他们"说"见到你很高兴"，一边和"他们"握手以示友好。这时，女儿就会在一边，非常认真地给我当翻译，而且用不同的语言对"来自远方的客人"说"见到你很高兴"。

如果想让孩子成为语言能手，请多试试学习语言的游戏法吧！我相信，每一个孩子都有能力在12岁以前掌握多门外语。

在七彩音色游戏法学习音乐

1. 多种游戏激发孩子学习音乐的兴趣

有一些人到了20多岁，却还不懂得去欣赏美妙的音乐。那些能听到微风的呼声、流水的旋律、鸟类的鸣叫和人们的歌声的人，却无法享受其中的美妙之处，对这样的人，我感到遗憾。

在大多数情况下，可以将他们这种对音乐知识的匮乏，以及对音乐反应的

第5章 自然教育的学习法则

迟钝，归咎于幼儿时期缺乏音乐教育。没有音乐的生活是没有乐趣的，而有一定的音乐欣赏能力，则能让人们生活变得有乐趣。

培养孩子的音乐感，可在他很小的时候开始。孩子与小动物一样，天生都有节奏感。他们喜欢节奏性强的东西。

在维妮弗蕾德睡觉前，我会给她讲故事，我总是用带有节奏的语气，用温柔的声音对她讲话。由于维妮弗蕾德对刺耳的声音很敏感，所以，我更愿意用"愉悦的声音"对她讲话。

大多数婴儿在听到雪橇铃铛的响声时，会高兴地欢叫。我在维妮弗蕾德的床头上，也挂着一长串雪橇铃铛，只要摇一摇雪橇铃铛，就可以让她听到音乐之声。在维妮弗蕾德还不会说话的时候，我就开始教她玩拍手游戏和击鼓游戏，让她和我一起感受节奏。

我教维妮弗蕾德学习音乐，是从最简单的音符开始的。与教她学字母所用的方式相似，在教她学习音乐时，我们玩的是"找音符"的游戏。当我指着贴在墙上的音符"do"时，小维妮弗蕾德就会在写着音符的木块中，找到那个与它相同的音符，而维妮弗蕾德的保姆则会轻轻哼唱出来，这样就会让她有更深的感受。

维妮弗蕾德有一个小木琴，是儿童用的那种简易小木琴，每一个按键上都印着音调，当我指着墙上的某个音符时，维妮弗蕾德就会在木琴上敲击与之相同的那个音符。

对于初学音乐的孩子来说，木琴教学法是件非常有趣的事情。此外，我还尝试着用钢琴为她的木琴唱和，当她在木琴上敲出一个音调后，我也在钢琴上敲出一个与之相对应的高音或者低音。当然，也可以是我在钢琴上敲出一个高音，她就在木琴上敲出一个与之相对应的低音或者中音来，从而形成有节奏的起伏。

在女儿很小的时候，我就注意培养她对音乐的敏感性，我给她买了能发七种音高的小钟，每天，我都要播放一些经典乐曲，或是给她唱歌听。这样的训练一直持续到维妮弗蕾德学会识字为止。

在播放音乐时，所有的婴儿都会集中精力去聆听，当他们听到所喜欢的音乐时，他们的身体就会随着音乐的节奏轻轻地摇动，这就是为什么小婴儿总是喜欢节奏明显的音乐。

让我们的孩子随音乐尽情地舞动吧，要知道，我们从孩子小时候，就应该让孩子喜欢上音乐。当维妮弗蕾德还在摇篮中的时候，我就为她精心挑选了一些美妙动听的音乐。无疑，这是让孩子们建立乐感、节奏感的简单方法之一。

通过音乐，孩子们掌握了节奏，与此同时，他们优美平衡的身体姿势也形成了。由此，孩子们还获得了观察、记忆、命令和自我控制的能力。

可以说，大多数孩子都有超凡的音乐天赋和模仿能力，如果母亲不能适时地进行开发，他们就丧失了成为伟大的音乐家的可能性。

请给孩子充满音乐的生活吧！音乐具有神奇的力量，能把我们带到更加快乐的世界。灵魂里没有音乐的人就不是一个全面发展的人。一个人若热爱音乐，就能听到所有大自然事物构成的欢快旋律，此时，他就会忘记生活中烦恼的事情。

歌德曾经说："神给予了我们对美的感觉，为了保持这种感觉，我们每天必须聆听音乐，吟诵诗歌，欣赏绘画。"

2. 与孩子一起玩钢琴的彩色音阶游戏

我鼓励女儿接触钢琴，每当女儿不高兴和哭闹时，我就会将她抱到钢琴前，要么是我弹几个音符给她听，要么是让她自己去弹响它。每当她敲响钢琴的白键或者黑键时，就会发出"咯咯"的笑声。可以说，只要一听到琴声，再怎么哭闹的她也会平静下来。可见，音乐有多么神奇的力量。

为了让女儿有"音阶"的概念，我特意将红、橙、黄、绿、青、蓝、紫不同颜色的纸条，分别贴在钢琴的7个基本音的琴键上，并且按照不同的颜色为它们重新命名，比如，红色的琴音键是1号、橙的琴音键是2号、黄色的琴音键是3号等，以此类推地排列下去。每天，我都把她抱到钢琴前，并给她敲响这些琴键听。因为维妮弗蕾德经过七色铃铛的训练，所以还不到6个月时，就能准确地区分这些七色音了。

在维妮弗蕾德学习钢琴的时候，我总是想法与她一起练习。通常，我们会在钢琴上玩"角色扮演"游戏。在做游戏时，有时，维妮弗蕾德扮演一位声音嘹亮的贵族小姐，当我敲出高音部的音符时，她就要使用高音跟我说话。而我则扮演一个粗俗的流浪汉，必须用很低沉的声音与她这个小姐对话。

当然，我也会在适当的时候，将钢琴的一些指法和弹奏技巧教给维妮弗蕾德，而她通常也学习得很快。

可以说，小孩子的创造力是无穷的，母亲们只要给他们提供一些简单的辅导和帮助，他们就能自编自唱很多曲调，或者自己能改歌词。小时候，维妮弗蕾德曾创作了许多曲子，我把这些曲子都记录了下来，就像收藏她童年时代的照片一样。我想，等她长大以后，再看到这些曲子，一定会回味无穷。

很多孩子不喜欢钢琴，其中的原因之一，就是别人总是告诉他们，如果对钢琴一无所知，就不要去碰钢琴。事实上，我们可以直接掀开钢琴的盖子，让他们看一下里面的琴弦，看那些长而粗，或者短又细的琴弦。当然，我们也要告诉他们，当用手敲击键盘时，音锤是怎样工作的，而当音锤敲打钢琴的长粗线或者短细线时，又会发出什么样的声音。

在教孩子弹钢琴时，没有一种可以适用于所有孩子学习的方法。每一个孩子都有着独特的气质，我们不能要求他们取得一样的成果。很多作曲家经常说："没有通用的学习方法。"因而，母亲可以自己创造音乐游戏，开发音乐游戏，让孩子在游戏中学习音乐。

在学习其他乐器的时候，也可以用游戏的方式教授，这样孩子总可以制造出一些乐趣来，不管是小提琴还是吉他都能开发出好的音乐游戏来，只要坚持游戏的原则，孩子的音乐成长之路就会顺利许多。

3. 别强迫孩子学习音乐

或许，有些孩子不太喜欢音乐，他们甚至讨厌音乐。曾经有一位很有名气的女作家在写信时说道："在自然教育法中，您反对强迫孩子练习一些乐器的想法，关于这一点，我是绝对同意您的观点的。以前，我就是一个被逼迫学乐器的孩子。我的母亲每天都让我在黑黑白白的键盘上，练习两个小时的弹奏，那声音几乎要把我逼疯了。在我看来，那琴弦就像有一种击打身体、击破心灵的力量，让我害怕它打着我、伤害我。每天，我的母亲则像一个刻薄的老板一样坐在我一边，强迫我练习很多遍。为此，我特别怨恨钢琴，而且对母亲的这一强迫行为，我是十分反感的。或许，正是因为被她强迫做不喜欢的事情，让我不能像其他女儿一样，去爱自己的母亲。"

第5章 自然教育的学习法则

曾经有一个小男孩,学习了一年的小提琴。在学习期间,他的老师与母亲轮流督导他,让他每一天都不间断地练习,并且希望他在这方面能有所成就。可结果呢,却是这个孩子对所有的乐器都特别仇恨。

有一次,他很认真地对母亲说:"我恨你,妈妈,我不愿意练习。"

幸运的是,维妮弗蕾德从她的第一位小提琴老师那里得到了启迪。这个老师知道如何让她的学生喜欢这个课程。她先让维妮弗蕾德进行一些简单的旋律练习,当维妮弗蕾德掌握了特定的低头动作时,老师才让她进行下一步的练习。关键是,老师并没有强迫孩子总是重复单调的音符,而是从简单的旋律入手。

事实上,很多父母都希望自己的孩子成为又一个"莫扎特"或者"贝多芬",但在婴儿时期,他们却没有让孩子接受适当的音乐教育。等孩子七八岁的时候,他们才将对音乐没什么了解,也并不喜欢音乐的孩子,送进各种音乐训练班去学习。在学习时,这些对音乐没兴趣的孩子如坐针毡,在他们看来,这类音乐训练比那些数学课更让人痛恨。在这个世界上,恐怕没有比逼迫孩子学习更糟糕的事情了。

父母与其逼孩子去天天面对钢琴,做一些不自愿的、愚蠢的练习,不如多陪孩子玩些音乐游戏,所收到的效果更好一些。

4. 让孩子多听些伟大作曲家的音乐

在孩子学习音乐时,有些音乐教师沉浸于所谓的"技术"训练中,他们非常担心孩子"即兴弹奏"。一般来说,按照他们训练课程的安排,一开始时,孩子只能弹那些没有创造性的练习,每天需要练习好几个小时,而且规定孩子不能随意弹琴。

在我们身边，有多少呆板的钢琴演奏家，如果没有乐谱的话，他们连最简单的旋律都不会弹。事实上，与其再多几个机械的演奏家，不如让孩子们越过所谓的技术学习，用最简单的和声表达他们最想表达的想法和感情。

我认为，为了鼓励孩子们对音乐感兴趣，为了弹奏出美丽动听的声音，应该让他们多听些伟大作曲家的音乐，要知道，那些音乐充满了灵感。

在《母亲》杂志中，一位教授曾经建议，要用瓦格纳、古诺等作曲家的作品，来培养孩子对音乐的感悟能力。要知道，瓦格纳的音乐不但把音乐和戏剧的表现形式尽最大可能地紧密地结合起来，而且还让生活与音乐联系起来；古诺的音乐风格优雅、清晰、匀称、洗练、真挚、质朴而且柔美多情，听他的音乐，仿佛置身于阵阵花香的花园里；戈特沙尔克的音乐风格独特，具有浓郁的拉丁美洲和克里奥尔民族风味，旋律简单明快，听他的音乐，就能听到种植园的旋律和加勒比海的节奏；而威尔第善用意大利民间音调，其管弦乐弹奏得也特别好，听他的音乐，能感受到一种强大的感人的力量。

音乐有一种非常神奇的力量，如果家里到处弥漫着音乐声，孩子就会少哭闹一些。要知道，甜美的音乐能够让孩子们紧张和急躁的神经放松下来，让他们感到舒适和快乐；而小号那种高亢的节奏，那种强烈、锐利、嘹亮、清脆、极富辉煌感的音乐可以让人精神振奋。

对孩子来说，他们对音乐的热爱必须是发自内心的，必须是被灌输到灵魂中去的。要知道，音乐不是生硬的音符系统或特定的节拍。而用让孩子们读音乐字符的方式，来让他们理解音乐、感受音乐，是多么荒谬的一种方式。要想让孩子学习音乐，必须先让他们用耳朵听，而不是眼睛看音乐。在教孩子学音

第5章 自然教育的学习法则

乐时，不要再去告诉孩子，哪个音符代表钢琴的哪个部位，以及必须以哪种方式去弹奏。

告诉孩子这些声音是如何产生之前，要先让他体会听曼妙声音所带来的乐趣，在他对这些声音充满情感和期待时，再乘机用游戏的方法教他学习。那些伟大的音乐家，从来不是一开始就有不寻常的音乐技巧，他们给我们传递的，更多的是对音乐的感情。

当我们发现，孩子想尝试着挑选曾经听过的简单的钢琴旋律并去弹奏时，我们一定要鼓励他们，这有助于激发他们进行创作的热情，不要强迫孩子做基本音符的练习，要知道，不是只有按照步骤去学习，才能学好音乐。

那些需要孩子在弹奏作品之前，一定要练习两年或三年音阶的方法，已经落伍了。现在，我们可以让孩子从美丽的旋律开始练习，这是快乐练习的开始。

让孩子爱上音乐，利用教孩子玩音乐游戏，并给他们讲音符的故事（好像那些音符是一个个的小精灵），就能让钢琴学习成为最迷人的、最快乐的事情。

维妮弗蕾德在学习音乐时，她写下了所有简单的旋律的名称，同时，她收集了这些曲子的相关资料。可以说，维妮弗蕾德的音乐学习，并不是按照传统的教育理念与方法学习练习的，因而，她成了一个了不起的小作曲家。

5. 用音乐开发孩子的舞蹈天赋

对于婴儿来说，自然界的所有声音，比如，滴答的雨声、呼啸的风声、波浪的冲击声、芦苇的叹息声、小溪的涌动声、小鸟的歌唱声……所有的事物中都有音乐的元素。

儿童天生喜欢音乐，而且有超强的模仿能力，所以，可以引导他们去大自然中，去寻找音乐。当我们带维妮弗蕾德到森林中时，她就喜欢通过吹口哨来模仿鸟类的声音。

可以说，夏威夷的儿童，是在音乐声中长大的，他们非常热爱音乐。这与他们父母喜欢音乐有关。在工作时，他们的父母都喜欢唱歌，所以几乎所有的夏威夷儿童都会唱歌，而且是张口即来，所以，我们一定要鼓励孩子，从他们会说话时起就听歌、唱歌，去寻找声音。那些会唱歌的母亲，一定要每天教小家伙们唱歌。

对想学习音乐的孩子来说，熟悉音调，并建立良好的节奏感，是进入音乐大门的第一步。音乐在无形中帮助我开发了维妮弗蕾德更多的潜能和天赋。

当维妮弗蕾德刚刚学会走路后，我原本想教她一些简单的舞蹈，没想到她学得非常快，而且能非常敏锐地捕捉各个动作之间的节拍。

有时，在他人朗诵诗歌时，维妮弗蕾德就会随之起舞，随意地跟着节奏舞动着身体。此外，她也学着跳国标、跳华尔兹。

维妮弗蕾德喜欢学跳舞，当一位活泼可爱的少女教维妮弗蕾德跳草裙舞的时候，她学习了三遍后，就掌握了草裙舞动作的要领。

除此之外，维妮弗蕾德还喜欢跳印度舞、日本舞和印第安舞，在跳这类舞时，通常用响板、鼓和钹等节奏简洁明快的乐器伴奏。由于维妮弗蕾德的口哨吹得很好，她还常常自己一边吹口哨一边跳舞。可以说，维妮弗蕾德不费多少周折，就学会了多种舞蹈。

由于经常跳舞，维妮弗蕾德的身体变得更为健康，体形变得更优美，而希

第5章　自然教育的学习法则

腊和罗马人之所以有优美的体形，就是由于他们从小就能歌善舞。

激发孩子对数学的兴趣

1. 让孩子在游戏中学数数

当我第一次教小维妮弗蕾德学习与数字相关的知识时，我利用一种曾经让她学习字母和音符时使用过的方法。

我将大红色数字，贴在一块白色的纸板上，并把它们挂到婴儿室的墙上。在教小维妮弗蕾德学习时，我想指出数字"1"时，就向她伸出一根手指，并告诉她读作"1"，并拿一个积木、一块糖果帮她理解"1"。接下来，我指着数字"2"，向她伸出两个手指，并拿出两个积木块，两块糖果，就这样，以此类推，直到我向她说明了1到10的所有数字。

我会用拍球或者扔球的次数，来培养孩子对数字的概念。

每每我给她梳头时，我高喊着"一下，两下"，从而帮孩子感受、理解这让人费解的"两下"的含义；每每我们出去散步时，我们就会一起去数所有看见的花、鸟、建筑物、路边的孩子等。可以说，数数的游戏随处可见，随时可用。当她学会数到100时，我就试教她用其他语言来计数。

可以说，在日常生活中，让孩子学习数数会更实用一些，比如，数一下我们要分着吃的苹果，数一数自己手里的硬币，数一数自己新买的衣服。

当孩子吃苹果或者蛋糕时，我们可以让他们每咬一口数一下，看一下谁吃的次数最多。这样，既教导了孩子要慢慢吃，同时，也帮助他学习了数数。在小维妮弗蕾德玩布娃娃和积木游戏的时候，我经常拿走或者添加不同数目的物体，用这样的方式来教她一些数量关系的概念。

2. 掷骰子或者剥豌豆游戏

5岁的维妮弗蕾德还是一个小孩子，可她所掌握的历史学、文学、地理学等方面的知识，已经达到了比同龄人高的水平，不过，她始终没有学会背乘法口诀表。在教小维妮弗蕾德数数和变化数字时，我虽然没有遇到什么困难，可当我想教她学习乘法表时，我却彻底失败了。

维妮弗蕾德不想背诵乘法表，对于学数学，她根本没有什么兴趣，总是一副无精打采的样子。即使我像以前一样，把那些枯燥的口诀编成歌谣，配以韵律来唱，5岁的维妮弗蕾德依然对此不感兴趣。

说实话，我很担心，小维妮弗蕾德将学习数学的大门紧紧关闭，从而变得偏科，而这样的片面发展会成为她未来幸福的障碍。

我一直希望女儿各方面的能力均衡发展。但我也从不强迫女儿去死记硬背那些乘法口诀，我知道，强制她学习会挫伤她学习的积极性。

在所有学科中，数学大概是最难吸引孩子的课程了。我明白，学数学必须死记硬背一些东西，比如，乘法口诀、数学公式等，这些没什么乐趣的东西，是女儿最不喜欢的。

一时间，我对维妮弗蕾德的数学教育陷入了困境中。恰恰此时，我要到一些地方进行演讲，有一次，我在新泽西州的莱卡特遇到了一位数学教授，她真是一位非常棒的数学教师。

当她听了我女儿的情况以后，她对我说："你的女儿不一定是片面发展。

第5章 自然教育的学习法则

现在这样说,可谓是言之尚早。或许,她确实缺乏数学的天资,但也有可能是你的教育方法有问题。你喜欢语言学、音乐、文学和历史,所以,你能教得很好,你的女儿自然也学得很好。但是你自己也不喜欢数学,因而,教得就比较枯燥。自然,孩子对数学也就不感兴趣了。"

以后,在她的指导下,我学了很多不错的数学教学方法。用这些方法教女儿数学,果然效果大不一样,看来,前段时间所遇到的问题,确实还是在于我的教法缺少吸引力。

在教女儿数学时,首要的是让她对数学发生兴趣。为此,我们借用了很多有趣的游戏来学习,比如:我们把豆子和玻璃球扔进纸盒里,每人快速抓一把,然后数一数谁抓得多;或者,在吃葡萄、橘子等水果时,数数它们有多少种子;或者,在和女佣一起剥豌豆时,边剥边数每根豆荚中有多少颗豌豆粒。

最有趣的是,每一个小游戏都可以不断变化,甚至能更深一步地演变,比如,我们在玩豆子和玻璃球时,会按照两个一组或三个一组排列起来,排成两组、三组或四组不等,再分别数出它们的数量和总数量有多少,然后,把结果记录在纸上。

在玩豆荚游戏中,可以每个人先抓一把豆荚。然后,维妮弗蕾德要数出每个豆荚中有多少个豆子。此时,我就趁机教她更聪明的计数方法,比如:把两个豆子的豆荚,三个豆子的豆荚区分开来分别用乘法计算,然后,再将乘积相加就可以了。最后,我们一起动手将它制成乘法口诀表挂于墙上。利用这种趣味游戏,维妮弗蕾德懂得了许多数学乘法规则,并且没有一点厌烦的表示。

此外,我们还总在一起玩掷骰子的游戏。在游戏开始时,我们将两个骰子一起抛出去,如果抛出了5和4,就把5和4加起来,得9分,如果是2和4就得6

分。在做游戏的过程中,我们把每次的得分都分别记在一张纸上。通常,每玩6次之后就统计一下,看一下谁的点数多,那他就是赢家。如果维妮弗蕾德输了,她就要把她珍藏的宝贝(通常是玻璃球、洋娃娃之类的东西)给我一个。反之呢,如果她赢了,我输了,她就可以赢回她的宝贝或者向我提出其他的要求。对这个游戏,维妮弗蕾德非常喜欢,经常请求我,多让她玩几次,但因为学习数学要耗费不少的精力,所以,我总是让她适可而止,每次玩这个游戏的时间不超过一刻钟。

在做游戏的过程中,骰子的数量是可以逐步增加的,比如,从3个到4个,最后,可以增加到6个。无论骰子的数量如何增加,维妮弗蕾德都可以应付自如。

在中国和日本,人们使用珠算工具已经有数百年的历史,而所有的孩子都喜欢拨动珠子,所以,在学习数学时,算盘可以用来做游戏的工具。像其他孩子一样,维妮弗蕾德也喜欢拨弄算盘,于是,我让她看一下这些算盘每行有多少个珠子。此外,我还趁机让她比较一下"4"个珠子比"2"个珠子多多少,慢慢她领悟了"4"就是两倍的"2",而"10"就是两个"5"。

事实上,我们还可以用算盘教孩子学习一些简单的真分数,比如,"3"是"9"的三分之一和"2"是"4"的二分之一。在算盘的珠子游戏中,维妮弗蕾德对加、减、乘、除等运算方式运用得更加熟练。

由于有了学习数学的兴趣,在很长一段时间里,维妮弗蕾德都沉浸在学数学的喜悦之中,后来,她又学习了代数、几何等数学科目,随着学习的不断深入,她的数学水平得到了很大的提高。

3. 与孩子做奇偶数游戏

如果想要孩子们学习区分奇数和偶数，最好的方法，就是让一群孩子参与游戏，我们也可使用纸娃娃玩具参与这个游戏。在做游戏时，我们可以假设让这些娃娃将去参加一个舞会，通常，游戏先从两个人开始，他们就是偶数，可以一起结伴跳舞，而且不会觉得孤独。

此时，又来了一个孤独的少女——"第三个人"来到了他们中间，这时，所有人就组成了一个奇数，奇数可以说是一个孤独的数字，只能独自跳舞。不过，当另一个娃娃来到她身边，她又不再孤独了，他们组合在一起，就又成了一个偶数"4"了，又可以成双成对了。这样的游戏可以让孩子明白：能够被2整除的数字和不能被2整除的数字之间有什么差别，可以知道奇偶数之间有何区别。

除此之外，还有一个游戏可以帮孩子们来区分奇数和偶数。做这个游戏时，要先从不同颜色的大纸板上剪下一些小正方形，然后，在绿色正方形上写上"1、3、5"等奇数，红色的正方形上则写上"2、4、6"等偶数。我们再用纸盒做成一个想象的火车模型，车厢由奇数车厢和偶数车厢组成。

现在，我们让孩子将所有写了奇数的正方形纸板放入标有"奇数"的车厢里，将所有写了偶数的正方形纸板放到标有"偶数"的车厢中。在做这个游戏时，小孩子会觉得这是一个伟大的装货工程。

我们还可以玩鱼和鱼塘的游戏：要先从纸板上剪下一些鱼类，一些鱼上标奇数，一些鱼上标偶数，然后，将它们投入鱼塘中，让所有的孩子都去抓鱼，当他们抓到一定数量的鱼后，比赛结束。此时，如果谁抓的"奇数鱼"最多，谁就赢得了比赛的胜利。

4. 奇妙的士兵数字游戏

我们学习的数学游戏中，有一种叫作士兵数学游戏，也非常有意思。在做这个游戏时，我们会在一个盒子中，放满不超过两位数的数字。这些数字就是我们能够调用的"士兵"的数量。

接下来，我们要为自己选择一个将军的名字，维妮弗蕾德最喜欢的是"威灵顿"这个名字，而我最喜欢的叫"拿破仑"。

之后，我们摆出作战的队形，并做好开战的准备。此时，维妮弗蕾德先从盒子里抽出数字，如果是"16"的话，她将从她的"士兵队列"中抽出16名"士兵"，将它们排列好。而我抽了第一个数字时，只抽到了7名"士兵"，我也把7名"士兵"排列好。以此类推，我们抽取三组"士兵"以后，双方的队列基本成形，再往下，就可以开战了。

开战时，我们轮流滚动小型千斤顶球作为想象中的大炮，以阻碍"士兵"前行。维妮弗蕾德一方首先发动进攻，她滚动了她的球，直逼我的队列，我的前两排"士兵"倒地，那些剩下的站立的"士兵"，则继续进行战斗。

最初时，如果我是以40个人为基数开始进行战斗的，那么，她第一次攻击时，撞倒我8个士兵，她就知道我只剩下32个人了。紧接着，轮到我滚动小型千斤顶球进攻了。

我们会按这样的游戏规则，一直玩下去，直到大多数"士兵"倒地为止。最后，哪一方活着的"士兵"多，就算哪一方赢得了比赛的胜利。

在士兵"加"和"减"的过程中，维妮弗蕾德记住了减法中不同部分的数学名词，以及"被减数"与"减数"的关系，还有在战争中幸存的可怜的"余数"概念。维妮弗蕾德通过真实物体的加减学习了加法和减法。

第 5 章 自然教育的学习法则

要想让孩子学习数学，我们还可以利用"骑士游戏"。"骑士"有坐骑，而且需要决斗，所以总是要行走若干英里去与别的"骑士"战斗。路上会有"城堡"，从一个"城堡"到另一个"城堡"之间有不同的距离。有时，"骑士"在这些"城堡"中停下来，喝点儿水或者拯救一位"公主"，在"城堡"所花费的这些时间，需要记下来，然后贴到"骑士"身上。"骑士游戏"可以让孩子学习很多数学知识，比如，计算骑士的平均速度，即用总的距离除以骑士在路上花费的时间——当然，这先要用总的时间，减去在城堡拯救公主所逗留的时间，等等。

5. 有趣的女巫游戏

我们在教年幼的孩子认识数字时，也可以采用图表对照拼贴法。我们可以用一张标注着数字的大表，在第一栏中，写上10以下的数字，第二栏里，写上10到20的数字，而用10乘10的表格，就可以填满100个数字。

接下来，我们要把这100个数字分别写在硬纸板上，放入一个盒子中，孩子们在盒子里抓出某个数字，然后，将它贴在图表中相应的位置。

我发现，经过一段训练后，2岁的孩子就可以找对数字，并将它贴到图表中与之相应的位置，但做这个游戏的时间，也不要超过10分钟。

此外，我们还用这张图表来玩一种叫作"巫婆"的游戏。维妮弗蕾德先选一个数字，然后，她让我去猜这个数字到底是多少。当然，她会给我一些提示，我有三次机会去猜这个数字是什么。比如说，她选择了15，就说："噢！聪明的巫婆，哪个数字是我选的呢？它在第二栏，是一个奇怪的家伙，总是喜欢站在中间。"这个游戏可以轮流进行，用很少的次数，就可以猜对答案的人，就是名副其实的女巫了。

对于维妮弗蕾德来说，做数学游戏的练习时，不仅仅是练习数学游戏，更重要的是，那些游戏让她真正明白了数字与数字之间的关系。

除此之外，那位比较擅长数学教学的教授还鼓励我让小维妮弗蕾德了解数学史，让她了解阿拉伯数字是如何取代罗马数字的。

值得一提的是，在让维妮弗蕾德学习罗马数字时，她学会了看钟表。有时，我们还一起去看那些用罗马数字标注日期的公共建筑物，去看用罗马数字标注日期的公墓的墓碑。相对于阿拉伯数字来说，罗马数字更难记一些。维妮弗蕾德对于可以不用罗马数字而感到幸运。

6. 与几何学习相关的游戏

维妮弗蕾德曾经在匹兹堡的自然教育学校中读书，她所在的班级中有很多孩子，在孩子们学习几何时，孩子们会画三角形、正方形、五角形、六角形、八角形、十角形等图形，他们还喜欢用牙签、细棍等，摆出与上述图形类似的图形。

可以说，孩子们非常喜欢玩几何图形游戏，比如，当在孩子们深入了解了六边形之后，我们可以给他们每人一张纸，让他们将自己能想象到的六边形都画出来。在开始时，孩子们画出的可能只是一些比较正规的六边形，但随着想象力的不断发挥，他们就会画出六边形的靴子、房子、打开的书、蜻蜓、船、小狗的头、酒杯，甚至还有一些女士和男士的头像。当然，他们还喜欢玩五边形、正方形、菱形、梯形、矩形等图形的游戏。

与小伙伴在一起时，维妮弗蕾德非常喜欢让小伙伴猜一下她的作品，大家

第5章 自然教育的学习法则

一起玩一个叫作"猜猜是什么"的游戏，如果对方猜对了，就给对方加一分，反之呢，如果没有猜对，维妮弗蕾德就得到一分。可以说，维妮弗蕾德能了解各种各样的几何图案，基本上就是从这个游戏中学习到的。

此外，还有另一种孩子们喜爱的几何游戏，做这个游戏时，要先给他们一些从不同颜色的纸板上裁下的正方形、三角形、梯形、矩形、菱形等图形，并让他们用这些来设计教堂窗户或者地毯、挂毯等物品。在这些图形中，他们可以任意涂鸦，随意创作。当他们脑海中形成出色的创意与设计时，我们就可以让孩子将其粘贴在纸板上，然后，将它们挂在教室里。

维妮弗蕾德和小伙伴们也经常会在房间中寻找几何图形的物品。孩子们通过在现实生活中找寻相似的几何图形的作品，来了解几何图形对建筑设计、构图等的重要性。

在日常生活中，几何图形可以说是无处不在，我们也借助了很多现实生活中存在的东西，这让很多抽象的几何图案变得非常具体而生动。

当维妮弗蕾德第一次发现自己的糖果盒子是方形的时候，非常高兴，她马上就照着盒子的样子画了个完美的正方形。

有时，我们会一起出去散步，我会和维妮弗蕾德一起数房檐、屋顶、窗户上的线条，教她认识正方形、矩形、三角形、梯形等不同的图形。我们一起感受建筑之美，理解曲线之美，可以说，曲线不仅是美丽的线，也是一种充满力量的线。

除此之外，我们还发现了孔雀尾巴里的几何线条。我相信，几何学不仅成为维妮弗蕾德快乐的源泉，并且会影响她的一生。

事实上，在我们的自然教育学校中，从一开始，所有的孩子就学习了较复杂的数学知识。在学习过程中，他们不会为了一些难解的题目浪费时间，而是一直在学习生活中最实用的数学知识。在自然教育学校中学习的比利，就曾告诉维妮弗蕾德，正方形的所有边的长度是一样的，是矩形中比较特殊的一种图形。而事先老师并没有告诉他这个原理，这是他在实践中进行比较，自己慢慢领悟的。

为了帮助其他孩子记住一些数学的原理，小维妮弗蕾德将所有在游戏中提到的有关数学的原理记录下来，这样，就能方便小朋友们记住这些原理了。

7. 培养财商的虚拟商店"购物"游戏

在小时候，大多数人都没接受过财商培训，因而，在经济方面，大家总会有不同程度的问题。

在学校里，孩子能不断地解答各种应用题，然而在现实生活中，他们对数字的价值依然是一无所知。

如果孩子学会了在现实生活中使用金钱，他们就会明白金钱的价值和意义。为此，我经常与女儿做购物的游戏，这样，可以让她能将数学知识活学活用，而且能给她灌输理财的意识。

在做这个游戏时，我会到女儿的虚拟商店"购物"，她卖的物品有不同的包装和规格，每一个物品的计量方式也不同，有的物品用长短计算，有的物品是用数量计算，还有的物品用质量计算。

有意思的是，她按照目前市场的实际价格，来给这些商品定价。在交易中，我们也使用真正的货币交易。

我去她商店买东西时，她会计算我所购物品所花费的金额，我给她的钱比

第5章 自然教育的学习法则

较多时,她会一本正经地找给我零头。有时候,我来扮演杂货铺的店老板,维妮弗蕾德则化身为顾客。而当维妮弗蕾德购买某种物品,在她给我钱的时候,我会故意算错,想多收她一些钱。当然,细心的维妮弗蕾德每次都能发现我这个贪心的"老板"多收了钱,在玩这个游戏时,她总是全神贯注,不给我这个狡猾的"老板"一点贪小便宜的机会。在做这个游戏时,我们所涉及的商品以及店铺交易领域相当丰富,有时,可能是在蛋糕店中买卖蛋糕,也有可能是杂货店买卖杂货,或者是在冰激凌店、彩带店中买卖商品。

偶尔,我也会让维妮弗蕾德到附近的商店购买一点东西,并把找零带回来,让她尝试一下真正的家庭采购。有一次,在去买东西时,售货员算错了要找的零钱,她纠正了售货员所犯的错误,这让她感到非常高兴。

当她学习测量液体时,她就假定自己有一个酒馆,而我来到她的酒馆买酒,她会从水龙头里打几品脱、几夸脱或几加仑的"酒"给我。在我买不同的葡萄酒时,她都会按照计量向我收一定的费用,并给我列出每次她出售商品的交易清单。可以说,正是从测量真正的物品中,维妮弗蕾德掌握了液体计量方法。

在学习测量物体的重量时,我们也用同样的方法学习。她扮成一名水果商,用天平称量出我所要购买的水果的分量。通过模拟各种买卖,她对测量单位完全熟悉了。

为了掌握一些实用的知识,培养女儿的理财与经济意识,我们一直都是用目前的市场价格来计算同类物品货物的价格,因此,孩子对这些物品在实际生活中的费用也很熟悉。

维妮弗蕾德对美国货币非常熟悉,不过,她还是需要学习一些货币方面的知识，特别是关于外国货币的一些知识。

让孩子学习外国货币，可以利用样板货币或真货币。在让孩子学习外国货币时，我给孩子讲了这些货币与美国货币之间的差别，以及它们的换算方法。

由于有外国的货币，孩子的游戏变得更加丰富。当她需要在不同地区购买玩具、衣服等物品的时候，她就可以用法郎、马克等外国货币，来支付花费，如果用美元支付，她就需要先换算成等值货币再购买。有时，我们也玩旅行一类的游戏。在旅行前，把我们的钱兑换成法郎、英镑、马克等，以便在国外使用。

在日常生活中，我不会经常给维妮弗蕾德零花钱，我想让维妮弗蕾德用自己"挣钱"的方式来理解金钱的意义与价值。

每周，她都会记录下自己挣了多少钱，并且会把这一周的收入与上一周的收入进行比较。当她收到杂志社为她的小诗所支付的小额支票时，她也会去银行核对支票，并将它存到自己的账户中。

为了帮维妮弗蕾德培养正确的金钱价值观，我为她设计了一些银行业务的游戏。我们用钱做模拟投资，看在一定的时间内，我们能有多少利息，然后，再统计一下我们花了多少生活费，花了多少旅行费，花了多少读书费，又在哪个地方节省了多少钱，赚了多少钱，等等。就这样，在两年时间里小维妮弗蕾德了解了我所有的"营销活动""经济核算"，她成了一个精明的买主。

第 5 章　自然教育的学习法则

重视孩子多感官的综合训练

1. 给孩子一本图画剪贴素材簿

我们鼓励父母在婴儿室中放置一些伟大的艺术作品。或许，我们无法为孩子们购买价格昂贵的作品，但至少我们可以拥有一些艺术杰作的复制品。

我知道有一个可爱的小女孩，她非常喜欢收藏打印的艺术图片，将它们放在自己的剪贴簿中，并发挥自己的想象力，为这些图片涂上自己喜欢的颜色，这其实就是对这些大师的作品进行再创作。她这样做，不仅让她剪贴簿的内容变得特别丰富，而且还让她获得了良好的艺术教育。

孩子们通常喜欢临摹一些物体。比如，可以临摹树叶；可以临摹我们在家里能找到的几何图形物品：圆墨水瓶、玻璃杯、碟子、方盒子、书籍等，然后，再将临摹作品贴在剪贴簿上。

对于他们来说，这些自制的艺术剪贴簿，相当于一个个非常有用的素材库和成果库。孩子可以即兴创作，信手涂鸦；可以通过不同的渠道，寻找自己喜欢的作品，将它们贴入艺术剪贴簿去，从而做好充足的艺术积累工作；孩子们可以根据内容、主题、颜色、作者所属国家等的不同，将自己剪贴簿中的内容进行分类，并不断充实、丰富自己剪贴簿的内容。

小维妮弗蕾德就有一个用来贴各种可爱娃娃的剪贴簿。

除此之外，我们也喜欢一起收集报刊里的美丽图案和绘画，我将精心挑选的美丽图片，做成一本内容丰富多彩的手工书。可以说，这本有着动物、花朵、鸟类、美丽仙女的剪贴簿，成了她最早的美术启蒙形式之一。

日积月累，孩子剪贴簿的内容就会越来越多，孩子的艺术感也在慢慢形成和提升。

2. 描摹与制作能力的培养

福禄贝尔曾经说过："一个孩子能做的事情可能是最简单而且毫无价值的，但这是他创造的冲动，你应该感到高兴。"

或许，孩子的第一幅作品纯属乱写乱画，纯属涂鸦之作，但这说明了孩子对创造充满了渴望，我们应该鼓励孩子去创作。如果孩子喜欢涂鸦，我们要逐步引导他们进行更深入的学习和创作。

可以说，我们祖先的第一幅图画就是在沙子上创作出来的。在埃及、印度和罗马，孩子们很小的时候，他们就在沙子上画画，或者用鹅卵石在粗糙的大石头上雕刻。

事实上，在孩子学会用铅笔画画之前，让他们在沙子上画画，是很好的创作方式。我们可以将沙子弄湿、弄平，然后给孩子一根稍尖的棍子或者树枝，接下来，我们要教孩子如何画一个盒子、一朵菊花或一些字母。我相信，孩子很快会对这个沙板产生浓厚的兴趣。

在画好一些画后，他们会抹掉自己的作品，然后再去画画，然后再抹掉重新画。对他们来说，这无疑是一种没什么思想负担的自由练习过程。

在开发孩子的智能时，画画的功能是非常重要的。在女儿还不懂事时，我就准备了一些美丽的花草虫兽图案的图片让她看。当然，我也让她看有漂亮插图的图书，并常常热情地读给她听。

等维妮弗雷德稍大一些后，我不仅让她看一些图画，还给她买来了颜料、画笔和纸张,开始教她画一些简单的作品。维妮弗蕾德用小小的手费力地握着那支巨大的笔,对画画表现出极大的兴趣。在教她画画时,我可以说是手把手,非常耐心地教她画画。经过很多次的努力,维妮弗蕾德终于能将画笔牢牢握在手中,开始真正用笔画画了。

我倾尽所知,向她讲述了造型艺术中的不同表现形式。此外,我还告诉她除绘画之外,这个世界上还有拼贴、剪纸、雕塑等艺术表现形式,并向她讲述了这些艺术表现形式的具体制作过程。

为了能让维妮弗蕾德尽情发挥自己的艺术才华,用多种艺术表现形式发挥自己的创作能力,我为维妮弗蕾德买了一些不同颜色的纸张。与此同时,我还去裁缝铺要了一些不同质地、不同颜色的碎布,并给她买了很多像橡皮泥类的东西。当然,我还为她准备了一把小剪刀和胶水。接下来,维妮弗蕾德就可以用这些画画工具随意地创作自己的艺术品了。

为了让孩子对绘画产生兴趣,我们可以利用"现场模特"的游戏。这个游戏是这样玩的:我让一个孩子扮演成伟大的艺术家,另一个孩子扮作艺术家的模特,让"艺术家"现场临摹,以描绘出他的动作。这些年轻的"艺术家"们的作品,非常粗糙,其作品既缺乏比例,也没有透视感,但这个游戏可以很好地培养孩子的观察力和辨析力。

珍妮教授曾经说:"绘画主要是(而且应该是)一种语言,一种表达孩子想法的手段。"当孩子们挥笔绘画,并且向老师说明他们作品的含义时,他们是在描绘自己的国度。

可以说,几乎所有的孩子都可以画画。而绘画是鼓励孩子们表达自己想法的最好方式之一。此外,绘画可以训练孩子的眼睛、训练手、训练思维、培养个性化的自我表达能力，并有利于孩子领悟艺术品的精髓。

3. 色彩培训计划

对于想掌握美术创作技能的孩子来说，色彩是他首先要掌握的最基本的技能。

为了让女儿掌握美术创作技巧，我给她买了许多五颜六色的东西。她的布娃娃身着五彩缤纷的服装，此外，她还有各种颜色的毛线。

可以说，我所挑选的鲜艳色彩的玩具让女儿非常感兴趣，而玩具上鲜艳的色彩有助于提升她对色彩的感知能力。

与女儿相处时，我常常用蜡笔和女儿玩"颜色竞赛"游戏。这个游戏很简单，就是在一张大大的白纸上进行颜色的接龙游戏。我们可以从纸上任意一个地方开始，通常，我先用红色蜡笔画一条5厘米长的红线。之后，女儿也相应地用红色蜡笔画出同样长的平行线。接下来，我又在她画的红色线后面，用其他颜色的蜡笔画一条同样长的线，之后，女儿也得选用同样颜色的蜡笔来画这条同样长的线，就这样，两个人不断地画下去，直到这张白纸有了五彩缤纷的颜色。

为了培养女儿对色彩的感觉，我不仅给她买了不同颜色的颜料，让她在调色板上信手涂鸦，我还给她买了色谱，并耐心地教她分辨颜色的细微差别。时间一长，女儿竟然能记住很多的颜色，她不仅记住了最基本的红、黄、蓝、橙等颜色，还能说出不同程度的色彩名称来。每每与维妮弗蕾德谈到色彩，她总能说出一些专业的色彩名称。

事实上，除了受过专业训练，并且一直从事与艺术相关行业的人，一般的人都只会说"那是红色,那是黄色",或者"那是灰色"等普通的色彩名称,与众不同的是,维妮弗蕾德从小就会说:"哦,那是酱紫色,那是普鲁士蓝,那是一种带有黄的灰色……"虽然维妮弗蕾德没有成为画家,但她对色彩名称的认识,非一般孩子能比。

女儿的创作欲望可以说是源源不断,她房间的四壁上,挂满了她创作的作品,其中,有古典的水彩画,有色彩斑斓的拼贴画,也有简洁明快的剪纸画等。

而最引人注目的一组作品,就是我们家门前的那棵树,她运用不同方法、不同颜色表现它,这些作品各有各的特点,但都非常漂亮。

有一天,有几位艺术家朋友来家里做客。当他们看到女儿的作品时,都非常惊讶。他们说:"从未见到过一个未满5岁的孩子能有这么强的表现力。"同时,他们也赞扬了维妮弗蕾德对形象和色彩的敏锐感觉,在他们看来,那是很多孩子都不能企及的。其中,一位艺术家希望我从现在开始将维妮弗蕾德引向艺术之路,他相信,如果我重视这方面的引导,女儿很有可能成为一位优秀的艺术家。

如果维妮弗蕾德自己对艺术一直感兴趣,并希望在绘画艺术上有所发展的话,她将来是能够成为艺术家的,但我不想刻意培养她、引导她,至于她今后的方向,要待她长大后自己去做选择。

4. 让孩子多去艺术博物馆

我们要开阔孩子的眼界,让孩子们去欣赏美丽的艺术品,让他们去欣赏一些优秀的图画和雕塑作品,并且尽可能多地带他们参观艺术博物馆。

在带孩子去参观这些艺术博物馆的时候，不要只是让孩子们没有目的地转一圈，只看看作品，却没什么收获。

想让孩子去关注这些伟大作品，一定先要让作品鲜活起来，通过给孩子们讲这些艺术作品的传说或历史故事，来激发他们对这些作品的兴趣。当然，我们也可以向孩子们讲述这些作品的创作背景、创作由来，或者这位艺术家的传奇生涯，从而让孩子们对创作这些伟大作品的艺术家、雕塑家们的生活也产生兴趣，从而使作品在他们眼中丰富立体起来。

如果孩子对艺术家的作品有兴趣，我们还可以鼓励他们用一些橡皮泥来复制某些伟大的作品。我们在匹兹堡居住时，每个星期，小维妮弗蕾德都要花几个小时的时间，在美丽的雕塑馆中欣赏作品。之后，她也试着临摹这些伟大的作品，并成功地做出了很多优秀的泥偶模型。

在我们的自然教育学校中，每天我们都会花一些时间，让孩子们看一些伟大的艺术作品的复制品或者代表建筑作品的明信片。

有意思的是，小维妮弗蕾德经常会邀请一些小朋友来看艺术作品。当然，我总是会为她们简短地讲述一下那些艺术家们的生平以及他们作品的主题，之后，再让孩子们随意讨论或欣赏那些作品。

5. 艺术品位提升法

要想培养孩子的艺术品位，我们一定要让孩子多读一些漫画和幼儿读物。不过，要注意的是，不是所有的漫画、读物，都有利于培养孩子们的艺术品位。

最近，有一位英国朋友就对此十分担忧，他在报纸、杂志上看到很多劣质的漫画。

事实上，在美国，确实有这样的问题。有很多的小报、杂志，其运营商们为了多赢利，争先恐后在报刊上刊登一些蹩脚、低级的漫画作品。

对于孩子读的一些艺术类的图画读物，母亲一定要把好关，不要让他们随便读一本漫画或者艺术读物。

可以说，要让孩子懂得真正的美，我们就要让他们欣赏真正美好的作品。在欣赏好的作品时，孩子不仅会获得对美的体验、对艺术的感悟，还可以被逐渐培养出善良、真诚、正义、博爱等品格。

小维妮弗蕾德最喜欢的读物，就是绘画本的《格林童话》和《安徒生童话》。即使对成年人来说，这些作品中那些惩治邪恶、宣扬善良与美丽的故事，也是很好的生活调剂品。对孩子来说，童话书中美丽的故事是生活中不可或缺的快乐来源。

有时，维妮弗蕾德也会将自己的想法，用绘画的方式表现出来。所有的孩子都应该拿起画笔，将自己的童年生活，以绘画的方式表现出来。

一般来说，孩子的绘画工作往往是从模仿开始。模仿什么，则取决于他看见了什么，所以绝对应该让那些低劣、粗糙的画作从孩子的眼前消失。而那些美丽的童话作品才应该是孩子临摹的样本，孩子们用那些独特的人物或者动物造型可以创作出更多的艺术原作品。

后来，我又给维妮弗蕾德推荐了瑞典女作家塞尔玛·拉格洛芙的长篇童话《尼尔斯骑鹅旅行记》，这不愧是一部公认的优秀儿童作品，维妮弗蕾德非常喜欢看，而且自己动手把其中的故事画了出来。虽然她画的线条有些幼稚，但我认为那简直就是杰作，应当之无愧地纳入家庭收藏品行列。

除此之外，维妮弗蕾德也非常喜欢一些富有美感的、简洁的素描图画。有时，我会引导她为这些图画配一些小故事。这样，她在欣赏这些绘画时，就会思考，就会为这幅画构思故事，设计出更丰满的人物形象。

独具匠心的历史与文学教育方式

1. 让孩子演绎历史

在自然教育学校，孩子们学习历史或者学习某部文学作品，都是利用讲故事的方式，而不是读故事来学习的。自然教育学校的教室中，有专门放电影的地方，在这里，人们用最生动的方式演绎历史。

我从来不给维妮弗蕾德列清单，让她去记住某个时间发生了什么样的重大历史事件，不过，我会让她了解历史和文学中的人物。然后，教她将其中的历史或人物做比较，这样，就能让她将他们生活的时代与发生的重大历史事件联系起来。可以说，用人物来记历史事件的发生时间，要比依赖时间来回忆历史或者历史人物相对容易得多。

与此同时，我也让她了解不同历史阶段的特色，了解不同阶层的生活。我知道，一个只能记住很多历史人物、事件的人，他很可能缺少创造力，给不了这个世界任何新的、有价值的东西。

对于维妮弗蕾德来说，我们所研究的那些文学作品中的人物，都是栩栩如生的。事实上，文学作品中的人物和作者都是我们需要关注的对象。为此，我们制作了一本伟大人物早期生活的大剪贴簿，并不断丰富这本剪贴簿的内容。

第 5 章 自然教育的学习法则

维妮弗蕾德喜欢读拜伦、弥尔顿、朗费罗等人的作品，希望了解这些作家在她这个年龄时的生活，并喜欢将他们的生活，与自己的生活做一下比较。

维妮弗蕾德会非常感兴趣地去比较谁的鼻子比较大、谁的眼睛比较小，谁的前额比较高。可以说，这本剪贴簿非常有趣，它能帮助维妮弗蕾德熟悉作家们。当维妮弗蕾德熟悉了作家们后，再接触他们的作品时，就感觉他们的作品更有人情味，也更加鲜活生动起来。

很多时候，我们会一起去研究、讨论某位诗人或某个伟大作家的生活，以及他的生活对他的作品所产生的影响，并试图从作品中找到作者生活中的原型来。可以说，正是这些美丽的文学作品，正是这些既熟悉又陌生的伟大作家，极大地丰富了小维妮弗蕾德的思想以及她对文学的深刻感悟。

2."骑士、作品和历史地点"游戏学习法

"骑士、作品和历史地点"游戏，可以帮维妮弗蕾德记住历史事件或者哪部作品属于哪位作家。在做这个游戏时，我们先把作家的照片放在一个盒子中，这个装有照片的盒子，就是我们勇敢的骑士匣子。接下来，我们再把相关的作品或者历史事件放在第二个盒子中，第二个盒子就是我们的事件匣子，而所有国家的旗帜放在第三个盒子里，第三个盒子是我们的地点匣子。

再接下来，我们依次抽出一个作者、一面国旗和一部作品（历史事件）名称，如果它们之间匹配的话，就将它们放在一条直线上，反之，如果不匹配的话，就将它们放在一条斜线上。当我们从中抽完所有的作者，做完所有的匹配时，这个游戏也就完成了。这个游戏让维妮弗蕾德不仅能记住时间、地点、人物，而且不会将相关的人物或者事件混淆。

为了让文学作品或者历史故事变得更有趣一些，从而能加深小孩子的记忆，母亲可以和孩子一起演绎故事。如果家中只有一个孩子，其他角色可以用洋娃娃代替。胖瘦黑白等不同外形的各种洋娃娃是最好的演员。如果没有足够的布娃娃来饰演不同的角色，我们还可以剪一些纸娃娃当角色。

在演绎故事时，我和小维妮弗蕾德用纸剪了很多形象。我们剪出了骏马、怪物、雷神、乌龟、女巫、黑暗之神（从黑纸上剪下来的）、火神（用红色纸剪的）、太阳神（从黄色纸上剪下的）等不同的角色形象，我们可以利用这些形象，将故事演绎得更为生动一些。

我们可以将这些纸娃娃或者造型，装入一个大信封保存。这样，可以随时让孩子们玩角色游戏，特别是在阴雨绵绵的天气中，孩子无法到户外活动的时候。此时，孩子们就可以自己选角色，编故事，演绎故事。通过演绎故事的游戏，极大提高了孩子的想象力和表现力。

在演绎故事的时候小维妮弗蕾德非常认真，对于那些被锁起来的怪物，她总是要一再地检查，看是否真的将它们锁好了；看到那些勇敢的骑士摔下马时，她就会悲伤；看到小女孩被冻死时，她就会伤心地流泪。

可以说，历史课本完全是对着年代照本宣科，枯燥无味，孩子们自然不会喜欢学习历史，而用演绎的方式让孩子学习历史，就生动了许多。这并不需要花太多的时间，只需每天练习几遍，就可以记住一些历史事件所涉及的年代、人物和情节。

3.历史和文学的纸牌游戏学习法

除了讲故事、演绎故事、角色扮演游戏，我还和维妮弗蕾德玩一种纸牌游

第5章 自然教育的学习法则

戏，以此来增强她对文学和历史的兴趣。在做这个游戏时，我们先把那些有趣的内容分解成小故事，并且将它写在纸牌上。可以通过问答的方式，很快将纸牌上的内容记住：谁，在哪，什么时候，干了什么事，结果怎样。一般来说，在提问一两遍之后，女儿就能把那些内容流利地复述出来。

维妮弗蕾德能记住《圣经》上的故事，就是通过纸牌游戏记住的。在这个《圣经》故事的纸牌游戏中，我事先设计了一系列的问题，这些问题涵盖《圣经》的整个历史。孩子们玩够了这个游戏，自然也就熟悉了《圣经》中的每一个故事。

现在，我们依然还经常使用这个方法，当读了一本好书后，就用这种方法来检验彼此的阅读效果如何。此外，我们还用这个游戏，来记录那些重要的、受过教育的人应该知道的一些历史故事。

当然，我们也可以用纸牌来玩文学作品的配对游戏。我们曾经用莎士比亚、弥尔顿、拜伦等名字做成小纸牌，或者用他们的名字，来给我们的卡通娃娃命名。

而当我背诵这些伟人作品中的某些经典段落时，小维妮弗蕾德挑选出对应的作家（写着作家名字的纸牌或者以作家名字命名的洋娃娃）。没过多长时间，她就熟悉了我所引用的这些诗歌了，并可以重复这些经典诗句。

事实上，当孩子们对这些伟大人物的作品有了浓厚兴趣之后，他们自然会渴望了解更多伟大人物的生活及其作品，并且想通过阅读传记和人物自传的方式，来进一步加深对伟大人物的认识与印象。

4. 为孩子选择一本好书

可以说，每年都有成千上万种图书出版，而给孩子挑选要读的书，是父母必须要完成的一个重要的任务。

对孩子来说，读书是十分重要的一件事。约翰生博士曾经说过："一个人的后半生取决于他读到的第一本书的记忆。"因此，在帮孩子挑选书籍时，母亲们一定要谨慎小心，特别是在为孩子选择第一本书时。

人们读书的品位是无法解释的，有的人喜欢读理论书籍，有的人喜欢漫画书，有的人喜欢故事书，但孩子的阅读的起始阶段，需要由我们来指导。我们一定要引导孩子去读最优秀的文学作品。如果孩子在幼时接受了培训，知道应该读什么，怎么样读书，那么，在读书时，孩子会有更大的乐趣，会有更多的收获。

我要小维妮弗蕾德读的书，大部分都是经典著作。那些历久弥新的著作总是有撼动人心的力量，在读这些经典著作时，让维妮弗蕾德尽情吸纳其中深邃的思想、精致的语言。一般来说，维妮弗蕾德不会没有目的地阅读哪一本书，没有目的地阅读可以说是一种懒惰的消遣，有很多人将时间浪费在随意的阅读上，去读些不能给我们带来任何益处的垃圾书籍。

维妮弗蕾德对第一本书的记忆，应该是我一直为她读的那本摇篮叙事诗。

那本书在维妮弗蕾德刚出生时就开始陪伴她，并成为她听力训练和语言训练的好助手。在维妮弗蕾德刚刚1岁的时候，她已经能够背诵出这首叙事诗了，也就是能够背诵维吉尔的《艾丽绮斯》第一卷的前10行了。

事实上，给女儿朗读诗歌确实有很不错的效果。所以，在引导孩子阅读时，父母一定要教孩子带着感情阅读，或者指着文字大声朗读，这样，就有利

第5章 自然教育的学习法则

于培养孩子的表达能力以及想象力。在帮孩子选择所阅读的图书时,母亲一定要选择大号字体印刷的书籍,要选择那些带有丰富图片的书籍,以方便孩子阅读。

在读书时,我有标记不认识生词的习惯,然后,我会去查字典,来了解它包含的意思及衍生词,并顺手将这些信息写在书的边缘处。与我不同的是,维妮弗蕾德则喜欢将与生词相关的一些信息记在她的知识记录簿中。

可以说,如果你有阅读的习惯,那么,你的孩子也会有相同的习惯,要知道,孩子喜欢模仿。所以,要想让孩子喜欢读书,父母一定要喜欢读书。

在孩子可以自己读书的时候,父母就要与孩子进行分享阅读。为了激发和增强维妮弗蕾德阅读的兴趣,在读了与动物有关的一些图书后,我就带她去动物园看看;看过与植物相关的书籍后,我就带孩子去野外认识不同的植物。这样,就可以让阅读变得很有趣。正是因为我用这样的方法引导她阅读,小维妮弗蕾德也才从来没有失去对阅读的兴趣。

在我们身边,有一些父母似乎认为孩子们不必买书,因为他们在图书馆就可以读到所有的书籍。事实上,书应该是与我们如影相随的。

费城的一个编辑曾经说:"我们应该把书籍当朋友一样带在身边,当我们感觉到需要安慰、娱乐、引导和鼓舞时,就可以感受到它的存在。没有人会非常了解一本书,除非它是他家庭生活的一部分,和它友好地生活在一起。"

有一些人曾经一遍遍地读《圣经》,有一些人曾经一遍遍地读莎士比亚的作品,有一些人曾经一次次地看《安徒生童话》,可以说,这些精彩的书籍就是他们心灵的一盏灯光,即便灯光很微弱,也能温暖地指引他们,成为他们最亲密的心灵伙伴,成为他们生活中不可或缺的一部分,甚至影响他们的一生,影响他们职业生涯以及他们的思想和行动。在一个人的生命中，一定会有一些书能触动并深入他的灵魂，成为他最有影响力的朋友或者老师。

维妮弗蕾德既有很多藏书，又有属于自己的小书架，有可以放松阅读的自由空间，更有一颗热爱书籍的心灵。她相信，这个世界上最有趣的事情就是读书了，而且她能无私地教她所有的小伙伴们如何才能更好地阅读，并从中有所收获。

一般来说，母亲们只要让孩子们对阅读的内容慢慢地感兴趣，那么，他就有了快速学习的动力。最近，维妮弗蕾德对奥谢博士那本著名的教育类书籍《六个育儿经典》非常感兴趣。她已经像我一样，喜欢把教育他人当成一件开心的事。

现在出版的杂志越来越多，但是我们并没有订阅很多杂志，只是选择一些有意义的杂志，来了解最新的时事动向。

5. 从阅读到写作

可以说，小维妮弗蕾德非常喜欢阅读，阅读的衍生作用就是小维妮弗蕾德写作能力的提高。阅读是积累文字功底、学习深邃思想的最好方法。阅读和写作之间很容易形成水到渠成之势。

从很早开始，小维妮弗蕾德就发表了作品，她的作品题材广泛，涉及诗歌、顺口溜、小说、童话，甚至还有剧本。她对自己的作品总是很有责任心，总会有目的地阅读大量的辅助素材。

当她写《与小精灵一起在圣诞节旅行》时，她很认真地阅读了不同地区描述圣诞节风俗习惯的书，她读了很多的书，大约有30本。在写《与复活节的兔子一起去旅行》时，她在匹兹堡图书馆里，查阅了所有关于复活节习俗的书籍。

维妮弗蕾德曾经写了《我的动物园里的朋友们》的故事，并将它们组成了一个系列。虽然其中的很多动物，她从来都未在动物园里看到过，但是，她通过阅读研究它们、熟悉它们。她在阅读了所有她能发现的描述动物及其习惯的书籍后，才开始进行作品创作。可以说，阅读的确给她提供了很多帮助。

6. 将读的东西记录下来

每年，到年末的时候，小维妮弗蕾德都会将自己的那本叫作"我读到了什么"的自制记录本，与我分享。她自制的本子中，她记录了这一年她读的书，记录了所读书的主题、作者、主要人物、主要情节和思想精髓。对她而言，这些与书相关的信息都是非常宝贵的。到第二年的时候，她会再准备一个新的漂亮小本子作为她当年的新书记录本。

可以说，做读书笔记是阅读及掌握知识的很好的方法。在读书时，小维妮弗蕾德喜欢收集一些她比较欣赏的句子、段落，还有书中的某些章节。她把收集的这些好段落和佳句称作"文学佳句要览"，随着阅读量的增加，她的这本集锦也在不断增厚，有时间她就会拿出来翻看。虽然市场上有许多关于精彩内容节选与摘抄的书籍，但她自制的选读摘要多是自己喜欢的段落和句子。

在读书时，我们一定要鼓励孩子自己做"文学佳句要览"或者"文学佳句精选"。孩子长时间地读这些章节段落、句子，能快速地提升自己的阅读水平和写作水平，并且能在写文章的过程中，信手拈来地使用这些佳作名句。

可以说，这些佳作名句是作者多年丰富阅历的精彩体现，又经过作家或者诗人精心的锤炼，进行了艺术加工，这些佳作名句不但有巨大的感召力，而且能历久不衰，有强大的生命力，有被世人广为传诵的价值。

每天，小维妮弗蕾德习惯了用打字机打些经典诗歌和文章。在打字的过程中，她慢慢地就能将一些著名的诗篇和文章背下来。事实上，通过誊写或者打字这些方式，孩子能记住一些值得记住的文学作品及优美的句子。

7. 坚持写个人笔记和日记

我非常支持一种做法，那就是，给孩子准备一个笔记本，用它来记录个人思想和常用信息。有很多历史大家都有记日记的习惯。这些日记都能让我们了解那个时代最真实的历史信息，而且个人笔记也是进行文学创作时最好的素材和记录。

每个孩子可以利用写日记、个人笔记，来记录每一天发生的重要事件，来练习写作，并学习表达自己内心的想法，如果一个人长时间地坚持这样做，总有一天，他们就会得到意想不到的收获，多年后，他们会更珍惜这些宝贵的记忆。

为了让维妮弗蕾德有非凡的写作能力，我让她坚持天天写日记。那时，维妮弗蕾德才两岁。每当天气不好，不能出门玩时，维妮弗蕾德就翻出她小时候的日记来看，在读日记时，她回想着从前的时光和趣事，度过了许多快乐的时光。可以说，读日记确实能有不同寻常的快乐享受。

对于自己所写的日记，维妮弗蕾德总是会精心保存，而且保持得非常整洁。至今，这些日记本都是干干净净的。如果您的孩子有写日记的习惯，我建议您让他坚持下去。对孩子来说，这些幼年时期的日记是弥足珍贵的。在孩子有了自己的子女以后,他的日记就成为下一代最有趣、最有意义的读物。同时,在孩子成长的过程中,母亲也应该为孩子的成长做好日记,做好记录,记录好孩子的成长史。

现在,有很多孩子对学校布置的作文不感兴趣,这是由于他们觉得写作文是在做功课,老师教他们的那些表述形式,并不能传达出他们真实的想法。为了培养女儿对写作的兴趣,我鼓励女儿给小朋友写信,要知道,在这些真实的信中,孩子们可以写很多心里话、实在话,表达自己真实的想法。孩子们大多会很认真地与其他小朋友通信。

8. 顺口溜记忆历史法

对于不认可诗歌的人,歌德曾经这样表达过自己的看法,他说:"对诗歌持否定态度的人,有可能是未开化的野人。"

人们越来越意识到,思想表达的最高形式就是诗歌,诗歌不仅可以精练地表达情感,更可以浓缩思想的精华。在很多时代中,都产生过优秀的诗歌作品。

一旦孩子开始讲话,我们就可以教他们读一些诗歌作品,以培养他们对语言韵律的把握,并鼓励他们学习编写顺口溜。

小维妮弗蕾德曾经发明过一种押韵游戏,她非常喜欢这个游戏。在做这个游戏时,我们先在一些纸板上剪下许多小卡片,每个小卡片上写上单词,维妮弗蕾德将这些词组成一个"合唱团"。所有的单词卡都被随意地扔到装有"合唱团"的盒子中。玩游戏的过程,就像玩字谜游戏一样,每个人抽出两个单词卡片。接下来,她必须写两行诗,每行诗末尾要用这两个单词押韵,然后,再将这两个单词卡片扔回盒子里，从而给下一个人写诗歌的机会。

最后，能写出最多诗歌的玩家，就算是赢家。让人惊讶的是，那些能够写出一首好韵律诗的孩子，并不懂真正的韵律知识。可以说，没有比这个游戏更能培养孩子的韵律感了。

事实上，在很多时候，都可以使用这种让孩子编顺口溜的方法，比如，记忆重要历史事件。小维妮弗蕾德将很多欧洲国家历史，都写成了儿歌，这样，她就能牢牢地记住自己想记住的日期和事件。

由于年龄的差别，我不可能用我女儿所用的方法，去记住英国、法国、西班牙、意大利和其他国家的国王们，也不可能用她所用的方法，去记住美国的总统和埋葬在威斯敏斯特大教堂的伟人，以及莎士比亚的戏剧或者《圣经》中的重要人物，但我相信，我们编的那些顺口溜，一定能帮助其他孩子提高记忆力。

让地理学习变得有趣

1. 用多种游戏激发孩子学地理的兴趣

在讲地理课时，老师应该向孩子生动地讲述这门课程，从而成功地将孩子带入地理知识的殿堂。如果一个老师能有兴趣地研究地理学，并由衷地热爱地理教育，那么，学习地理可以变得像听童话、传说一样有意思了，那些高山、沟壑、河水都变得富有生机，都能够用最生动的形式表现出来。

在教育孩子学习地理时，我们可以利用玩沙子、卡片旅游、地图旅游等

第5章 自然教育的学习法则

游戏。我在教女儿地理时,就是让小女儿在游戏中,蹚过河流、越过高山、渡过大海、穿过沙漠、了解火山、欣赏间歇泉、感受冰川等,从而学到了地理知识,也了解了大自然的很多秘密。

在第一次学习地理知识时,小维妮弗蕾德就是用玩沙子的方式学习。在婴儿室附近的储藏室里,有一个巨大的沙盒。玩游戏时,我们事先将沙子稍稍润湿一下,然后,我们就可以开始伟大而壮观的制作工程。我们把沙子做成形态不同的模型,把沙子堆积成一些美丽奇妙的村庄或者一条蜿蜒的河流。

维妮弗蕾德特别爱玩一种叫"我们在荷兰"的游戏,在玩这个游戏时,我们花了很多时间去制作"沙子风车"和一条很小的"运河"。此外,我们还用树木的枝条搭成了一座荷兰小乡村的桥梁,我们设计了一个美丽的花园,在花园中放了各种颜色的郁金香。

我们在小小的运河中,放入了用红色、蓝色和绿色硬纸剪的渔船,并且在"沙子风车"上粘上了荷兰的旗帜。而我们将家中的卡通娃娃或者洋娃娃们,装扮成在务农、散步、挑水、交谈或正在擦洗东西的荷兰人形象。

在做这个游戏时,我的小女儿认为,我们需要在游戏中,真实再现荷兰的特征和它的繁荣景象,所以应该让荷兰的女士们穿18世纪的裙子。为此,我们要准备很多裙子,有些裙子是我们自己做,有些裙子则是买的,最终,我们备齐了18条裙子,这着实耗费了我们不少精力。在做准备工作时,任何细节我们都不能放过。

我们将树木修剪成不同的形状,也为纸奶牛挤奶,还制作了荷兰人吃的黄油和奶酪。通过做这个游戏,小维妮弗蕾德了解了荷兰这个国家及它的民族特色。

那段时间，每天我们都在做这个荷兰村，直到小维妮弗蕾德的兴趣彻底得到满足为止。接下来，我们便开始建造法国或德国的模型，在建这些国家的模型时，我们依然尽最大努力，以法国或德国的特色为标准，来演绎两个国家的村庄。

我们有代表所有国家的袖珍国旗、小娃娃、微型瓷器雕像。在玩游戏时，我们所需要的那些辅助物品，在大多数文具店中都可以买到，比如，牙签、卵石、贝壳、纸花及其他小物体，而我们用来建筑的材料，可以让孩子们无限地发挥想象力。

在了解了世界上有很多的国家后，我与维妮弗蕾德就计划用沙堆制作一个虚拟的世界。在这个虚拟的世界中，布娃娃们分别穿着代表世界不同国家与地区的各民族的服装。我们那个白色的小爱斯基摩娃娃，穿着真正的海豹皮长袍；我们的棕色小娃娃，戴着印度的面纱；不穿衣服的非洲娃娃在"热带丛林"里休息。在做游戏时，我们用覆盖在地面上的棉花来代表雪地，用沙堆堆砌成一座座大山。有意思的是，这个虚拟世界由"王后"露茜来统治。

让孩子在沙堆上画地图，是学习地理的一种比较好的学习方法，要想在沙堆上画地图，一定要先将沙子铺平，然后，就可以用尖木棍画地图了。

在让女儿在沙堆上画地图时，我们边画边谈论那些国家的主要河流、湖泊、山脉的位置。在我们所画的地图中，不仅能看到巨大的大陆板块、浩瀚的海洋轮廓，还能看到高高的山脉。

维妮弗蕾德经常把这个国家的旗帜插在地图的最高点，但她却将漂亮的法国国旗插在她喜欢的勃朗峰上，之所以如此，是由于她喜欢美丽的勃朗峰。在沙子上，我们可以描绘所有著名河流的线条，而且能清晰地显示出一条河是如何流入大海中去的。

有一次，我们用沙堆堆积了英国。确切地说，我们所堆积的是古代英国的某个时期，我们所想象的场景是英国正在举行盛装游行和锦标赛。我们制作了很多穿有不同盔甲的英伦风格的"骑士"，我们安排他们参加比赛，将其组成了相当庞大的队伍。我们还制作了一座有护城河的城堡，"骑士"们将去森林里去追捕那些纸做的"公猪"或者是别的凶残野兽，以此来保护人民。

有时候，我们不用沙子，而用各种模型做小村庄，还弄一些"山"作为背景，甚至还有河流的模型。村里的小"居民"是我们的玩伴，这些小"居民"的言行举止非常具有民族风情。我曾经保留了一个斐济岛的"居民区"样本，那是小维妮弗蕾德在两岁的时候做的，已成为我的地理模型中的一个纪念品。

我们也会用可爱的橡皮泥去制作更多的模型。

制作模型拉近了我们与那些曾经特别遥远的国度之间的距离。

每天，我的小女儿都能学到一些新鲜有趣的地理知识，而且还能通过不断地看书丰富自己的知识库，以保障我们在做各种地理游戏中，能准确运用相关的地理知识。

2. 地图拼图与地理记事簿

还有一个游戏，能很好地帮助小维妮弗蕾德学习地理，就是将各大洲和各个国家的地图进行拼图。这可以让孩子很容易就记住美国各州或者世界其他国家的轮廓。最重要的是，小孩子都喜欢拼装竞赛。通过比赛，看看谁能最快最准确拼出国家地图来，或者看看谁能最快地识别出美国或其他国家某一地区的轮廓。

维妮弗蕾德有专用的地理记录簿，这个记录簿就像她的文学作品记录簿一样，可以记录很多东西。

每一个星期，她都为自己的地理记事簿添加一些有趣的新内容。每当我教维妮弗蕾德学习地理知识时，她就会翻阅这个地理记事簿，去发现她感兴趣的内容，然后与我分享。最近，我读了她的地理笔记——《太阳和她的孩子们》，笔记中，她想为一个曾经问她"哪个行星距离太阳最远"的小女孩寻找答案。

可以说，维妮弗蕾德是个非常负责的孩子，而且有善于阅读、浏览与搜寻资料的优势，为了帮小女孩查找答案，她查阅了大量的相关资料。正是小女孩的这个问题，让维妮弗蕾德开始研究太阳和她所有的孩子之间的关系。

为了解答小女孩的疑问，她以太阳为中心，介绍了距离太阳较近的几颗星星，其中，距离太阳最近的行星是水星，在这里，她介绍了水星的运行路线，其次，是金星、地球、火星、木星、土星、天王星，最后是海王星，海王星是距太阳最远的行星。

她还记录了每个行星有多少卫星，解释每个行星存在的时间。

在浏览小维妮弗蕾德的地理记事簿后，我发现，她记录的内容真是丰富多彩，地理记事簿里面既有各种世界之最，又有世界奇观。比如，有关世界上最小的民族、最大的民族的记录，七个古老遗迹等的记载。此外，我还看到了关于加利福尼亚州的统计数据……

在维妮弗蕾德的这本地理记事簿里，所有国家的名称都是以字母表的顺序排列的，每个国家后面都记着它的首都，因而，在任何时候，维妮弗蕾德都可以毫不费力地说出某个国家和它首都的名称来。我相信，用不了多长时间，这个地理记事簿就可以作为一本充满趣味性的非正统的地理教材了。

随着小维妮弗蕾德年龄的不断增长,我发明了一个"好奇问题游戏",事实上,这是一个关于地理知识的问答游戏,这个游戏涉及了世界上的所有民族。

有时,我们还和她的父亲一起玩这个游戏。

每当玩游戏时,她都能享受着这些游戏所带来的无限乐趣,并且能从中学到很多新知识。

3. 把地理知识编成顺口溜

一直以来,我非常推崇一种学习方式,那就是顺口溜。

可以说,地理顺口溜给我们自然教育学校的孩子们,带来了无限的乐趣,而且极大地优化了孩子的记忆形式,缩短了孩子的记忆时间,让地理知识的记忆变得生动有趣。

小维妮弗蕾德喜欢将一些地理知识,编成一些非常有趣的顺口溜,并把它们传播出去,以帮助引导其他孩子对不同国家与地区产生兴趣。比如,这首《我们要去印度》的顺口溜,可谓是旋律优美,朗朗上口,孩子们可以围成一圈唱"现在我们将去印度,去看大象表演;现在我们将去印度,去看大象表演……"

大家还记得我曾倡导过的艺术剪贴簿吗?在艺术剪贴簿中,我们可以贴很多的名家作品。

在学习地理知识时,我也建议大家采用剪贴簿的形式,让孩子去学习。如果说地理记事簿是用文字记录的形式,那么,地理剪贴簿就是用生动的图片来演绎自然地理的不同风貌。我们将不同国家人民的照片做成剪贴簿，这样，孩子们能非常开心地了解不同民族人民的皮肤与着装特点了；我们将不同的地理风貌，比如，褶曲构造地貌、断裂构造地貌、熔岩构造地貌、岩溶地貌、黄土地貌、花岗岩地貌等用图片展示出来，并告诉孩子每一种地貌的特点、成因和分布规律；我们也从杂志、旧书籍、铁路指导书籍上剪下图片，让孩子将这些图片贴到剪贴簿中，同时，也给孩子讲一些与这个地方有关的趣事，并让他们在图片下面写下他们想记住的东西。

4. 散步学习法

散步也是一种不错的学习地理的方法。在与孩子散步时，我们可以给他们讲一些重要的与自然地理有关的情况。

可以说，散步是一件能让人放松，感到惬意的事情。在山上散步的时候，我们可以让孩子们看一下岩石、土壤、水体、岩层等的结构。

当我们住在华盛顿汤森港口处的普吉特海湾时，小维妮弗蕾德和我有极好的机会，去研究各种岩石、泥土和水的形态。那时，我们会有目的地沿着某条路去散步。

从我们家到城市中有一块巨大的岩石，岩石上面被不同质地的土壤、花朵和小草覆盖着。一天早晨，我们一起去散步时，我让小维妮弗蕾德从岩石上拔了些草，让她感觉一下草根部土壤的情况。她对我说："这些土用手摸的时候，有粗砂纸的那种感觉。"

我给她介绍说，这些土原本是岩石，就像她看到的下面的那些还很坚硬的岩石一样，后来它被风化成土了。可虽然这些泥土已被风化，但仍然能让人从中触摸到微小的坚硬的岩石颗粒。

此外，我还让她仔细观察岩石上被水冲出的深深的裂缝，并且乘机给她讲滴水穿石的作用。

小维妮弗蕾德还注意到，有一些花，将根的一部分埋藏于这些岩石几英尺深的地方，而它们的花却开在最上面。我告诉她，植物也是会渴的，就像小女孩一样，它们也需要喝水。因而，它们将根送到岩石潮湿的部分去获得水分。回家后，维妮弗蕾德写了一个关于土壤和花朵的故事。

在我们自然教育学校中，老师们从来都不会对孩子说"让我们来上地理课吧"这样的话。当我们去研究地理时，也是在学习地质，学习历史，学习生物。同样，在学习历史或者生物时，也能学到一些地理知识。

很多参观者进入我们的游戏室时，对我们的教学形式，都感觉很诧异，而我们也实在没有办法告诉他们，我们正在学习的是什么或者说正在上什么课，因为在我们自然学校中，所有的教学环节都是融会贯通的。

事实上，如果要求一些成人必须坐下来用半小时的时间学地理知识，而且必须要专心学习，不能考虑除了地理之外的任何事情。我相信，他们不会认可这样的学习形式。但是，如果我们把地理课演绎成一场生动而丰富的大荟萃，在教地理知识时，能让他们涉猎多领域的学科，包括生物、历史、科学，并且还有探秘、传奇的因素包含在内，那么，对他们来说，半小时很快就过去了。

一般来说，在学习某个国家的地理知识之前，自然教育学校的老师会先告诉孩子们他们所在城市的一些地理知识，然后带着他们去散步，让他们看一看这个城市的土壤特点和水质特点，同时，也会给孩子讲这个城市的历史建筑特点。

当孩子们返回学校后，老师就会鼓励他们用散文或者顺口溜的形式，将他们所看到的东西进行简单的描述。之后老师再告诉孩子其他国家的地理情况，孩子就会自然地做比较，从而更快地领悟知识。

5. 让孩子来场说走就走的虚拟旅游

如果想让孩子真正地掌握与世界地理以及各地民族特色有关的知识，我们可以让孩子去旅行，可以说，在教地理学习方面的知识时，没有比旅游更好的教育方法了。

在给孩子们讲述不同国家的特点时，有一种非常有趣的虚拟旅游的方式。我们需要先在桌子上铺一幅很大的地图，之后，我们可以将一个小瓷娃娃或者卡通娃娃当作旅行者。

我们可以跟着它，乘着纸船穿越海洋，或者乘坐纸质的火车或汽车翻山越岭，长途跋涉，从一个地方穿越到另一个地方。可以说，小维妮弗蕾德很喜欢在地图上玩这种虚拟的旅行游戏。当她还是一个小家伙时，她就喜欢骑在椅子上颠簸着旅行，我们会将一些椅子上下颠倒，竖起一面英国国旗，假装我们要去英国的一些地方，在即将离开的时候，我们还会一起唱着这首歌：哦，英国，等着我，哦，英国，我们不能乘火车前往，所以我们要走海路……

事实上，在虚拟的旅行中，我们更乐意去做各种情景旅游。有时候，小维妮弗蕾德会装成船长，我们将通过水路到世界各地去航行，中途，我们会在大的海港或者海湾停靠一下。有时，她会从陆路出发，乘火车自纽约到西雅图，或从加拿大到新西兰。在旅途中，我们会遇到许多意外，比如，因为大风走错了航线，甚至会遇到强盗。有一次，我们差一点掉进了火山口；有一次，差一

第5章 自然教育的学习法则

点在冰山上冻死；有一次，我遇到了意外的事故，幸好，维妮弗蕾德是一名医生，及时对我进行急救——按她父亲教给她的方式，她在我受伤的地方系上了绷带和夹板；有一次，我们的旅行因轮胎被扎破而耽搁了时间。那时，我们被困在一个荒凉的山区。我们得像鲁滨孙一样，想尽办法生存下来。我们历经很多困难，但最后总能够安全返回家园。从这些虚拟旅游的经历中，我们掌握了许多有用的知识。

在亚洲旅行时，我们看到了世界上最高的山峰——珠穆朗玛峰，根据女儿地理记事簿上的相关记录，这座山峰海拔29 002英尺高，直径超过5英里。

为了让孩子们能充分地了解世界最高山脉的高度，我们采用了比较法，我们一起测量房间，直到他们对20英尺有了明晰的认识。然后，我们告诉他们，1英里①是5 280英尺长，珠穆朗玛峰海拔29 002英尺，直径超过5英里，可以想象它有多么高，它有多么阔。

对这些山脉，我让孩子们充分想象，他们会编写一些诗句或者顺口溜，比如：在亚洲，我们看到世界最高的珠穆朗玛峰，勃朗峰和它很不相同，很不相同，比它矮小的山脉实在太多太多，实在太多。

后来，我们又抵达印度了，印度是一个热带国家，有凶猛的野兽以及毒蛇。在那里，我们随时准备与恐怖的动物战斗，比如，有毒的眼镜蛇，或者大嘴巴鳄鱼。如果我们逃离了那些可怕的大嘴巴鳄鱼，却又有可能会落到豹子的爪下。在旅行游戏中，一些孩子会表演眼镜蛇、鳄鱼和豹子的动作，而另一些孩子则表演想逃离这些危险境地时的紧张样子。

---

① 1英里＝1.609 3千米。

为了让表演有趣味一些，加深孩子们的记忆，他们还会唱这样的歌谣：在印度，太阳好热，我们真怕融化在这里……在唱歌的同时，孩子们可以用动作配合，比如，用手遮住脑袋，仿佛在遮挡烈日；如果遇到暴雨或山洪暴发时，孩子会做手势表现大雨滂沱的样子，这样，就能让这些顺口溜变得更为生动形象。

为了配合我们演绎的虚拟旅行，我们让孩子看一看在旅行中所能看到的那些动物图片，并告诉孩子那些动物的生活习性。如果我们要去亚洲，就会给孩子说明亚洲地区的不同宗教。同时，我们也让孩子在沙子中写出所到国家的名字。

通过一系列的虚拟旅游和讲解，孩子们就不会忘记如何拼写这个单词，也不会忘记这个国家的主要特点，有一些孩子甚至可以在地图上轻易地找到一个国家，并描述它。

在第二天上课时，有些孩子会读一读自己昨天写的小作文。

在作文中，他们写道：我们很高兴，没有看到恶魔，也躲过了危险，因为仙女一直陪伴着我们，我们不会受到任何伤害。我们了解亚洲的位置，而且知道必须要通过水路的方式才能到达那里。那里有猴子、鳄鱼、毒蛇和老虎，那里天气炎热，雨势迅猛。那个地方，还有世界上最高的山峰——珠穆朗玛峰。

此外，我们还向孩子介绍了印度的特产，我们让孩子看棉花、靛青、烟草、茶叶、乌木、檀香木、竹子、红木、丝绸、红宝石、铜、锡和铅的样品，尽量让他们看实物。

如果我们附近有一个动物园，我们就可以带孩子们去参观一下，让他们看"牛"这个在印度被视为圣物的动物，并给孩子讲一些相关的知识，比如：

在埃及,人们非常崇拜猫;在泰国,人们崇拜大象;而在印度,人们崇拜的则是牛。

小维妮弗蕾德很喜欢各种虚拟旅行游戏。她洗澡时,喜欢玩沿河流旅行的游戏。此时,她会假设浴缸里的水是密西西比河、亚马孙河或者是伏尔加河。有时,一个小的洋娃娃会在浴缸的一个特定地方搭乘"桦皮"舟从旧金山到美国俄亥俄州,再到埃及,从那里又进入了密西西比河,一路下行到达墨西哥湾。每到这时,她就会感到十分高兴,为自己设计的旅游线路而扬扬得意。

6. 实战地理学习

对许多孩子来说,地理课就像是一个噩梦,不过,利用自然教育法,通过让孩子接触大自然来学习地理,那么,这些以前讨厌学习的孩子们,都会爱上地理课。

近几年来,美国童子军和美国露营少女团已经成为两个出色的机构,他们从大自然中学习实用知识并为了生活而接受各种野外拓展训练。可以说,大自然是上帝最伟大的工程,它能激发人类更高和更纯净的追求,给人类提供了无限的探索空间。

非常喜欢旅行的维妮弗蕾德,在参观每一个城市和小镇时,都能从中寻找到她感兴趣的事物,寻找到有价值的信息。当我们到达她曾经收集过资料的小镇,她就会特别开心,并且煞有介事地向我们介绍关于这个小镇的一切信息。

有时,你会非常吃惊地发现,尽管有一些孩子是土生土长的,却对他们自己所生活的城市中,有多少工厂、公共建筑,市政官员有多少了解得少之又少,他们掌握的地理知识那么匮乏。孩子们应该去参观、了解自己城市里所有繁忙的市场，从而对自己所在的城市生活有一定的了解。

为了让孩子掌握更实用的地理知识，我经常带孩子去海边玩。在那里，他们可以做许多有趣的事情，比如，女孩子可以拾贝壳、采海藻、捉螃蟹、寻找水母和海星，男孩子们在沙滩上玩堆沙子、开河道、挖洞、修小岛等各种游戏。我会给孩子们讲大西洋这个无比广阔的海巨人，讲那些相隔万里的其他几大洋的故事、关于海滩上那些贝壳的故事；我向他们描述软体动物或者单细胞生物的特点；我们会一起观察在沙里横着爬行的螃蟹；我们会收集少量的海藻；我们会谈论被冲上沙滩的各种海洋生物；我们会讲《海的女儿》的故事。

有一天，我们甚至有幸看到了一只因搁浅而被困在沙子里面的巨鲸。

我的好奇心也被广阔的海洋、丰富的植物、美丽的鱼类而唤醒了。在我自己掌握一些信息的同时，我也努力教育着我的小女儿。我不断努力更新我的知识，去教育我的小女儿。我把地球仪带到海边，进行现场教育，女儿指着地球仪上的蓝色区域，对我说："这就是大西洋，大西洋那边就是欧洲和非洲。"

维妮弗蕾德的地理知识在不知不觉中增多，她从没有被束缚在"河""湾""海"的名称中，可以说，在教育女儿学习时，我们基本没有用地理书上的与大江、大河、湖泊有关的知识，以及岛屿的图表。

让孩子去大自然中学习生物

1. 大自然是最好的生物教科书

一般来说，安静的环境、纯净的空气让人心态平和、神清气爽。而沐浴在自然中，我们的教育能在舒缓而温馨的节奏中进行。

散步时，我会告诉女儿每种树木的名称。在返回家的途中，我就按相反的顺序，让女儿告诉我这些树木的名字了。我们还会带着照相机，为那些翠绿的树木、五彩缤纷的花朵、跳跃的小鸟、忙碌的昆虫拍摄照片。当我将这些图片洗印了后，小家伙会为这些黑白图画配上合适的颜色，对她来说，这是一个特别有趣的活动。

对孩子来说，森林是最好的课外读物，当我们在森林中散步时，我会教给她许多歌颂大自然的美丽诗词。她自己也能吟诵不少著名的篇章，甚至自己会煞有介事地作首关于小鸟或者关于灌木丛的小诗。

散步时，我会给她讲述一些美丽古老的神话传说，让生命物种的起源充满了神奇的色彩。

在散步时，她可以知道每一种鸟都有自己的语言，她也能看见繁忙和有序的自然界，她发现没有懒惰的鸟类和昆虫，不管是松鼠、蜜蜂，还是蚂蚁，或者是小鸟，它们总是忙着收集过冬所需的食物。

可以说，她对自然生物的理解，是在自然界中以最自然的形式——在散步中完成的。

亲近自然是非常重要的一件事，在和女儿去郊外的途中，我会告诉她一些有趣的故事，而这些故事都蕴含着不同的自然知识，深深地吸引了小维妮弗蕾德。

此外，维妮弗蕾德还喜欢在树林里作画，这里激发了她创造的灵感。在树林中，她写了许多关于树木和鸟类的散文。

在探秘自然界的过程中，我还十分注重培养维妮弗蕾德观察和研究事物的习惯。当我们到郊外去时，我们会摘下一朵花，拔起一棵草，或者现场解剖或者砸碎一块岩石观察结构，窥视小鸟的窝，观察小虫的生活状况等。维妮弗蕾德喜欢用显微镜观察各种东西，喜欢在自然界探秘。

在探秘自然界时，维妮弗蕾德非常喜欢植物，她将采集的标本分门别类地存放，收获颇丰。她有一本经典的世界压花标本册，这是让各地小朋友帮忙采集的生长在伟大人物墓地上的花，经过压制变干而成的。此外，她还有一本珍贵的《奥邦花册》，奥邦先生在肯塔基州汉德森附近的树林中进行研究。这个压花册就是维妮弗蕾德在奥邦先生那里亲自采集制成的。

孩子们精力旺盛，却又不知道如何宣泄，因而，总会有一些不良或不当的行为，许多母亲都为此担心。其实，只要让孩子们充分接触大自然，就可以分散他们的注意力，纠正许多不良习惯。一般来说，长期接触大自然的孩子心地善良、精力充沛、品德高尚。让孩子经常接触大自然，可以让他们保持旺盛的精力，让他们的身体更加健康。

由于城市里的孩子很少能接触大自然，不能呼吸新鲜的空气，所以，他们的身体受到影响，导致心情恶劣。我觉得，与其把钱花在改造不良少年身上，不如将钱花在改造能预防不良少年产生的环境上。每个城市都应该拨出一部分经费，为城市里的孩子提供大量接触大自然的机会。

人类生于自然，适应自然，并陆续从自然中学到了各种本领，也得到各种教训，所以，我们总是说自然是人类最好的老师。可以说，自然教育对孩子的成长特别重要，尤其是对那些常年生活在城市中的孩子来说，他们更应该经常到大自然的怀抱中，去感受最自然的世界。

2. 生理学学习的方法

在维妮弗蕾德8岁时,她的父亲就用骸骨教她学习生理学。

在父亲外出旅行期间,她用顺口溜编写了骨、筋肉和内脏的名称,读起来朗朗上口,非常便于记忆,她轻易地记住了那些复杂的肌肉或者内脏组织知识。她曾经写过关于肌肉和关节的节奏诗,这首诗为她的生理学和卫生学的记录本增加了不少新东西。父亲回来后,发现女儿有如此创造力,他感觉特别吃惊,并为她深感骄傲。

在学习生理学的同时,维妮弗蕾德还学习了与食物和疾病等有关的卫生学方面的知识。她父亲和我常常在她面前谈起卫生学,我们想用这种方式激发她的好奇心。当然,她的天性让她总是问一系列的问题,于是,她又借此掌握了更多的知识。

通过学习与食物和疾病等有关的卫生学方面的知识,她知道怎样爱护好自己的身体,如何让自己远离致病的生物。同时,她也了解了某些食物的营养价值,以及什么样的不良行为会伤害自己的身体。

教孩子学习生理卫生,可以让孩子学会保护上帝给他的独一无二的身体,从而免于遭受不必要的痛苦。

3. 在自然中学习植物

美国卡内基研究所的博物馆是一个非常适合孩子去的博物馆。每周我都会带着维妮弗蕾德去那里几次。在那里,她可以观看世界各地的动植物,可以了解世界上不同民族的生活习惯、衣着服饰及生活用具。此外,在那里,她还可以欣赏到不少世界不同地区、不同年代的名画、雕塑等艺术作品。

尽管植物学可以称得上是最生动的科学之一,但是,有些教授是那样古板严肃,在教学时,缺乏想象力,难以让孩子产生快乐与学习激情,这样就易让孩子们不喜欢学习植物学。

想让孩子学习植物学,可以带孩子去树林中看一看花草树木,并让他们在放大镜下,观察花卉间的不同部分,这能很快激发他们的兴趣。

我们应该用自然教育法,让孩子学习植物学。通过自然教育,一个4岁的小孩就能真正地掌握一些植物学的知识。我记得,在去年夏天时,听一个17岁的高中男孩和一个接受自然教育的5岁孩子交谈时,我陷入了深思。

我记得,那个高中学生邀小家伙一起去玩,并问小家伙喜欢玩什么,小家伙说:"那干脆我们去研究植物!"

"噢,绝不!"大男孩说,"我讨厌植物学,我再也不想听到关于分析花朵之类的话。"平时,小男孩一向视这个大男孩为英雄,听到大男孩这样说,他感到十分惊讶。

接下来,小男孩什么都没说,一个人跑到花园里摘了一些鲜花,然后,他将它们给了坐在秋千那里的大男孩,并开始和那个大男孩谈论可爱的花萼和漂亮的花冠,奇怪的雌蕊和雄蕊,直到那个高中男生真的对它们开始感兴趣,并且开始仔细观察他摘的野花为止。

可以说,这个小男孩向那个高中男生展示了真正的植物学,事实上,植物学是一门生动的学科,并不像教科书中所写的那样枯燥无趣。

在我们附近的树林中,有一个池塘,许多鸭子喜欢在池塘中戏水。当我们坐在池塘旁时,我给维妮弗蕾德讲了安徒生写的《丑小鸭》的故事,并且带她去看了一只真正的天鹅。当我们回家之后,我就听见维妮弗蕾德非常耐心地安慰一个孩子,她说:"哦,或许小的时候,长得丑陋是一件好事情,等你长大以后,你就会有机会变得像天鹅一样美丽。但如果你在小时候就长得太美的话,你就会变得自负,就会爱慕虚荣,而且没有优秀的性格。当你长大时,你就会因你的虚荣而受到惩罚。"

维妮弗蕾德曾经写过《自然书》,书中有许多关于植物的有趣故事,她还画了许多花的图案,这些图案准确呈现了植物千奇百怪的形状。她还写了一个非常有趣的"魔鬼仙人掌"的故事,故事原型来自墨西哥大动荡中的故事;此外,她还写了玫瑰花的故事,玫瑰花们用荆棘保护自己的美丽;仙人掌穿着让人恐惧的荆棘盔甲保护自己;有一种植物可以长出有毒的果汁,能杀死想接近它的任何昆虫。《自然书》中还有许多精彩而奇怪的植物故事,值得好好一读。

4. 与动物成为好朋友

孩子所具有的自然天性,让他们都喜欢动物。孩子们知道如何与各种小动物玩耍,并从这种伙伴关系中体验到快乐。可以说,只要是活着的、会动的东西,都能给他们的童年带来欢乐。或许,一些成年人看到老鼠可能会吓得尖叫,然而当孩子们看到这种啮齿动物时,却会很开心地想与它一起玩耍。

可以说,每个孩子都是一个小生物学家,他们渴望了解动物,了解它的生活习惯。对孩子来说,在家中饲养宠物是非常有趣的,我们可以让孩子照顾这些动物,通过这种方式,孩子们就可以学会关心他人,承担照顾小生命的责任了。我的一位年轻的朋友休顿,是美国将军沃辛顿的儿子,在不到4岁时,就照顾各种宠物,长大后,他成了一名自然学家和哲学家。

狗可以说是人类最忠诚可靠的朋友，一条很干净的小狗，是小孩子最理想的伙伴。在维妮弗蕾德患了肺炎时，她天天看她的三只可爱的小猫咪，基本上忘记了痛苦。此外，她的宠物小狗也是让她快乐的源泉。她喜欢观察猫和狗之间的小把戏。

饲养动物并不是一件容易的事，如果让孩子饲养动物，那么，就需要孩子们时时刻刻关心它们，不过，这样就能很好地培养孩子的爱心。

我们经常去动物园，每当看到那些被关在笼子里的不幸的动物们，维妮弗蕾德就会告诉它们说你们很快就会被放出来。我们研究所有有趣的动物特征，在对动物进行研究后，维妮弗蕾德写了一系列的动物故事。

此外，我们也研究了鱼类。我们有一个大鱼缸，大鱼缸中养了很多鱼，当鱼儿们游泳或浮动时，我们就认真地观察它们。我们几乎参观了美国所有的水族馆。事实上，1岁以下的孩子在看到金鱼、蜗牛和其他水族箱内的两栖宠物时，都会感到非常开心。

每一个孩子都应该像挪威的孩子们那样，学着用掉在餐桌上的面包屑去喂可爱的小鸟，特别是在下雪的时候。这样，可以培养孩子的爱心。

我们在厨房的窗外搭了一个小架子，每天早晨，小维妮弗蕾德都为她那有羽毛的野生朋友们放一些碎面包屑。每天，这些鸟儿都会来小架子上吃饭，而且渐渐地，它们似乎认识了她，有几次，它们大胆地站到了她的肩上。

我们一定要教孩子照顾鸟类，让他们学会如何爱这些美丽的动物，当他们到青少年时期（有些人把这个时期称为孩子的"恶魔"时期），他们就不会想着要去掏鸟巢，或者向这些鸟类朋友开枪了。

可以说，用自然的方式教孩子学习自然史，是让孩子得到快乐的源泉。我们要经常带孩子到动物园或博物馆，在那里，他们可以学到教室以外的知识。

如果我们只用连插图都没有的教科书教他们学习，只是给他们描述一些平淡苍白的事实，那样，只会把本来有意思的知识变得枯燥。

维妮弗蕾德在5岁的时候，喂养了两只金丝雀，她叫它们菊花和妮妮达。维妮弗蕾德喜欢教金丝雀玩各种游戏，在她小提琴的伴奏下，它们能非常欢喜地叫着，它们还站在她的手掌上不停扇动翅膀。每当维妮弗蕾德弹钢琴的时候，鸟儿就会乖乖站在她肩上。鸟儿们很听话，能按照维妮弗蕾德的要求闭上或睁开双眼。在维妮弗蕾德读书的时候，她常常让它们用嘴帮着翻页。

事实上，在与自然环境相接触时，儿童关注的不仅是自然中各类事物的名称、形状，他们关注更多的是各类自然环境与他们自身之间的关系。孩子之所以喜欢小动物，多是因为它们和自己一样能吃、能叫、能动；孩子之所以喜欢水，是因为水可以喝、可以打水仗、养小鱼、玩小船。可以说，大自然是儿童思维、语言、美与艺术的活源头，只要儿童被大自然激发了美好、兴奋、爱惜的感觉，他们就会主动地学习与大自然有关的知识，就会对大自然充满了感情。

在与大自然接触的过程中，在学习大自然知识的过程中，他们的观察力、思辨力、解决问题的能力，以及对自然的感悟力都会得到很大程度的提高。

5. 在大自然中直接汲取天文学的知识

在教孩子学习矿物学、化学、地质学和天文学等学科时，我依然计划着让他们在大自然中直接获得知识。当然，我也想用博物馆和一些有趣的书，来引导孩子们步入知识的王国。此外，一些有趣的故事，比如，神话故事中的仙子也能帮助孩子们对这些学科产生浓厚的兴趣。

对孩子来说，天文学并不是多么有趣，除非我们给他讲一些古老的神话，能让他研究自然界里的星星，而不是通过读书去记住星星的名称。神话书让小维妮弗蕾德对天文学产生了浓厚的兴趣。后来，在她的要求下，我带她去过许多天文台。在那里，她学会了用望远镜观察美丽灿烂的星空，最重要的是，她与许多天文学家成了朋友。

维妮弗蕾德曾经用世界上最大的天文望远镜来观察天空，并获得了很多的信息。她的一位天文学家朋友，告诉维妮弗蕾德说，是她启发了自己写《心灵迷宫》这本书。而维妮弗蕾德认为他一定弄错了，因为她对这本书中所涉及的内容一点也不理解。不过她很喜欢这位既风趣又聪明的朋友。

可以说，不是每个孩子都有用天文望远镜的机会，但每一个母亲都可以在满天繁星的天空下，教孩子认识不同的星座，教孩子认识猎户座、大熊座、小熊座等星座，并给孩子讲与这些星座有关的神话故事。同时，她可以与她的小孩子们一起，在小树林里玩印第安人的游戏，也还可以利用树木的阴影和北斗星来教孩子们识别方向。

第 6 章
孩子智力的发展与培养

发掘孩子的记忆天赋

1. 与孩子一起做"鹰眼"游戏

据说,在婴儿时期,伟大的思想家伏尔泰就曾经记住了很多东西。或许,孩子的记忆能力,比我们想象的要强大得多。我相信,孩子在出生时,或者还在母亲的腹中时,就已经开始有了记忆力。

在维妮弗蕾德出生后不长时间,当我轻轻叫她名字的时候,她就做出了相应的回应,我想,这是因为在怀孕期间我经常呼唤她名字的结果。

为了培养小维妮弗蕾德的记忆力与敏锐的观察力,我们会在散步时,用心地去观察,用心地去记住途中的事物,并将这种游戏称为"鹰眼"游戏。

通常，当我们来到陈列了许多物品的橱窗前时，我和维妮弗蕾德会快速扫视一下橱窗，然后分别陈述橱窗内的物品，看看谁看到的、记住的物品数量最多；当我们经过坚果店后，我就会问她，刚才的坚果店中都有些什么坚果。每当我问她这个问题时，她就会一一列举那些坚果："瓜子、胡桃，还有花生……"这是一种简单有效的方法，现在，维妮弗蕾德能用非常快的速度，观察某种场景或者某个过路人，并能很快准确地进行描述。

可以说，小维妮弗蕾德很喜欢玩"鹰眼"游戏，并带着小伙伴们一起玩"鹰眼"游戏。在很多地方，孩子们都可以玩"鹰眼"游戏，这个游戏既可以让孩子们学习观察人，观察动物，又可以让他们学习观察场景与图片。

在维妮弗蕾德很小的时候，我就重视培养她的识路能力。为此，我带着她四处走动，教她认路。去一个地方时，我先带她走一次，下次，如果还要经过同一个地方，那就得由她在前面领路了。通过这样的训练，女儿在1岁半的时候，就能带着我和保姆在家附近散步了。

可以说，正是这些训练，让小维妮弗蕾德具有了很好的记忆力。年仅5岁的她，在阅读了《共和国战歌》之后，就能在来自新泽西和纽约的大学教授面前，把整首歌的歌词一字不差地背下来，让教授们啧啧称赞她，大家纷纷认为她是天才。

只有我知道，维妮弗蕾德没有什么特别的天赋，她之所以表现优秀，是我特别重视她这方面能力的培养而已。

2. 激发孩子的记忆细胞

我们非常喜欢演绎故事的游戏，而演绎故事是一种非常适宜培养记忆力的

第6章 孩子智力的发展与培养

游戏。它们把小孩的大脑记忆细胞激发、调动起来，从而让孩子们难以忘记想记住的东西。

我用演绎故事的方法教维妮弗蕾德学习历史、文学，甚至地理，这不仅让维妮弗蕾德对所涉猎的内容有深刻的记忆，而且很好地培养了她的记忆力。

我们可以用讲故事的方法，来培养孩子的记忆力，激发他们的想象力，扩展他们的知识。讲故事是增强记忆最有效的方法。

现在，女儿是匹兹堡最有名的年轻教师，她教的那个班级中，多是5岁至14岁的孩子。她用卡内基研究所的教员室做教室，在教学中使用的大都是游戏和唱歌的方法。

有时，她还带孩子到博物馆中进行实物教学。在教世界语时，她使用了一种新方法，就是将世界语的文章，用极常见的、谁都熟悉的旋律谱成歌曲，再让学生唱。用这样的方法极大地提高了他们的记忆能力。很快地，孩子们都能用自己熟悉的旋律唱出老师刚教的内容。之后，在匹兹堡大学的教学中，我也使用了这一方法，效果同样很好。

之前，我们曾经提到过的卡片游戏，也是一种不错的强化记忆力的方法，为了能保留我们需要记忆的内容，可以拿着需要记忆内容的卡片进行提问，来强化自己的记忆。

事实上，生动的游戏记忆练习法，可以让我们的"记忆抽屉"中总是保留着我们希望知道的事情，让我们记忆抽屉的容量日益扩大，从而能达到抽取自如的效果。

3. 不断地重复物品的名字

从6个月左右开始，我的小维妮弗蕾德就能记住不少东西了，比如，她可以记住不同颜色的铃铛，当我说出一种颜色的铃铛时，她总是能准确摇响它。当她在几个月大的时候，我经常抱着她，让她指认房间里的物品：我指着杯子，告诉她这是"杯子"；我们看到沙发，我告诉她这是"沙发"；在户外的时候，我会指着天上的白云，告诉她那是"白云"。总之，我不厌其烦地重复这些事物的名称，千万不要以为重复一遍就可以了。要想让孩子记住一个事物，需要不断重复才能在孩子幼小的记忆中留下印象。

有时，我会和维妮弗蕾德玩一个叫作"再重复"的游戏。比如，我们看到一朵金盏花，我会先说出这种植物的名字，然后，我再告诉她这种植物开花时的所有特征，例如，我告诉她花的颜色、花瓣的形状、花瓣的数量、花叶的形状、根茎的形状等，这样，她就会轻易地从很多花朵中，认出金盏花来。维妮弗蕾德会尝试着重复我的叙述。

在散步归来后，小维妮弗蕾德也会把她当天在重复描述中所学的东西再描述给她父亲听。她总是兴致很高地做这一切。每每描述完毕后，她总会非常骄傲地仰着她的头，她父亲也会慷慨地给予她很多的鼓励和赞美。

对孩子来说，重复其实是生命给予他的本能，重复让孩子有了多方面能力发展的可能性，重复观察可以再现事物的细微变化，重复叙述可以给孩子更深的体验。重复不仅仅是父母给孩子的一种较好的记忆方法，更是一种深度的理解和感悟。

4. 充分发挥孩子记忆的主动性

在这里，我们需要强调的是，无论父母因为什么样的目的，都不要强迫孩子去记忆。要知道，他如果因此而产生逆反心理，就会适得其反。

当小维妮弗蕾德能够背诵整页文章的时候，我总是会鼓励或者奖励她。当然，这种奖励和鼓励要真诚、自然，不能太夸张，避免孩子自以为是，或者为了能得到某种奖励而去记忆。

在生活中，即使维妮弗蕾德一时无法记住一些东西，我也不会批评她，因为孩子在没有辨别能力之前，可能只会对自己有浓厚兴趣的东西有较深刻的记忆。最初，维妮弗蕾德一直无法记住乘法口诀，直到有一天，她对乘法产生了兴趣，才去记忆的。小孩子如此，大人们又何尝不是如此呢？

要想让孩子有较好的记忆力，父母可以用生动直观、形象具体的事物吸引孩子的注意力，使孩子在游戏中记住需要记忆的知识。在孩子记东西时，我们要尽量调动孩子的各种感官积极参与，比如，表演就让孩子的多种感官，眼、耳、舌、手等都能参加活动。

在生活中，我们必须努力为孩子提供那些色彩鲜明、具体形象、生动有趣，并且富有感染力的识记原型，让材料本身吸引孩子，从而充分发挥孩子记忆的主动性。

各种有趣的小卡片提问法、故事演绎法可以帮孩子提高记忆力。我们也可将识记材料编成儿歌、童谣、诗歌，来让孩子记忆，这个方法一样可以提高记忆的效果。

此外，维妮弗蕾德创造的歌曲记忆法，也是很不错的一种记忆方法。

可以说，一个人的记忆力越强，就越能为他的智力活动提供更多、更好的

"储备"。要知道，记忆力是可以培养的，因而，父母一定要记住，没有记忆力不好的孩子，只有没有训练好的记忆。

不断培养孩子敏锐的观察力

1. 到大自然去观察世界

可以说，观察力是通向一切知识王国的大门，是科学实验和科学发现的基础，是人类进步的基本能力。

达尔文曾经说过："我既没有突出的理解力，也没有所谓的过人智力，我只是在觉察那些稍纵即逝的事物并对其进行精细观察方面的能力稍比他人强一点。"

一般来说，当孩子一出生时，他就会对周围的事物产生好奇。父母一定有过这样的经历与发现：小婴儿的眼睛咕噜咕噜地转，好奇地看着周围的环境；他用小手触摸着陌生的事物；他用嘴巴尝试很多不能放到嘴里的东西。

事实上，孩子的感官所能接收的信息都源于观察，包括视觉、听觉、触觉、味觉等感官。可以说，一个孩子的观察力是否敏锐，关系着他成长的成败，因此，培养孩子的观察力，是父母责无旁贷的责任与使命。

在维妮弗蕾德两岁的时候，她曾经让一位艺术品经销商大吃一惊。那天，当维妮弗蕾德很随意地看完艺术陈列品后，她问为何商店里没有"柯格勒斯和奥姆菲娜"，也没有"马尔斯与维纳斯"。一个两岁的孩子居然知道这些，这让对方难以置信。

第6章 孩子智力的发展与培养

事实上，维妮弗蕾德并没有天才般的智商，维妮弗蕾德之所以有非凡的鉴赏力，则得益于她一出生就能观察到这两件艺术作品，时间长了，她自然就能轻易地区分它们。

在维妮弗蕾德能走路以后，我们就经常一起去散步。在散步时，我们会一起观察树林、河流、花朵，以及沿途的房屋，甚至人们的着装；我们会一起观察建筑物的线条、几何图形；我们会一起观察很多明暗不同、深浅不同的颜色。可以说，这些做法有效地培养了女儿的观察力和记忆力。

女儿对身边色彩、图形的观察，不仅让她有了美的感受，更重要的是让她形成了敏锐的观察力，形成了一种独特的视觉感受力。最重要的是，这种善于观察的习惯和能力，非常有利于她智力的发展与内在潜能的开发。

我曾经带维妮弗蕾德到大自然去观察世界，认识世界，要知道，自然界有最丰富的素材。我们一起亲眼看看破土而出的禾苗与小草，亲手摸摸颗粒饱满、金黄飘香的麦粒、谷穗，亲口品尝了清凉而爽口的冰块。同时，我们还通过观察来认识四季，认知世界。

维妮弗蕾德还有自己独立的小花园，在那里，她可以种植、养殖，而在进行这些活动的过程中，她也可以培养她的观察能力。要知道，小孩子天生对小花、小草、小鸡、小鸭等生物有强烈的兴趣。

在小花园中，我和孩子一起种植花草、养殖动物，并制订观察计划，填写观察记录，记录下这些花草、养殖动物不同时期的观察结果。

2. 帮助孩子确立正确的观察目的

与成人一样，孩子的观察能力也是在实际生活中培养起来的，要想让孩子有较好的观察效果，就先要让她有主动的观察欲望。在日常生活中，对很多有意思的现象，有些人总是熟视无睹，而有些人却不断有惊奇的发现。

在培养孩子的观察习惯时，我们应该注意帮助孩子明确观察目的。

或许，当你和孩子在看一本图画书时，孩子看到鲜艳的图片很开心，但他总是一眼看过去后，就急着想翻到第二面，想看看有什么更新鲜的图片。这个时候，我们需要细心地指导孩子，要让他们注意：书的左边有什么物品，右边有什么物品，大的是什么物品，小的是什么物品，藏在房子后的是什么物品。

孩子越小，他观察的任务就应该越具体一些，当你问孩子："这图片上的小狗是什么样子的？"或许，他们会不知如何回答，如果你换一个问法，你问他："图片上小狗的眼睛是什么形状的？""这只小狗的毛是什么颜色的？"这样问，孩子就会很容易给出答案。

在观察事物时，我们可以告诉孩子怎么看，应该先看什么，后看什么。

为了培养维妮弗蕾德的观察力，我经常带她参观商场、动物园、公园，去参加一些画展、音乐会等，这些都是有趣的活动，经常参加这些活动，可以丰富她的生活，扩大她的观察范围。

与此同时，我慢慢地向维妮弗蕾德讲一些观察的方法，告诉她如何有顺序、有层次、有角度、有目的地观察，使维妮弗蕾德的观察力得到系统的提升。

3. 与孩子做"快快看"游戏

在维妮弗蕾德小的时候，我和她经常玩一种叫作"快快看"的游戏。这种游戏既能让女儿对观察产生极大的兴趣，又可以锻炼她的观察力，更能激发起

第6章 孩子智力的发展与培养

她的好胜心。

在玩这个游戏时,我用一只手抓住五六根彩色的带子,然后在她眼前一晃而过,接下来,我问她有几根带子,带子都是什么颜色的。

一开始时,我在她眼前晃带子的速度比较慢,让她有足够的时间观察它们。之后,我在她眼前晃带子的速度越来越快,到最后,这个动作在一眨眼间就完成了。由于我对她采用的是循序渐进的训练法,起初,她并不能准确地判断带子都是什么颜色的,但后来她十有八九都能判断正确。

这种"快快看"的游戏还有许多玩法。比如,我给女儿一个有各种图案的小花瓶,让她观察一分钟,接下来,我快速地将花瓶收起来,然后叫她说出花瓶上面有几朵花、几条鱼,都用了什么颜色。通过一段时间的训练,她总能准确地说出来。

有时,我还会让她进入一个房间中,让她仔细观察房间中的东西。三分钟后,我让她出去。我会把房间中的某件东西拿走,或是在房间中摆放原本没有的物品,然后,我让她说说房间中的变化。此时,她可能会说:"少了一个水杯,多了一把扇子……"

有时,我把棋子、豆子或者坚果等随意放在桌上,让女儿看一眼,然后,让她说出棋子、豆子或者坚果等各有几个;我们在路过客厅时,我会问女儿盘子中有几个苹果;在看电影后,我会问女儿一部电影中某个场景的细节。

在日常生活中,我会做一些不同的动作,然后,我要求小维妮弗蕾德必须和我做一样的动作,我说的每一句话,我的语调,当然,也包括我的表情等,她都要和我做得一样,而且不能丢字加字,这个游戏也可以帮助孩子提高观察力和注意力。

在家里的时候，我会和女儿在一个比较安全的地方做蒙眼游戏。做这个游戏时，我会蒙上女儿的眼睛，然后拿来很多东西让她摸，让她猜这个东西是什么，或者让孩子蒙上眼睛，在屋子里摸，摸到什么就描述什么，并且猜出是什么。

如果想要培养孩子的观察力，就要给他提供一些可以观察的现象，观察的现象要具体、生动、活泼、好看、好玩、好听、有意思。同时，还要注意的是，要给孩子一个能激发他观察兴趣的环境，这个环境应该是丰富多彩的，而且最好是动态的。

激发孩子的创造力

1. 给孩子不完整的玩具

对孩子来说，游戏是一种必需品，是孩子们社会交际的小缩影，是孩子们健康成长的动力与源泉。一个孩子如果缺少游戏与活动，他的发展就会有所阻碍，这甚至会阻碍孩子创造力、想象力的发挥，阻碍孩子健康地成长。

孩子从一个人玩、一个人独自探索世界，到两个人一起玩，再到大家一起玩游戏，这种集体游戏可以说是能集生活与教育于一身。游戏可以培养孩子的创造力、观察力、记忆力和空间力等。无法做游戏是对孩子创造力最大的破坏。

在日常生活中，我经常与小维妮弗蕾德用纸、布等材料制作各种物品，我们可以根据童话故事的原型制作出一种动物或者神的造型来。此外，我们也可以用一些碎布拼贴出一个小钱包,这类手工游戏对发展维妮弗蕾德的创造力有很大的好处。只要小孩子肯动脑筋,他们就可以制作出各式各样的物品。

维妮弗蕾德从小就喜欢做一些简单的手工活,为了让女儿学会这些女孩子的小"玩意",我时常先用碎布给她做一两个样本,然后我再指导她照着做,以训练她的动手能力。可是,出乎意料的是,女儿总会自己创作出一些新的东西来,并且常常做得比我给她的样本还要好看。她玩偶身上的衣服都是自己设计、自己裁剪、自己缝制的。

在所有的手工活中,她最喜欢的手工活就是刺绣,在4岁的时候,她就亲自绣了一幅漂亮的少女头像,作为礼物送给她的保姆。

我认为,小孩子的玩具不应是完整无缺的,要知道太完美的东西,不利于孩子发挥创造力,甚至有碍他们发挥想象力。而缺损的玩具可以让孩子尽情构思,去补充,去完善,去再创造。给孩子们的玩具应该能发挥积极的引导作用,而不应该仅仅是一个玩的物品而已。我经常给维妮弗蕾德一些缺损的玩具玩,不仅如此,我还让维妮弗蕾德自己动手去制作玩具。

在日常生活中,父母不仅要给孩子提供一些玩具,最好还要为孩子设立一间可以随意创作、尽情玩耍的游戏场所,给他一个自由探索的安全环境,可以让孩子自由地去探索、研究那些他所好奇或有趣的事物。

2. 在游戏中开发孩子创造力

在孩子所玩的游戏中,有太多可以开发他创造性的因素,只可惜,很多父母都剥夺了孩子的游戏时间,同时,也剥夺了孩子的创造性。

游戏可以说是孩子最重要和最主要的活动,也是表现幼儿创造力的最重要的方式。对孩子来说,游戏是孩子自己最愿意做的"假装是"的活动,也是最自由、最无拘无束的创造和体验。

在做游戏时,他们可以自由使用他们的玩具,他们可以随时换一种方式与自己的玩具相处,可以尝试用他们的玩具创造一些新玩法,他们的小脑袋不停地转动着,不停地创造着,他们才是真正地在"玩游戏"。

父母一定要给孩子提供充足而丰富的游戏机会,这对孩子创造力的发展有非常重要的影响。我的游戏教育法为维妮弗蕾德提供了自由探索的空间,也给她提供了大胆想象的机会,还让维妮弗蕾德养成了乐于探索和想象的性格。

在读一些故事书的时候,孩子可以玩戏剧表演游戏。这时,他们可充分创造、尽情演绎自己扮演的角色,他们用自己的有创造性的思想和方式去理解情节,去体验人物的感情;很多孩子喜欢玩木匠游戏,他们用刨子、锯子等工具做家具。在玩动手做家具的游戏中,他们不断创造出特别的家具造型来:三条腿的桌子、长了翅膀的火车等;孩子喜欢玩厨房游戏,他们在厨房中做饼子、做菜,那些具有创造性的三角饼、立体菜盘子等各种可爱的造型,让人惊诧不已。

在日常生活中,我们可以让孩子听音乐、跳舞、绘画,让孩子做手工、拼图、折纸、玩泥巴、挖沙子、玩泥塑游戏,可以让孩子玩搭积木、堆雪人、搭帐篷、猜谜、玩橡皮泥等各种创造性的游戏。一般来说,男孩喜欢拆拆装装,女孩喜欢剪剪画画,不过,他们都渴望了解一切事物的奥秘。所以说,不要对孩子的那些正常的"破坏"行为做出太多的限制,不要轻易批评和否定孩子的探索行为,要避免影响孩子探索的兴趣,摧残孩子的好奇心。

让孩子享受更多美好的游戏时光,是孩子健康发展真正所需的,而自由玩耍会让孩子受益无穷，它有助于孩子创造能力的发展。可以说，玩耍是一种单纯的快乐，是童年弥足珍贵的一部分。

3. 正确应对孩子的"为什么"

在自然教育的工具书中，有一本《知识百科全书》是孩子学习时必不可缺的工具，也是我们用来回答孩子那么多"为什么"的工具。

小孩子都充满了好奇心，遇到不懂的事情时，总是要问个明白。其实，好奇心可以激发孩子浓厚的兴趣，从而产生更多的创造力。

在维妮弗蕾德咿呀学语时，她常常突然冒出一句我没有听过，也听不懂的句子。她问的这是为什么、那是为什么，也常常让我不知所措，我愿意和她一起通过《知识百科全书》寻找答案。

孩子通常都爱询问，询问的过程也是孩子思想创造的过程，我愿意和维妮弗蕾德一起去思考，去寻求未知的答案。在孩子的世界中，充满想象力与创造力，问题的答案往往超出逻辑之外。

每个孩子都是幻想家、创造家。孩子想问的问题太多太多，他们依赖问题来认知世界，而途径就在于"问"。或许，孩子问的问题可能离谱，而且不会轻易满足于简单的答案，但那何尝不是孩子创造潜力的发挥？

父母对孩子所问的问题进行回答，可以让孩子的创造能力得到进一步的发展。

4. 父母要给孩子营造良好的创造气氛

"父母是孩子最重要的榜样"，这句话依然适用于孩子创造力的培养方面。因此，在父母努力开发孩子创造力时，不要忘了同时培养自己的创造力，让自己成为能欣赏创造力，并能成为与孩子的创造力互动的人。

我认为，让孩子有家的感觉很重要，这有利于培养孩子的创造力，如果孩子的父母心胸开放、观念通达，他们会喜爱并接纳孩子的奇想，以及孩子的失败。可以说，有这种民主、慈爱、开明、会包容、懂赞美的父母，才能培养出有创造力的孩子。

一般来说，真正成功的创造力培养者，是能与孩子一起学习、一起成长的人，这样的人能耐心倾听孩子的心，了解孩子的行为举止，知道何时给他掌声，何时扶他一把，从来不嘲笑，从来不气馁。这样的父母从来不会命令孩子、压抑孩子。

要想让孩子产生创造力，就要给孩子营造轻松、活泼的成长气氛。这对孩子来说是最重要的。我们为维妮弗蕾德努力创造良好的家庭氛围，我们尊重她，信任她的能力，凡事让她自己拿主意，这样，就有利于开发维妮弗蕾德的创造力。

此外，孩子的信心，是创造力中的重要因素之一。在合格的父母身边，孩子才敢说、敢问，敢于将创造力发挥到最好。

母亲可以和孩子一起重新编故事，将旧故事用新版本演绎出来，维妮弗蕾德就和我一起改写了《卖火柴的小女孩》的结局；此外，母亲还可以和孩子一起做剪纸，在这个过程中，可以相互进行比赛。

父母可以和孩子的思想一起飞跃，我和维妮弗蕾德一起玩女巫游戏，当我想到了室内的某件物品，我就会告诉孩子这个物品的颜色，某个主要特征，让她马上猜我想的是什么。这样，父母就可以和孩子一起开发创造力。

第6章 孩子智力的发展与培养

培养孩子的专注力

1. 培养孩子专心做事的习惯

小时候,维妮弗蕾德的兴趣非常广泛,她有很多爱好,不过,她并没有因为这些爱好而影响了其他事情。

很多人都很奇怪,像维妮弗蕾德这样的女孩,有太多的学习内容,有太多的爱好,又有太多的活动要参加,她如何能让它们保持平衡呢?

小时候,维妮弗蕾德会弹琴,喜欢画画,喜欢自然,她从小就阅读了大量的书籍,并且还掌握了很多门外语,而且无论在数学、历史、文学、天文、地理还是体育方面都取得了极为优秀的成绩。事实上,维妮弗蕾德之所以能够妥善地处理这么多知识之间的关系,完全是由于她从小养成的专心致志的习惯。

维妮弗蕾德总归是个孩子,总会有着急的时候,可是她逐渐发现,遇到事情时,你越着急,效率就会变得越低,从而无法专心,总是做不好手头的事情。此时,我会告诉维妮弗蕾德:"知道你为什么着急吗?知道为什么越做越慢吗?那是因为你不能专心。我建议你无论在做哪一件事的时候,都要把其他的东西完全抛开。比如,在看书的时候,就一点儿也不去想画画、弹琴的事;等到画画的时候,再也别去想看书的事情,踏踏实实地画画就可以了。"

慢慢地,维妮弗蕾德养成了专心致志的做事风格,无论有多少事情要做,都不能扰乱她的心绪,或者让她把正在做的事情停下来。

到女儿四五岁时,这种良好的做事态度,已经在她的心中深深地扎下了根,成为一种良好的做事习惯。人们都认为,维妮弗蕾德是个很有个性的孩子，因为没有人能够轻易地打乱她正在做的工作。事实上，之所以如此，是因为我从小注重她做事专心习惯的培养。

的确，良好的专注习惯可以有事半功倍的效果，一个孩子如果能够专心致志干某件事，能在做事情时不急不躁、坚持不懈，就一定能够获得巨大的成功。

2. 神奇的故事提问法

一位哲学家曾经说过："具有专注力的人可免于一切窘困。"对孩子来说，专注力是非常重要的。我们有必要从小培养孩子的专注力。

当维妮弗蕾德还很小的时候，我就开始努力训练她的专注力了。要让孩子有专注力，父母需要以身作则。

多年以来，我一直坚持在睡前为小维妮弗蕾德讲那些有趣的故事，这样，就可以帮助她在愉快的氛围中进入梦乡。小维妮弗蕾德最喜欢的故事是《兔子杰米的故事》，有时候，她会连续一周，都要求我给她讲这个故事。事实上，孩子在我重复故事时也会有新的收获。

后来，为了让孩子有高度的专注力，我采用了故事提问法。当孩子听了故事后，我会尽量提一些与故事有关的细节性问题，这样，维妮弗蕾德在听故事的时候，就需要全神贯注。有时，我们会一起读完某个故事，然后互相提问题。

通过这种训练，长大之后，维妮弗蕾德在聆听和阅读时，要比一般的孩子更集中注意力，更专注一些。最重要的是，当她决定做一件事情的时候，绝不会半途而废。

第6章 孩子智力的发展与培养

我想,所有的父母都希望自己的孩子能做自己喜欢的事情,而且能做出一定的成就。那么,对孩子来说,专注力训练就是一个很好的基础训练。

根据我以往的经验来看,在对孩子进行专注力训练时,除了可以利用游戏来进行外,还应当帮助孩子养成"计划时间"的习惯。我们可以与孩子一起玩一种游戏,时间是15分钟,在这个时间内,让孩子只专心于这个游戏;也可以与孩子一起看30分钟书,在此期间,不能随便转换成别的游戏。

孩子要有专注力,一定要有耐心,而阅读、搭积木、拼图、剥鸡蛋壳、捡小豆子、串珠子,这都是需要耐心的游戏,是有利于培养孩子专注力的游戏。父母可以与孩子一起多做这类的游戏。

3. 让孩子的注意力更持久的妙方

在我们生活的这个世界上,有许多孩子未曾见过和未曾听说过的新鲜事物,对于这些新鲜事物,孩子有强烈的好奇心。我们可以充分利用孩子的好奇心,来培养他们的专注力。

可以说,新奇、富于运动变化的物体最能吸引孩子的注意。而孩子在做自己感兴趣的事情时,总会很投入、很专心。

如果没有互动,孩子的注意力很快就会转移,去寻求一些更特殊的事物。但是如果有互动,幼儿的兴趣就会倍增,注意力也会更持久。我们在这里所说的互动,并非仅仅是指父母与孩子之间的互动,更多的是指游戏本身要有互动的内容,不管是游戏的道具、需要配合的人,还是周边环境,都应该和孩子之间有一种沟通和交流。

事实上,所谓"互动"是指一种变化着的动态游戏,而不是静止的单纯物品。

事实上，孩子用手抓、用嘴咬、用脚踢等这些简单的动作，都意味着他正在"专心研究"，而他的手、嘴、脚都是有意思的互动内容。但孩子稍微大些时，他对互动的要求就会高很多。有时，一件物品能否吸引孩子的注意力，不在于事物本身的特征，而在于它能为孩子提供多少游戏互动的可能。

我与维妮弗蕾德曾经玩送礼物的游戏，在玩这个游戏时，我们需要给一只可怜的流浪狗送一个温暖的"家"，我们必须用积木来为这个小流浪狗建立一个非常舒适的小窝，作为"给狗宝宝的礼物"。

事实上，如果这仅仅是一个搭积木游戏，我们的专注力不会持续这么长，但是因为小狗的存在，我们与小狗说话，问它希望有个怎样的家，问它为什么要去流浪……于是，游戏就变成了动态的互动游戏，这样，游戏时间自然能持续更长，在这个游戏中，孩子就能始终保持很强的专注力。

4. 如何培养孩子的"长性"

看着维妮弗蕾德一天天长大，我常常想：她总是会不断地有很多新的想法和爱好，不知道她将来会从事什么行业，她会对哪一个兴趣与爱好保持最长时间的恒心，并最终让自己的兴趣与爱好成为自己的事业。

在我们身边，有很多孩子缺少恒心和毅力，做事半途而废。很多孩子一遇到困难就依赖妈妈的帮助，或者干脆放弃。显然，这是缺乏坚持不懈习惯的表现。通常，一个孩子如果缺少坚持不懈的习惯，那么，他取得很小的成绩就心满意足，这样的孩子难成大事，作为父母，要让孩子明白，无论做什么事情都必须要负责任，要有计划，并且按计划行事。

很多父母都想让自己的孩子和维妮弗蕾德一起玩游戏,在他们看来,维妮弗蕾德是个很有"长性"的孩子,总能将要学的东西全部学会,他们希望自己的孩子也能坚持到底,不轻易放弃。其实,我也鼓励孩子多与有毅力的人接近,尽量远离那些意志消沉的人。

为了让孩子有长性,父母可以采取一些措施,有针对性地"磨炼"孩子的意志。父母可以让孩子学习绘画、弹琴、解乱绳结、下棋等,这些活动都有助于培养孩子的耐心和韧性。此外,父母还要帮孩子调控他自己的情绪,要教育孩子,无论做什么事情,都要有始有终,要踏踏实实做每一件事,一次做不成的事情,就一点一点分开做,要积少成多,聚沙成塔。当然,父母还可以让孩子长期坚持体育活动,这不仅可以锻炼身体,而且能够磨炼孩子的意志、培养他坚强的品格。

可以说,那些强大的勇敢者,能够驾驭自己命运的人,都有非凡的毅力。父母要想让孩子有恒心和毅力,就得准备好打持久战,因为恒心和毅力的培养是个较大的工程,是个漫长的过程。

给孩子想象的翅膀

1. 让孩子有丰富的想象力

在这一生中,如果我能有所罗门王所具有的特权,能够从一切美好事物中选择,我会选择那些有着神奇想象力的人,让他们做我人生旅程的陪伴者。

可以说,没有想象力,我们就不能有所创造,我就将会停滞不前;没有想象力，生活中的很多现实，就会变成索然无味的理论。想象力驾驭着整个世界。

一般来说，小孩子们由于还没有被模式化、同质化，因而有丰富的想象力。在生活中，那些被人们认为聪明、反应灵敏的孩子，可能就是因为他们有活跃的想象力。

在这个世界上，正因为有了想象力的存在，就连最普通的物体都可以被美化；有了想象力的存在，即使很普通的人，也可以有充满色彩的思想；有了想象力的存在，再苦再难的生活，都会充满希望。所以，我们千万不能抛弃想象力，不要把圣诞老人、小仙女、小女巫从孩子的家里赶走；不要总是说浪漫的传说和神奇的童话不利于孩子的成长；不要去给孩子揭秘：送礼物的皇后、仙女其实就是孩子的妈妈。

既然一些美丽的传说、神话以及动人的童话故事可以使孩子的品德更加美好，思想更加丰富，生活更加美好，我们为什么要放弃它们呢？

一般来说，凡是在儿童时代，其想象力能充分发展的人，当他遇到不幸时，也能感受到生活的幸福；即使他陷入贫困的生活中，也能体验到生活的快乐。对孩子来说，让他有非凡的想象力，要比让他有百万财富重要得多。

一个生活在没有童话色彩的家庭中的孩子，是非常可悲的，要知道，成人的生活如果缺少想象力都会变得索然无味、没有希望，更何况是天性活泼、思想浪漫的孩子呢？从孩子的心中赶走圣诞老人，驱走小仙女，就相当于让孩子们抛弃自己心爱的玩具和亲密的伙伴一样，对孩子来说，那是不公平的，那是非常残忍的。

在托尼身患重病时，小维妮弗蕾德曾经这样安慰托尼："托尼，试着想象一些美好的事情，这样，就可以帮助你从生病带来的苦痛中走出，让你的心情开朗起来。你也可以读些书，看看美丽的图画，远离现在这种糟糕的心情。我有一次病得很重，可我一点儿也没有颓废。即便我不能出去玩，只能在床上躺着，但我也可以想象自己出去玩了，而且可以随意驰骋，想去哪儿就能到哪儿。我曾经想象自己在鲜花遍地的林中奔跑；想象自己在草原上骑着白马放牧；想象自己在蓝色的天空中用白色的翅膀飞翔，穿过细纱一样柔软的白云，非常有意思。我慢慢忘记了生病的痛苦，让自己高兴了起来。"

5岁的小维妮弗蕾德虽然年纪不大，却非常善于用想象的办法宽慰他人。

我记得，她还用这样的方式劝说沉浸于丧偶之痛中的舅舅："亲爱的舅舅，请您不要再伤心了。舅母是个多么善良的人，我想，现在她一定是去了天堂，并得到上帝的关爱。她可能会有金色的光环、纯洁的翅膀，可以飞回来看您，如果您很伤心，她也不会开心的。"

或许，有人会认为，用想象来让自己摆脱痛苦，是在逃避现实。但在我看来，无论用什么样的方法，只要能让自己从不快乐中解脱出来，那就是最实用的方法。

如果一个人的想象力在幼时被遏制了，那么，在以后的生活中，他对幸福的感受能力就会降低很多。可以说，一个没有想象力的人，不仅不可能成为诗人、小说家、艺术家，也无法成为一名建筑家、化学家或者法学家。

事实上，所有有创造性的活动都需要想象的翅膀去推波助澜。富尔顿因为想象在大洋中航行的浮物，才发明了真正的汽船；莱特兄弟因为想象出了飞翔的机器，才发明了真正的飞机；马可尼在发明无线电前，就是先想象出了千里通信的情景；拉斐尔的超凡之作、爱迪生的惊人发明等无一不是想象的结果。

拿破仑曾经说，想象支配着整个世界。在这个世界上，没有想象力的人做一切事都以现实为基准，而现实常常桎梏着人，让人陷于各种条条框框的束缚之中。可以说，没有想象力的人，缺乏开拓创新的勇气和能力，做事缩手缩脚，不可能有什么突出贡献，最终，他们将沦为平庸的人。

2. 表演有利于孩子想象力的发展

对孩子来说，要想发展自己的想象力，不妨表演儿歌和神话传说中的情景，这可以说是一个非常有效果的方法。儿童剧场的创始人阿里斯·朋尼·赫茨女士曾经说："儿童剧场的布景和扮装不能过于逼真，因为这样反而不能促进儿童想象力的发展。没有发展孩子想象力的教育是失败的。"

我认为，赫茨女士的观点是非常正确的，而在与女儿进行戏剧表演游戏时，我尽量给她自由发挥的空间，而不用任何呆板的东西去限制她想象力的发挥。在与女儿进行戏剧表演游戏时，其中的角色可以重新诠释，故事可以再度演绎，情节可以改变，台词也可以随着情景的变化而随时调整。

可以说，童话既对孩子充满了吸引力，又是孩子获取智慧、培养卓越品质的好帮手。引导孩子把童话故事表演出来，这将是一件十分有趣的事情。这不仅可以帮助孩子加深对故事的理解，而且还可以开发孩子的创造力、想象力。

要注意的是，在做这种表演游戏时，要选择一些内容健康、情节生动、语言优美、角色可爱、易于表演的故事，比如，可以选择深受孩子喜爱的《格林童话》或者《安徒生童话》中的故事来表演。在表演这些故事前，尽量让孩子参与所有的准备工作，包括道具制作、角色分配等，这样，有利于孩子创造力的开发和想象力的衍生。

当然,让孩子进行这样的表演,先需要宽松、自由、舒畅的环境。而无法表演的部分,如,爬山、过河等,则要让孩子用想象,用象征性的语言和动作来进行表演。

我记得,在与维妮弗蕾德第一次表演《卖火柴的小女孩》时,我饰演卖火柴的小女孩,女儿客串其他角色。按照剧情我饰演的小女孩被冻死了,见此,女儿忍不住放声大哭,伤心极了。后来,她发挥了自己的想象力,将故事和结尾进行了颇有创意的修改:小女孩的奶奶只是去了乡下,在圣诞节的时候接走了小女孩,后来,小女孩和奶奶在一起快乐地生活着。可以说,这个故事的结尾经过改编后,再表演时维妮弗蕾德心情愉悦了许多。

有时候,我们也与邻居,或者维妮弗蕾德的小朋友一起表演改编后的童话剧,这种游戏给我们带来了从其他游戏中不能体会到的乐趣,而且极大地丰富了孩子的想象力。

通常,进行表演都需要有一个固定背景,然而为了发展维妮弗蕾德的想象力,我和她的表演往往都没有背景。

除了用戏剧表演的方式培养她的想象力之外,我还和女儿各自结交了一位想象中的朋友。我的朋友叫拉里,是位印度姑娘;女儿的朋友叫皮亚,是位英国女孩。

当我们住在郊区,远离了原来的朋友时,我们就请出这两位想象中的朋友一起玩,即便维妮弗蕾德独自一人的时候,也不会感到孤独和无聊,同时,这对于培养维妮弗蕾德乐观的性格,也有非常重要的作用。

3. 激发想象力的妙方

激发孩子想象的方法有很多，我们可以通过音乐激发想象力，音乐可以丰富孩子们的心灵；我们可以让孩子多参观博物馆和艺术画廊，从而通过艺术感染力来激发孩子的想象力；我们可以与孩子们一起去动物园，给他们讲书籍上记载的有关动物的童话，用这些故事来不断提升他们的想象力；我们可以让孩子用天文望远镜看星星，通过望远镜让孩子认识星星，并给他们讲希腊、罗马和斯堪的纳维亚等有关行星和恒星的神话，这样，就可以开发孩子的想象力……

此外，天文学、诗歌、雕塑和绘画都能激发想象力，并衍生出创造的灵感。

事实上，充满想象力的童话和神话故事，最能引发孩子的无限遐想。在日常生活中，父母可以给孩子讲一段故事，让孩子进行故事接龙，让孩子想象这个故事以后如何继续发展，给孩子留出思考的余地和想象的空间。

当然，我们也可以完全抛开书本上的故事，将虚幻的想象空间与现实世界联系起来，设计一些让孩子回答的问题，让孩子参与思考，从而激发他的思考和想象力；此外，我们也可以将孩子编入故事当中，让故事的情节在他头脑中变得生动鲜活起来，让孩子想象自己在故事中的命运。有时，我们在讲完一个故事后，可以鼓励孩子对故事进行复述，从而激发他的想象力。

孩子的心灵可以说是一片神奇的土地，在这片神奇的土地上，我们给他播上思想的种子，就会有行为上的收获；我们给他播上行为的种子，就能收获一种习惯；我们给他播上习惯的种子，就会有品德上的收获；我们给他播上品德的种子，就能收获非凡的命运。

4. 用童话给孩子插上想象的翅膀

最近,有许多书籍和杂志都向人们介绍蒙台梭利教育体系,许多母亲对她的教育方法非常认可,并且购买了相关的教育工具。或许,人们总会觉得东西越昂贵就越有价值,可我认为,蒙台梭利的教育体系永远不会培养出伟人,因为这种教育体系不重视开发孩子们的想象力,而想象力是孩子们智力发展的明灯。

我承认,蒙台梭利医生是一位杰出的女性,她为那些智力有缺陷的孩子的智力开发做出了杰出贡献,而且她的教育体系,也确实对这类孩子是有效的。

不过,我认为,她用于开发非正常孩子智力的方法,并不一定对智力正常的孩子有较好的教育效果。一位用蒙台梭利的教育体系,既教过聋哑儿童,也教过正常儿童的老师认为,这套教育体系在帮助聋哑儿童开发触觉方面,有非常显著的效果,但在这里,必须强调的是,这位老师也曾经指出:这套体系并不适合用来教育智力发育正常的孩子。

可以说,每个教育体系都带有创造者个人的某种特点。蒙台梭利医生是一位善良的女性,对孩子们充满了同情,她相信,作为一种科学的教育力量,其基本原则一定要解除对孩子的束缚。但可惜的是,她没有能够利用想象力,为孩子们照亮通往知识殿堂的道路。

事实上,我们如果要解除对孩子的束缚,就更应该先解除对孩子思想的束缚,这样,就能让孩子放飞自己的想象力。

蒙台梭利教孩子的方法是:圆就是圆,立方体就是立方体,对于这些既定事实,不需要任何美妙的想象。因此,我觉得,蒙台梭利的学生们不会有很强的发明创造能力,不会为人类创造出新的奇迹。

对那些"愚昧的神话故事",蒙台梭利医生抱着相当轻视的态度,但如果这个世界上没有天使的存在,那么,一定是我们人类自己用残酷的怀疑态度把她们消灭掉了。天使是不会与那些不相信她们存在的人们在一起的。当你在熟睡的婴儿旁,看着他那粉红色唇边所绽露的微笑时,你一定不会怀疑这个世界上有天使的存在,此时一定有一个小天使在这个婴儿的上方盘旋着……

第7章
孩子身体能力的培养与发展

不要束缚孩子的手足

在孩子成长的过程中,没有什么比让孩子拥有健康的身体更为重要的了。如果孩子有一个聪明的大脑和丰满的灵魂,可他的身体却十分孱弱,那么,即使他有再丰富的知识和伟大的理想,又有什么用呢?

1.呵护孩子的身体健康

其实,人的身体是大自然最精妙的馈赠,是我们得以生存的物质基础,只不过其真正的价值总是不被父母和孩子们所重视。作为母亲,既然我们给了孩子生命,我们就必须好好照顾、保护我们的孩子。在我们小心照顾孩子身体的同时,也要教会孩子照顾自己的身体,重视自己的身体。

伍兹哈钦森医生曾经说："我们和我们的牙齿年龄相当。"所以，我们要告诉孩子，保持牙齿清洁是十分重要的。在维妮弗蕾德小的时候，每天，我用温度适宜的水给她洗澡，让她的身体保持干净。同时，我也帮助维妮弗蕾德做一些简单的练习，让她抓住我的手指，并轻轻地来回摆动她的胳膊，或者给她做最简单的按摩或者拉伸运动。

当然，我也让维妮弗蕾德呼吸大量的新鲜空气，我将她的小吊床放在屋外。在饮食上，我也十分注意，我每天都给维妮弗蕾德喝足够的水、富有营养的水果汁和蔬菜汁，让她养成规律的饮食习惯。

在夏季明朗的下午，我会带着女儿维妮弗蕾德到海边去，我总是松松地抱着她，让她的身体得以自由舒展，无拘无束；天气暖和的时候，我把她放在户外睡觉，让她晒晒太阳，沐浴自然温暖的恩惠。

在维妮弗蕾德很小的时候，我让她依靠自己的本能去抓放在她手中的任何东西，以此来锻炼她的小手指；在她稍稍长大一些的时候，我让她多在户外活动——她很喜欢进行户外体育锻炼；天气晴朗时，我们会在海滩上度过大部分时光，我和她一起玩沙子、做游戏，充分接收大自然的灵气。

有时，我让维妮弗蕾德沿着公路旅行，而且给她分配了很多旅行途中的任务，以此来锻炼她身体和大脑的协调性。在短时间内，我们用多种方法，让她对身体的多个部位进行锻炼，而不是让某个部位一直做一种锻炼。我们的游戏教育法不仅能开发她的大脑，而且对她身体的锻炼，都发挥了很好的作用。

每个母亲都要努力给孩子营造一个快乐的成长环境。要知道，在那种忧伤的氛围中成长，孩子即便再小、再不懂事，也都可以捕捉到忧伤的气息，并因此而变得压抑和忧伤。

第7章 孩子身体能力的培养与发展

一般来说，忧伤的情绪会导致孩子消化不良、神经脆弱，时间一长，孩子不可能健康地成长。可以说，恐惧、担心、忧伤、仇恨、贪婪和不满等负面的情绪，会导致孩子脑力损耗、体力虚弱、生长延缓。因而，对孩子来说，父母所营造的家庭情绪氛围很重要，父母每天都应该努力营造良好的环境，让孩子每天晚上都能带着一脸的微笑进入梦乡。

2. 促进孩子肌肉生长的游戏

如果研究一些动物在玩耍时的特点，你就能发现：它们的玩耍是带有目的性的，它们不会白白地浪费精力，比如，猫妈妈教小猫去抓自己的尾巴，是为了增强它肌肉的能量，以便在将来能抓住老鼠，为自己赢得食物。自然界中所有的生命体，都有保持身体健康的独特方式。

在孩子6个星期大的时候，我们就可以开始锻炼他背部的肌肉。此时，我们可以让孩子抓住一根圆润的小棒子，孩子会本能地挥动、举起或放下小棒子。孩子们非常喜欢这样的游戏，当孩子在手里拿着棍子的时候，很少会轻易地松开手。

对孩子来说，游戏可以说是一种非常好的锻炼形式，不仅能让孩子的智力得到发展，而且能锻炼孩子的身体。不过，要注意的是，父母在给孩子设定游戏形式时，一定要有明确的目的，要知道，不同的游戏，能培养孩子不同的身体机能，能开发孩子不同方面的智力。

在女儿的房间里，我专门设置了一个区域，来作为维妮弗蕾德的活动场所。那里有各种玩具，有的玩具可以用来击打，有的可以用来攀爬，有的可以用来投掷，有的可以用来滚动。可以说，这些玩具都能很好地促进孩子的肌肉生长。此外，在院子里，我还专门为她设置了活动的地方，给她准备了像跷跷板、滑台和梯子之类各种简易的运动器具。

在维妮弗蕾德5岁时，我就开始教她骑马，现在，骑马还是她最喜欢的运动之一。

我还曾经以纸、布等为材料，做一些手指运动游戏，这对发展孩子的能力十分有效。我和维妮弗蕾德还用纸叠成蝴蝶、青蛙、小船等；用剪好的布给娃娃做衣服；我们用卷烟盒制作小马车和火车；用厚纸建造了房屋和城市，建造桥梁和宝塔等。

这些手指运动游戏也包括钢琴游戏、击鼓游戏，不仅能开发孩子的智力，也能增强孩子大脑和身体的协调性。

有一种能训练孩子们体能及耐力的游戏，这个游戏就是"扮铜像"，这个游戏需要两个人配合着做。在做这个游戏时，其中的一个人要先从1数到50，在他数数的过程中，另一个要保持一个固定不变的姿势，如果谁先动了，谁就算是输了。不变的形体动作不仅可以很好地训练孩子的肌肉能力及肌肉的力量，而且可以锻炼孩子的控制力和耐力。"扮铜像"也是希腊人经常做的游戏，据说，他们的动作之所以那样优美，正是由于这个原因。

3. 有利于孩子身体协调性的游戏

有一种剪纸游戏，这个游戏要先在纸上画出简单的动物、人物或者其他图形，然后，让孩子自己剪下来。当然，我们也可以剪一些硬纸片的动物图形。孩子稳稳地拿住剪刀和纸，让剪刀沿着弯曲的线条剪下去，这样，就可以锻炼孩子思维和身体的协调性。

第7章 孩子身体能力的培养与发展

要想锻炼孩子手部肌肉的协调性和稳定性，我们可以玩翻绳游戏。父母用绳子在手上编出图形，然后让孩子学习，可以说，所有的孩子都喜欢绳子在手指上互翻的游戏。

能促进孩子身体协调性的游戏有很多，比如，在日常生活中，我们可以让孩子自己动手脱衣服、穿衣服，尽量不要帮忙，这样，就可以让孩子的手部动作更加精细，就可以增强手指的调节能力和手腕的力量；我们可以为孩子准备一些小夹子和卡片、小纸杯等，然后，就可以教孩子用夹子把小物品一个一个地夹起来了，对孩子来说，这样做不仅可以增加手指的力量，还能锻炼他手眼协调的能力；我们可以玩厨房模拟游戏、小村庄构建游戏、虚拟旅行等游戏，在玩这些游戏时，一定要让孩子自己动手操作玩具，这对锻炼孩子的肌肉很有好处；每一个孩子都喜欢用橡皮泥做馅饼、水果、小房子、家具、小动物等，我女儿最喜欢捏的是动物一家：兔妈妈和小兔子、鸡妈妈和小鸡等。现在，我还保留着她第一次捏出的"蛋糕"。

4. 给孩子一个迷你健身房

在家里，我为维妮弗蕾德建了一个迷你健身房，在这个小小的健身房里，为她准备了一些可以锻炼身体的运动器械，还放置了沙盒、跷跷板、滑梯和一棵仿真攀岩阶梯型的大树。这棵大树由一个主树干、若干大树枝组成，它能让一个小孩很容易地去攀登。

攀登大树阶梯在训练孩子平衡协调能力的同时，也能强化他的腿部肌肉。

在维妮弗蕾德5岁时，我已经教她学会了骑马、划船、游泳、踢球、爬树和爬山等运动。通过这些游戏和训练，不仅可以锻炼孩子的体能，还可以培养她的冒险精神，让她有足够的体力和勇气去克服困难，去应对环境的变化。

为了提高孩子的肺活量，我教她进行深呼吸训练、唱歌和吹口哨。上天没有赐给她得天独厚的嗓音，因而，她的歌唱得不是太好听，但她却能把口哨吹得非常棒，她可以吹出悠扬的歌曲。

维妮弗蕾德有很多玩具，不过，她没有手枪玩具、刀具、烟花爆竹和其他"儿童杀手"玩具。我也从来不带她去游乐园里玩一些太刺激的游戏。我认为，这些娱乐除了使孩子的神经受到高度刺激，持续保持兴奋之外，没有太积极的好处。有些父母喜欢带着孩子去玩那些危险而刺激的游戏，可这对孩子的发展并没什么好处。

每天，我和维妮弗蕾德一起踢球、散步、玩游戏、做园艺……她在忙碌中成长着。我们应该用这种日常的训练，去消耗一个孩子过度的能量。一般来说，当一个孩子无所事事时，他就会感到厌烦和无趣。而让孩子们忙起来、动起来，他们的生活会是很快乐的。

放手让孩子去做事情

1. 鼓励孩子做力所能及的事

事实上，在维妮弗蕾德很小的时候，我就开始教她自己做力所能及的事情。比如，让她自己学着穿衣、洗脸、刷牙、上洗手间等。我尊重她自我管理的权利和责任，让她慢慢有强大的自我意识，并不断鼓励她学习自己动手做事情的一些新技巧。让我开心的是，每天，维妮弗蕾德总能把自己收拾得整洁干

第7章 孩子身体能力的培养与发展

净,并能让自己的小游戏室井然有序。

从维妮弗蕾德只是一个婴儿时,她就表现出了想自己做事情的意愿。事实上,在孩子小时候,很多父母都会发现孩子愿意自己抓东西往嘴里送,尽管他们并不能准确地将东西放入口中。

维妮弗蕾德也是如此,比如,她自己抓着勺子,想自己吃饭,我从来不像其他父母那样因害怕她把衣服和桌子搞得一团糟而不让她尝试。我知道,如果禁止她自己吃,非要喂她吃,以保持良好的秩序的话,就有可能挫伤她在萌芽中的积极性,让她对自我能力产生怀疑,并养成凡事依赖父母的习惯。

事后把一个脏兮兮的孩子洗干净或许很麻烦,但这要比让她重新树立自己动手的勇气要好得多。一般来说,只要女儿有要自己做事情的意愿,我都会放手让她做。

在日常生活中,父母一定要控制总想帮孩子做事情的冲动,要知道,父母的不放心和过多干预,会给孩子独立品格的养成造成阻碍,父母总是为孩子忙来忙去,反倒令孩子丧失了更多的能动力。

父母绝对不能养成凡事都帮助孩子去做的习惯,对孩子的有些帮助是父母自找的责任,父母对孩子的某些担心是在自寻烦恼。或许,孩子们早就想自己去掌握那些基本技巧了。剥夺孩子实践的机会,不符合自然教育的精神。

在小时候,每个孩子都有表现自己能力的欲望,在孩子成长期间,他们愿意自己动手做事情,并因为自己能做事而产生自豪感和愉悦感。如果他们有机会去表现、照顾自己,帮助父母,那么,他们在长大成人后,自然也能够承担自己应该做的事情,也更乐于助人。

在维妮弗蕾德小时候,她就有主动的参与意识:她的父亲在写字时,她也想要找一支笔写写画画；当我在浇花的时候，她总是要提着一个小水桶来帮忙；当我做家务的时候，她就拖着清洁布跟在我后面抹来抹去，这就是孩子参与的欲望，也是孩子自己动手做事的能力和想法的表达。

不过，在大多数的家庭之中，孩子的这种愿望总是被父母或家人忽略，因为父母担心孩子受伤，或者弄坏东西，或者担心他能力有限，父母总是不断地阻止孩子做事，频频地为孩子代劳。

在此情况下，孩子主动做事情的积极性会受到打击，很多孩子会因此而认为自己没有足够的能力做事，从而在不知不觉中失去了自信心，慢慢地，他们就不再产生主动做事情的意愿了。正是由于父母低估了孩子的能力，使孩子慢慢丧失了最珍贵的勇于尝试的勇气和责任心。

如果发现孩子有自己动手做事情的意愿，父母一定要在安全范围内允许孩子动手，要知道，从孩子小的时候起，我们就必须开始培养他的动手能力。

2. 不要总是替孩子做事

从我教育维妮弗蕾德的过程中不难看出，替孩子做他们力所能及的事，是对他们积极性的最大打击，会让他们失去自我实践的机会，会导致他们失去做事的自信与勇气，也让孩子没有安全感。要知道，安全感是建立在能够用自己的能力去解决问题的基础上。

父母的包办代替行为，恰恰剥夺了孩子发展自己能力的权利，而这是孩子成长中最珍贵的要素之一。

在孩子的成长过程中，他们慢慢地尝试与父母分离，开始走向独立，并慢慢学会为自己的行为承担责任，从而形成自主意识。如果经过多次尝试后，他

第 7 章 孩子身体能力的培养与发展

能认识到,在他想亲密的时候,妈妈就能跟他亲密;在他需要帮助的时候,妈妈就愿意来帮助;而在他想自己玩、做事情的时候,妈妈也会允许他自己做,并给他自我选择的权利。那么,这个孩子的安全感就会比较稳固地建立起来。

维妮弗蕾德在六七岁时,与人相处得非常愉快,她乐于助人,还是一个受人欢迎的小老师。人们总会问我,维妮弗蕾德在家里接受了什么样的训练,对于这个问题,有时我真不知如何回答。但是我要说的一点就是,我时常鼓励女儿做自己能做的事情。一般来说,只要是女儿能够自己做的事情,我就不会去帮她做,从而避免她养成对自己的行为不负责任和万事依赖别人的习惯。

在日常生活中,我经常告诉女儿,能够摆脱对他人依赖的人,才有希望做独立而骄傲的公主。

3. 用游戏的方式锻炼孩子的动手能力

孩子在刚出生的时候,总是紧紧攥着小拳头,俨然一副好斗的样子,而且他能紧紧地抓住你的手指。可以说,孩子天生就有"动手"的能力和意愿。

为了训练维妮弗蕾德小手的灵活度,我用了很多方法,比如,让她抓取桌上的玩具,并摇晃、敲打;我也准备了一些有弹性的橡皮类玩具,让她随意地抓捏;我教女儿滚球、拍手、招手、握手等,来锻炼她的手部动作。

事实上,自然教育中的很多工具和游戏,都可以锻炼孩子的手部能力。比如,串珠游戏、折纸游戏、夹豆子游戏等。此外,还有扮演游戏、掷骰子游戏、算盘游戏等也可以锻炼孩子的手部能力,比如,我们在教孩子唱歌、跳舞、学儿歌的同时,可让她用小手比画出各种动作,将内容表演出来。当然,剪纸类、拼图类玩具游戏,也能很好地锻炼孩子的手指,增强孩子细微动作的发展。

手指的运动对孩子的智力开发有非常重要的作用，因而，我们要用那些简单的工具和游戏来让孩子的小手"动"起来。一般来说，手指的运动可以刺激大脑的很多区域，而通过大脑和眼睛的观察，又可以不断纠正、改善手指动作的精细化程度。"动手"既可以锻炼眼、手、脑的配合协调，又能够极大地促进幼儿的智力发展。

维妮弗蕾德喜欢结交朋友，她有很多朋友，有时候，我们会在家里举行小小的派对来款待她的小伙伴们。我会和她一起制作一些可爱的东西，作为她给小朋友的惊喜。比如，我们用香蕉做成小狗或者小船的形状，这是维妮弗蕾德非常得意的一门"手艺"，我们把这叫作"香蕉大变身"游戏。在香蕉做成的小狗、小船一边，我们还要放上一朵用胡萝卜片做的花朵，这样，就会让作品看上去更为完美。在聚会上，这些胡萝卜花、香蕉小船、香蕉小狗成了最受欢迎的东西，这让维妮弗蕾德感觉非常自豪。

此外，折纸游戏也可以训练孩子的动手能力。通常我会和她一起动手做折纸游戏。比如，我们想要折青蛙，就会事先准备好一些彩纸，然后，每人在规定的时间内，折出一只绿青蛙或者黄青蛙，然后由"裁判"评选出最漂亮的一只。

只要母亲们稍加留心，就会发现：生活中处处皆有锻炼孩子们动手能力的机会。

当爱迪生还是一个小孩子的时候，就开始自己动手制作所需的实验器材。我们不可能把孩子都培养成大科学家，但作为父母，一定要让孩子有良好的动手能力，要知道，这会激发他的创造力、实践能力和承担能力。

4.让女孩学做一些手工

父母让家中的女孩学习一些手工是非常有必要的一件事情,而且很多女孩子也非常喜欢做手工。维妮弗蕾德对手工有兴趣,是我用"装扮娃娃"的游戏来激发的。

在我的指导下,维妮弗蕾德第一次为她喜爱的一个布娃娃缝制一条带有蕾丝镶边的围巾时,她非常开心。之后,她又要求我帮她的布娃娃缝制一套紫色的晚礼服,以便出席一个晚会。自然,我答应了她的请求,但我要求她来充当"裁缝"的角色,我仅仅作为她的助手。

在很长的一段时间里,维妮弗蕾德十分迷恋"装扮娃娃"的游戏。有时,她还接受其他小女孩下的一些"订单",为她们的娃娃缝制得体而美丽的衣服。这让她很受一些女孩子的欢迎,在这些女孩子中,她俨然就是一位有很高威信的小时装设计师、小裁缝师,她们很愿意一起就颜色或者样式进行沟通,这充分体现了女孩子爱美的天性。

在4岁的时候,维妮弗蕾德又喜欢上了刺绣,她在一个蓝色的垫子上绣了一只黑白色的斑点狗,这是她的第一个刺绣作品。我原本想将这个作品作为家庭藏品保存起来,但最后维妮弗蕾德把它作为礼物送了人。

对于手工活,维妮弗蕾德都很喜欢。她还学会了编织,并为她的布娃娃编了一顶粉色的太阳帽。像所有的小女孩一样,维妮弗蕾德很迷恋布娃娃,很投入地做"装扮娃娃"的游戏。有时候,装扮工程非常复杂,以至于我不得不限定她做这类游戏的时间:我做出规定,无论是制衣、刺绣还是编织,都不能连续工作半个小时以上。

可以说,维妮弗蕾德所制作的手工作品很有艺术感,她那些小小的创意总是让人惊喜，在颜色、式样、构图上她都有奇思妙想。事实上，每个母亲都可以鼓励自己美丽的公主做些手工活，让她们有创意的力量，有很强的动手能力。

5. 用各种自然教育工具提高动手能力

在各种游戏和玩具中，孩子的动手能力可以得到很好的锻炼，在这里，我所说的玩具是指自然教育中所用的工具，而不是商场里出售的那些机械的玩具。

对孩子来说，他们应该玩天然的或自己动手做的玩具，哪怕这种玩具是残缺的，也尽量不要购买机械玩具。

从材料上说，孩子的玩具最好是由纯天然材料做成，比如，由树枝、圆木、树皮、树叶、果实、贝壳、泥沙、碎布、棉花、麻线、纸盒、自制模型等材料制作而成。

可以说，越原始、越单纯的玩具，越能激发孩子的想象力和创造力。

一个手拿机械玩具手枪的孩子，就只能来回扫射，没有任何想象力可以发挥，而一个手拿树叶标本的孩子可以看它的叶脉，可以描绘它的形状，可以将它归类；一截圆木，可以做一张桌子，可以做成一面鼓，可以做成方向盘，可以做成车辘轳……根据游戏的需要，孩子可以时刻变换手中玩具的名称和用途。

不管男孩还是女孩，都喜欢玩在厨房中做饭的游戏。在做这个游戏时，他们边动手边发挥自己的想象力，他们可以做出不同的糕点和饭菜，还可以请别人来做客品尝。

第 7 章 孩子身体能力的培养与发展

可以说，很多游戏都既可以让孩子在动手的快乐中学习知识，又能锻炼思维。对孩子来说，挖沙子也是一种不错的锻炼方式，孩子们挖了坑，修了渠道，垒了城堡，既锻炼了手工技能，又增长了建筑知识。在日常生活中，孩子所玩的游戏越多，他的想象力越丰富，以后他解决实际问题的动手能力也就越强。

父母一定要充分利用自然教育的工具来培养孩子的动手能力，让孩子成为能独立承担责任，并以此为荣的人。这样的人既能干，又有非凡的勇气。

坚持培养孩子的良好习惯

1. 犯了错，就让"纸娃娃消失"

一个人如果有良好的做事习惯，卓越的规划能力，他会因此而受益匪浅，如果养成了坏习惯，就会一辈子都受它的消极影响，偿还它所产生的债务。

为了让女儿有良好的习惯，我和丈夫都非常有耐心地培养她。我知道，只有父母坚定不移，孩子才会有足够的信心将良好的习惯保持下去。

在培养孩子良好的习惯时，我会用童话来引导和激励她，当她每天都表现得很好时，仙女就会悄悄地在她枕头旁放上一些巧克力。反之呢，如果她总是很淘气，没有坚持好的习惯，仙女就不会来看她。

一般来说，如果维妮弗蕾德随意乱扔衣服，或者忘了自己将衣服叠好，那么，在第二天她就没有衣服可换，仙女也不会给她送来美丽的新丝带。如果她在地板上乱扔纸娃娃，第二天，这些纸娃娃就会消失许多天。当维妮弗蕾德再想和它们一起玩耍时,就不会得到允许。我们的这些"小伎俩",都是为了能让孩子养成良好的习惯。

2. 给孩子明确任务

由于我们重视培养维妮弗蕾德的良好习惯,特别重视她读书习惯的培养,在维妮弗蕾德六七岁时,她就养成了自己看书、做记录,然后自己收拾好书本才去玩的习惯,事实上,在这个年龄段,她不仅需要养成做事有始有终的习惯,而且需要培养责任心。

要注意的是,在培养孩子好习惯的时候,父母一定要根据孩子的年龄特点,给孩子提出非常具体的要求。这样,孩子就有了行动与努力的目标,也知道该怎么做。对于年龄小的孩子来说,父母更要形象、直观、具体地向孩子提出他所应该做的事情,父母给孩子提的要求要让孩子能看得见、摸得着。

父母在培养孩子爱劳动的好习惯的时候,不应该说"难道你不会打扫一下你的房间吗?"而是要给孩子布置明确而具体的任务,我就曾经这样告诉维妮弗蕾德:"可以收拾好你的玩具吗?可以将你的书回归书架吗?"

我的一个邻居总是向我抱怨自己的孩子多么不听话,说他的孩子总是爱把玩具和书乱扔。其实,之所以出现这种情况,很多时候是父母们没有给孩子立好规矩所造成的。

在生活中,孩子乱扔玩具和书这样的问题,是每个妈妈都会遇到的问题。在家里,我给小维妮弗蕾德设置了一个游戏区,要求她将自己的玩具都放在那里,不能将玩具随便拿到餐厅和起居室。给她制定了这个规矩后,她就一定要把玩具整理好以后才能干别的事。值得庆幸的是,她一直做得很不错,从没有

第7章 孩子身体能力的培养与发展

把玩具带到餐桌上或其他地方。

对于书本的放置，我也给她划定了几个地方，比如，书桌和书柜是放书的地方，在床头上也可以放一两本书，窗台上也可以放上她喜欢的书。

有一次，她将看了一半的书放到了玩具区，我就告诉她那个绿色的"书本小精灵"离开它的朋友就会很伤心、很孤单。自此后，她就注意了书本放置的问题，再也没有乱放过书。后来，她还主动给自己的书包上了漂亮的书皮，在她看来，这是在给"书本小精灵"们穿上美丽的外套。

在培养孩子的习惯时，父母一定要把握一个原则：多做培养工作，少做改造工作。可以说，让一个孩子养成好习惯容易，让她改掉坏习惯就困难了。父母一定要让孩子从小养成良好的习惯，在孩子还没形成坏习惯前，就要注意纠正和引导孩子。

可以说，在幼小时我们所保存的印象，哪怕是很小的印象，小得基本觉察不出来的印象，都会对我们的一生产生持久的影响。

自然教育原则一直强调父母的榜样性，在培养孩子的习惯时，父母也一样需要树立好榜样。事实上，在教育孩子时，不论教育他什么，父母都应该给孩子树立好榜样。在培养孩子良好的习惯时，父母对孩子所提的要求要前后一致，不能随意妥协或改变，不能无原则地放弃，也不要因为自己的心情很好或者很糟，就让孩子有例外。

第8章
培养孩子优秀的品德

培养孩子品行的原则

1. 给孩子一个品行记录表

为了让维妮弗蕾德能养成良好的行为习惯，打下良好的品德素质基础，我为她绘制了一个品行记录表，以此来让她及时了解自己的品行，修正自己的不良行为。

这个品行记录表的设计是非常简单的，我们可以将这个表设定为7×10的表格模式。当然，也可以增加品行度量的标准。品行度量的标准主要为：礼貌程度、耐心程度、整洁程度、大度程度、真诚程度、快乐程度，以及善良、做好事、勇气和自控力等为横向内容，在时间上，以一周7天为一个时间段。通

第8章 培养孩子优秀的品德

过这个周品行表,我可以很直观地评判维妮弗蕾德近一周的品行情况。

每个周日的晚上,我会和维妮弗蕾德一起将用完的品行表格扔掉,重新制作一张品行表。

在一天中,如果维妮弗蕾德表现得不错,有与表格中所设品行项目相符的行为,能对人彬彬有礼,能大气忍让、乐于助人,表现出应有的勇气和毅力,能注意力集中、自控力强、努力获取知识,不管是练琴还是绘画都很有耐心,没有说谎、心情快乐,那么,在晚饭后,我就在那一天的相应的栏中,贴上一颗漂亮的金星;反之呢,如果她表现得不好,就会在相应的栏中,贴一个丑陋的黑色标志,以此代替金星。

每周日的下午,是维妮弗蕾德的品行记录检查日。此时,我们一起数出所有的黑色标记和金色标记。如果她得到的金星多,在下一周,她会得到丰厚的奖励,童话仙女会悄悄为她带来可爱的鲜花、糖果、丝带和新书。如果她得到的黑色标记多,童话中的仙女也会最早知道这一切,在这一周内,她就收不到可爱的礼物,下一周,她就需要好好努力了。

虽然维妮弗蕾德的自律性一向很强,但她的品行表中时不时会冒出几个黑色的小标记。面对这些不良记录,维妮弗蕾德总会尽量保持良好的心态,不抱怨,不气馁,不急躁,而是微笑地告诉我说:"是的,妈妈,这的确是我的错,请您相信,下周我会做得更好。"

每到周日的下午,在检查完女儿的品行表后,我们一定会毁掉旧的图表,抹去上周的记录,开始新一周的记录。要知道,毕竟保留黑星会给孩子压力,容易让孩子感到沮丧。

凭借良好的表现,维妮弗蕾德曾经得到过几张全是金星的品行记录表,我保存了几张这样的表,作为给她的鼓励和对她努力的最好纪念。我们都很希望,每个周末记录表上闪耀的都是金色的星星。

很多奉行自然教育法则的母亲和教师利用"品行图表"对孩子进行品行方面的引导,都有不错的收获。有一位有6个孩子的母亲,她也根据自然教育法的品行表原则设计了图表,因为她有6个孩子,所以在制作"品行图表"时,她特意增加了"协作性""关爱度"等标准。她还在信中告诉我说,每当她4岁的儿子得到金色徽章时,他会为此感到十分自豪,每天晚上的时候,他总是满怀希望地走到母亲面前,希望再获得一个新的金色星星,而当他又得到一个金星的时候,他就像亚历山大征服了世界一样快乐。

如果一个孩子生活在敌意的环境中,他就学会了争斗;如果一个孩子生活在恐惧的环境中,他就学会了忧虑;如果一个孩子生活在耻辱的环境中,他就学会了负罪感;如果一个孩子生活在鼓励的环境中,他就学会了自信;如果一个孩子生活在表扬的环境中,他就能学会感激;如果一个孩子生活在认可的环境中,他就能学会自爱;如果一个孩子生活在友爱的环境中,他就学会了相信这世界是适于生活的好地方。

作为父母,请向孩子推荐美德和善行,因为只有它们才能给人们带来幸福,而不是财富。

2. 父母要遵从十戒理论

在某种程度上来说,"性格"是具有恒定性的,如果我们使孩子获得良好的性格,就等于给了他一种实力,给了他一种不能被他人夺走的性格财富。不论一个孩子有坚强还是温婉的秉性,这些个性都会与他相伴一生。

第8章 培养孩子优秀的品德

瓦特卡尔医生是性格发展联盟的主席,对于孩子性格的培养,他持有这样的观点:"塑造孩子性格的第一步,就是激发孩子为别人做一些事情的欲望,学习自我控制和给予。"

可以说,父母和老师都希望培养孩子更好的性格,而瓦特卡尔医生曾经说,"控制""给予""助人"是孩子应该养成的最重要的性格基础,而父母只有通过自我奉献、自我牺牲的具体示范,才能更好地引导孩子,从而帮孩子养成良好的性格。

事实上,即便孩子智力超人,如果他没有很好的性格,孩子依然无法有真正快乐幸福的生活。可以说,养成良好品行,能让孩子在未来的人生旅程中受益无穷。

在培养孩子性格的时候,我建议父母遵循十条戒律。如果父母能遵循这十条戒律,就可以更好地帮孩子塑造性格基础,帮助孩子培养自我控制力、坚毅的品质,培养他的自信,帮助孩子完善他的人格,从而让他成为快乐有用的社会一员。

在培养孩子品行时,父母要仔细阅读,并遵循我所倡导的十条戒律:不要体罚孩子;不要斥责孩子;不要说"不";不要对孩子说"必须";不要让孩子有爱说"我不行"的习惯;不要拒绝回答孩子的问题;不要威胁孩子;不要嘲笑或者戏弄孩子;不要让孩子失去自尊继而不尊敬父母;不要在家里摒弃仙女——这个总能让世界更加生动的元素。

可以说,以上的这十条戒律是培养孩子良好品行的基础,我希望父母遵循这些基本原则。要知道,父母正确的示范与引导,是让孩子有良好品行的重要因素之一。

很多人用棍棒法教育孩子，我认为，用棍棒教育孩子是一种原始而野蛮的行径，会伤害孩子的自尊、自爱和自信心。在日常生活中，当你不希望他们做某些事情时，可以引导孩子将注意力转移到其他事情上去，绝对不能"鞭笞"孩子。

每当我与维妮弗蕾德之间有对抗行为产生时，我们俩都会暂时将冲突搁置，等我们心情基本平静下来，再来解决冲突。

与孩子相处时，绝不要对孩子说"必须"。"必须"这个词是一种专横、居高临下的表述方式。既然我们可以对其他大人说"您能递给我那本书吗"，那么，我们就不要对心爱的孩子说"你必须捡起你的玩具"。可以说，与孩子平等相处是自然教育的一个重要原则。

当然，在日常生活中，我们也绝不给孩子机会说"我不行"。"我不行"实际上是懦弱胆怯的宣言，是拒绝尝试和努力的借口。与孩子相处时，父母应避免使用这类语言，为孩子做好示范。事实上，父母如果常常说"我试试"，"我可以做到"，而不是说"我不行"，那么孩子也会有样学样，将"我不行"从自己的语言世界中逐渐抹去。

我建议父母要恪守的第六条戒律，就是"不要拒绝回答孩子的问题"，要做到这一点，可能一些父母会觉得有些困难。孩子天生就像是一个小问号，提问是他们探索世界、认知世界的重要手段，因而，即使他们的问题不可思议，甚至让成年人感觉为难，也不得回避。如果实在回答不了，就和孩子一起去相关的图书中寻找答案。在《知识百科全书》中，基本可以找到每一个孩子都会问的问题的答案。

与孩子待在一起时，绝不要威胁孩子。慈爱的母亲都不会破坏我的第七条

第8章 培养孩子优秀的品德

戒律,但有时母亲并没有意识到自己是在威胁孩子。通常,她们用威胁的方法去压制孩子的活力,比如,她们说,"你再招惹妹妹我就不让你出去玩了","你如果还是不吃东西,我就饿你几天",等等。可以说,威胁给孩子未来的岁月中埋下了紧张和不愉快的种子。

即使孩子再淘气,也不要嘲笑或者戏弄孩子。母亲一般不会打破第八条戒律,但是父亲却有可能犯这样的错误。在生活中,有一些大男孩儿总是喜欢捉弄小男孩儿,有一些做丈夫的总喜欢取笑妻子。事实上,如果我们总爱愚弄动物,动物就会变得凶猛暴躁;如果我们愚弄、嘲笑孩子,很有可能会让他们变得急躁、易怒,甚至犯罪。

如果父母不尊重孩子,他就是在破坏第九条戒律。年幼的孩子同成人一样有自尊心,他们希望得到他人的关注、尊重,希望他人能平等地对待自己。

绝不摒弃仙女,是十条戒律中最美好的要求,所以,请在家中保留仙女的原型。要知道,童话让孩子的世界变得五彩斑斓,让孩子充满了创造力,让孩子的未来有无限可能。可以说,如果一个家庭中没有童话,即使这个家庭中的孩子可以玩游戏、听音乐,可以观赏美丽的图片、雕塑作品,可以微笑,也不可能有美妙的想象力。

事实上,童话中的仙女可以培养孩子的创意,鼓励孩子探索发现;仙女能让孩子产生绘画的灵感;仙女喜欢生活中所有造福人类的美好事情。正是这些仙女和童话故事,教孩子们去爱、去微笑、去助人、去惩恶扬善。因而,亲爱的母亲们,让我们欢迎童话仙女吧!在家中用笑容为孩子留住这些神奇的仙女。

在我的家中,我一直让"仙女"来帮助我维护家中的秩序和纪律。她最擅长用迷人而温和的方式代替棍棒教育法,帮助我去平息小维妮弗蕾德的愤怒或者紧张情绪。

可以说,孩子品格开发的"内驱力"不是崇高的理想、远大的目标、高尚的志趣,他们品行的"内驱力"更多地来自好奇心、童趣心、好胜心、自信心,来自父母给孩子的示范,来自父母对待孩子的方式。

为人父母者,一定要承担起孩子品德教育的重任,一定要做一个合格的父母。

3. 让孩子从神话中学习判断对与错

或许,有人总是认为,对孩子来说,神话没有任何作用,我们不应该给孩子这样不真实的东西,但我却非常喜欢神话。在我看来,同样是眺望天空中星星的孩子,同样是在大自然徜徉的孩子,但一个懂得神话的孩子的感触,与不懂神话的孩子是完全不一样的,孩子眼睛里闪烁的光彩也是不一样的。

一般来说,小孩子缺少社会生活经验,不懂得善恶的区分。为了让他们能分清善恶,我认为,最好的教育方法就是给他们讲述神话,让孩子从神话中感悟对与错、善与恶,明白扬善惩恶的道理。

早在小维妮弗蕾德还不会说话时,我就给她讲希腊、罗马、北欧各国的神话和传说。而等她会说话之后,我们两人就通过戏剧表演的形式,来演绎这些神话。从这些故事里,小维妮弗蕾德学会了善良、温柔、礼貌、真诚、无私和勇敢等品质。

我曾经给小维妮弗蕾德讲古罗马神话和《圣经》中的故事。在熟悉了这些故事后,她就用神话、《圣经》和历史中的人物名称给她的洋娃娃命名,她会

第8章 培养孩子优秀的品德

和叫宙斯、赫尔墨斯、摩西等的卡通娃娃自由地沟通。她对神话中那些正义之神由衷地敬佩和喜爱,比如,她很喜爱希腊神话中的普罗米修斯。

我是这样给小维妮弗蕾德讲与普罗米修斯有关的故事:普罗米修斯是人类文明的指引者,凡是对人有用的、能够使人类满意和幸福的,普罗米修斯都愿意传授给人类。自然,人们也用爱和忠诚来感谢他,报答他。但最高的天神领袖宙斯却忌妒他。

宙斯规定,火是神才配使用的,人类不配使用。但是,普罗米修斯为了人类,从天庭中取走了人类文明的必需物——火种。普罗米修斯的盗火行为惹怒了宙斯,宙斯想要惩罚他。火神告诉普罗米修斯,只要他向宙斯承认错误,归还火种,宙斯就会饶恕他。

可普罗米修斯却意志坚定地说:"为了造福人类,我可以忍受各种痛苦,但决不会承认错误,更不会归还火种。"宙斯一怒之下派人把普罗米修斯带到高加索山,用一条永远也挣不断的铁链牢牢地将他绑在陡峭的悬崖上。就这样,普罗米修斯被吊在那个地方,永远无法入睡,他只能直挺挺地站着,甚至不能弯曲一下疲惫的膝盖。而宙斯为了惩罚他,每天都会派一只恶鹰去啄食普罗米修斯的肝脏。

听了我讲的故事后,小维妮弗蕾德觉得普罗米修斯是一个真正伟大的人,因为他愿意一个人承受痛苦,为成全他人而牺牲自己。从故事中,她感受到了勇敢、忠诚、刚毅等优秀的品格,这对她人格的完善是很有帮助的。

小维妮弗蕾德有一个古铜色皮肤、穿着披风的娃娃,后来,她给娃娃取名为普罗米修斯。在她以后演绎或者构思故事时,这个娃娃经常扮演乐于帮助他人,不怕任何困难,敢于承担苦难的角色。可以说,神话故事,对于维妮弗蕾德的道德培养有很好的帮助。当她做事时，她能感知对与错、善与恶。

尽管童话中的神仙鬼怪，不是我们生活的世界的主宰，而是人的化身，是某种理想、希望、意志的化身，可童话故事中所蕴含的真善美，却对孩子的品行培养有正面的指导作用，也一定会给孩子带来深远的影响。

丑小鸭历经千辛万苦、重重磨难之后，终于变成了高贵的天鹅，之所以如此，那是因为它心中拥有梦想，愿意承受失败的考验。一个小小的士兵娶到了最美丽的公主，并成了英明的国王，那是因为他特别勇敢，能为得到自己想要的东西而坚持不懈，而且他富有同情心、乐于助人，所以，他能得到众人的支持和拥戴。

在读童话故事时，孩子一定有自己的一番感受，美的还是丑的，好的还是坏的，童话都能激起他本能的情绪和感觉，来做正确的判断。最重要的是，童话会让孩子相信奇迹，对未来充满希望。

亚历山大大帝说："把财富分给别人，把希望留给自己。因为希望将带给我无穷无尽的财富。"对孩子来说，童话故事就是最丰厚的财富。

4. 道德教育越早越好

巴布尔博士曾经说："孩子的品德教育，必须自摇篮中开始，因为现在社会所缺乏的不是聪明人而是高尚的人。"孩子能接受科学的早期教育，就有可能成为伟大的人物，因而，要想让孩子有优秀的品德，就必须从他在摇篮时期就开始培养。

在我看来，在培养孩子的品德时，母亲的作用至关重要。之所以这样说，是因为母亲是陪伴孩子的第一人，也是时间最长的人，她的一言一行都会成为孩子模仿的对象。

在这里，要提醒年轻的父母们，千万不要忘记：孩子的命运就掌握在你们手中。母亲应该严格要求自己，做孩子的好榜样，努力培养孩子好的品德，为他开拓美好前程积极创造条件。

有些父母可能会这样说："我给孩子创造了那么多好的条件，从小就开始教育他，可是他一点儿也不配合。"孩子之所以如此，一定是父母的教育方法有问题，要知道，孩子会受父母的影响，这可是一个亘古不变的规律。

事实上，在维妮弗蕾德很小的时候，我也常常要面对这样的问题，但从来不把责任推到女儿身上，而是想尽一切办法改变自己的行为，用自己良好的行为去影响她、帮助她，为她做好每一种示范作用。

现在，很多父母只重视孩子智力的开发，对孩子的自主精神、独立精神和创造性都缺少应该有的重视与有效的培养。而我一直以来的理想，就是想将女儿培养成有优良品德、健康身体和非凡才能的人，这三方面缺一不可，不然，她就不是一个优秀的人才。

为了让小维妮弗蕾德拥有真正有价值的人生，从她很小的时候，我就是从身体、智力、品行这三方面同时着手，对她进行教育的。

让孩子能驾驭自己的人生

1. 有自制力的孩子将来最幸福

自制力是每一个孩子都应该具有的美德。曾经有人这样说："幸福的人并不是能随意支配金钱的人，而是能随意支配自己的人。"而有良好控制力的孩子，就能随意支配自己，能自如地驾驭自己的人生方向盘。

在14世纪时，有一个名叫罗纳德三世的贵族，他可是有祖传封地的正统公爵，但不幸的是，他的弟弟推翻了他，并把他关进了牢房。弟弟并没有锁上牢门，而是命人将牢房的门改得比以前窄了一些。罗纳德三世身高体胖，即使不关牢门他也走不出去。他弟弟承诺，只要罗纳德能减肥，并自己走出牢门，他就能获得自由，自己也会将爵位归还给他。可惜的是，罗纳德自制力太差了，他无法抵挡弟弟美食计的诱惑，结果，不但没有减肥，反而更胖了。

一个没有自制力的人，就像被关在铁栅栏中的囚犯一样，没有自由。自制力差的人，一般意志力也差。和思想一样，人的意志不是与生俱来的，而是经过慢慢培养和锻炼出来的。

维妮弗蕾德能控制自己吃糖的频率，能保持读书的习惯，面对他人的不礼貌时，从不会太情绪化。多年来，她一直都坚持词源学的学习。小维妮弗蕾德有强大的毅力和自控力，但这一切并非天生，而是得益于我们从小对她进行的意志力培养。

在日常生活中，大部分父母会在孩子成功之后给他赞美和鼓励，对孩子在活动过程中的自制和努力，却总是视而不见。与此不同的是，我很看重女儿在完成任务过程中的努力，不管结果如何，我先会对她克服困难达到目标的努力进行鼓励。有时，她很用心地做一件事却没有成功，也曾经想过放弃，此时，我就会鼓励她"再试试看"，"能不能换一种办法"。

在生活中，父母一定要鼓励孩子有始有终地做好每一件事，这样，就能让孩子的自制力得到培养和发展。

第 8 章 培养孩子优秀的品德

一个人能否实现目标，从很大程度上来说，取决于他自制力的强弱或者说高低。美好的人生是建立在自我控制的基础上，让孩子拥有自制力，就等于给孩子未来幸福的保障。

如果你是一个冲动的、情绪不稳定的、行动缺少自制力的父母，那么，你必须先让自己的自制力增强，才能帮助孩子建立自制力。父母一定要切记自然教育的原则：父母是孩子最好的榜样。

2. 溺爱是毁掉孩子自制力的杀手

在生活中，我们总是能看见一些脾气暴躁的孩子，这些孩子随意发泄自己的不满、任性，不顾及他人的感受。孩子之所以如此，显然是由于他们的父母太懒惰，没有在孩子小时候，为这些"细嫩的树枝"指出一个正确的成长方向，使孩子变成"被宠坏的孩子"。

有时父母宠爱孩子是情不自禁的，可结果却往往会毁掉孩子的自制力。我见过很多母亲粗手笨脚地照看他们的孩子，如果小孩子不小心摔伤了膝盖，母亲就会立刻跑过去，反复地询问孩子痛不痛。如此过分地宠爱孩子，必然就会让孩子变得纵容自己。聪明的母亲不会这样，她会在第一时间鼓励孩子坚强地面对痛苦，像中世纪的骑士一样勇敢，并时刻保持自己的风度。

父母们一定要明白，总是一味宣泄不满的孩子，是永远长不大的，即使他们在年龄上成为一位男士或者女士，也无法自如地控制自己。这些人是成年的"儿童"，总是管不住自己的行动，一切得依靠周围人提醒他应该这样、不应该那样，而他们的生活呢，则永远是一团糟。

3. 自制力培养法

一般来说，小孩子的自制力都很差，甚至他们都不懂什么是自我控制。对孩子来说，他们的自制力越早培养，越有好的效果。

玛丽·赖斯夫人曾经说："在孩子幼年时期，只要注意对其进行各方面能力的有力引导和培养，那么，孩子就会像刚刚长出的嫩芽一样，按照既定的引导方向发展。"

或许，让孩子参加一些"绅士和淑女的聚会"，就能让孩子们学会忍受疼痛，让孩子们有不退缩的精神，并能培养他的控制能力。在这个聚会中，孩子们都必须遵守"绅士和淑女条例"，无论发生什么事情，都不可以对人使用刻薄的语言。每个人都要努力表现得得体而且体贴，要学会克制自己，不能向他人随便乱发脾气，指使他人，或者放纵自己吃零食。要知道，要想成为绅士或者淑女，不仅要随时保持微笑，而且还应表现得彬彬有礼。

为了能获得"绅士身份"或者"淑女身份"，所有参加这个聚会的孩子，都自觉地努力让自己变得更完美一些。要做到这一点，他们要先控制自己的小脾气或者馋嘴巴，然后，要控制自己的言行和思想。如果哪一个人在聚会中没有管住自己，就会受到相应的惩罚——剥夺"绅士"或"淑女"的身份，而成为一个仆人。

除此之外，还有一个非常有效的训练孩子自制力的方法，这个方法就叫作"延迟幸福"：我们可以将两个盘子摆在孩子面前，并在两个盘子中放一些糖果，其中，一个盘里要多放一些糖果，另一个盘子里要少放一些糖果。如果孩子能够多忍耐一刻钟，不去动有少量糖果的盘子中的糖果，那么，他就可以得到糖果多的那一盘中的糖果，反之，他只能得到糖果少的那一盘中的糖果。

第8章 培养孩子优秀的品德

一般来说,这个训练在刚开始时,孩子几乎都会在几分钟之内,忍不住去拿盘子里的糖果,于是,他们只能得到糖果少的那盘。时间一长,孩子就会明白,只有忍耐才会得到更多,于是,他们慢慢懂得了自我控制。

帮孩子树立自信心

1. 给孩子鼓励的阳光与雨露

对孩子来说,在他的成长过程中,让他接受鼓励,让他产生自信心,是非常重要的成长内容。作为父母,一定要时刻关注孩子是否有自信心。

通常,一个孩子只有信心十足,才能走向真正的独立。在我们的孩子尝试着独立解决问题时,不论有什么样的结果,我们都应进行鼓励。即使孩子犯了错,我们在纠正过错的同时,也不要忘记对其独立解决问题的精神进行肯定。

可以说,父母一定要让他们对独立解决问题产生兴趣,并树立坚强的自信,从而让孩子乐于独立去做事,这是父母教育孩子的重要一课。

每个孩子都需要不断的鼓励,就像植物需要阳光雨露一样,鼓励对于孩子信心的产生,有非常重要的促进作用。

孩子小时候会经常感到束手无策,但是,他们仍然有勇气进行各种尝试,在遇到困难和矛盾时,他们总想自己去试一试"解决"问题。虽然这种"解决"问题的目标并不明确,方法也不一定正确,但是孩子已经具有独立解决一些问题的想法与意愿。

对于孩子来说,他们已经在很努力地探索这个世界、认知这个世界,从而让自己融入这个世界中。可是，往往在这个时候，我们大人却在无意中给他们设置了许多爱的障碍，而不对他们非凡的勇气与努力进行鼓励，进而培养孩子的自信心。

当父母对孩子说"不要动它，你会打碎它的"，"你怎么把房间弄得这么乱"，"你怎么把衣服穿反了"这类话时，其实，你是在告诉孩子，他们是多么无能，是多么缺少做事的经验。

父母长时间这么做，必然会让孩子慢慢失去信心。父母看似简单的一句话，却会在孩子的心灵中投下阴影，从而推迟了他自主能力的发展。

事实上，孩子是可以将某一件事做得很好的，而父母却人为地推迟了他们掌握本领的时间。最为关键的是，父母的这种做法会让孩子失去自信，会让他们怀疑自己的能力，削弱他们的进取心。

作为父母，我们应该让孩子敢于犯错误，敢于失败，同时，又不伤害他们的自尊心和自信心。孩子与成人一样，有权利去犯错误。

如果发现孩子缺少自信，我们自己不能泄气或失去信心，而要用鼓励的方法去培养起孩子的自信心。

当维妮弗蕾德还不会系鞋带的时候，每当她的鞋带散开时，她怎么系也系不好，只好坐着等我给她系。后来，她认为自己系不好鞋带，干脆就不想自己动手系了，只要遇上鞋带散开的情况，她就大喊妈妈。

此时，我知道，不管我有耐心地为她系好鞋带，还是失去耐心地训斥她笨，维妮弗蕾德都会丧失信心，她会觉得自己真的好笨。所以，我没有用以上两种方法应对她，而是一次又一次地鼓励她自己学着系鞋带。只要她做得稍微好一点，我就大声地赞扬道："这一次系得很好，我们再来一次吧，肯定会比

第8章 培养孩子优秀的品德

上次更好的。"于是,我就用这种鼓励的方法教会了女儿系鞋带。

在孩子的成长过程中,有无数个第一次,这些第一次是孩子成长关键中的关键,比如,第一次系鞋带、第一次洗碗、第一次浇花……家长如何对待孩子的第一次,对于孩子能力的养成与自信的发展至关重要,所以,父母要小心对待孩子的第一次,要知道,一个不小心,就会挫伤孩子对自己能力的信心,延缓甚至扼杀孩子能力的发展。

在放手让孩子做自己应该做的事情时,母亲一定要有耐心、有恒心,要善于等待,无论做什么事情,要给孩子成长的空间,要让孩子在慢慢摸索中,由不会到会、由不熟练到熟练。通过自己的努力而做成一些事,这是对孩子最好的奖赏,更是孩子建立自信的关键。

2. 让孩子学会平静对待失望

在对女儿进行的早期教育中,我认为最先要培养的,是她敢于直面失败的勇气。我尽力让她做到不依赖别人,这一点对她将来能否成为一个幸福的人,有着极为重要的作用。

在很多时候,我们总是低估孩子的承受力。看着那个幼小的生命,我们总会觉得他太柔弱了,根本无法独自应对现实生活中出现的各种问题。

我们成人的态度会让孩子渐渐对自己产生错误的认识,他们会认为自己真的没有能力面对一切,从而开始过度地依赖我们,每当遇到困难就容易变得手足无措。可以说,正是我们对孩子的不信任,对孩子进行太多的干预,破坏了孩子的锻炼机会。

一般来说,我们替孩子做事,帮孩子做事,孩子就没有机会去尝试着自己解决问题，时间一长，他很有可能在做事情时没有耐心，想要什么东西立刻就要得到，一旦遇上挫折，就不知如何是好。如果父母什么事都帮他做，那么，在这种情况下成长起来的孩子，必然缺少独立处理问题、承担责任的能力和信心。

在日常生活中，如果父母能够心平气和地对待孩子失败，对孩子积极引导，那么，就会让他们更容易接受失败的现实。这样，在以后的成长中，孩子才能真正体会到生活的快乐，而不会只看到失望和不幸的一面，孩子才更有信心迎接生活中的一切挑战。只有敢于接受失败的人，才能信心满满地迎接新生活。

通过维妮弗蕾德的成长经历，我深深地体悟到：孩子在成长过程中，最需要的是父母的理解和鼓励，是父母充满爱的关心与引导，是父母和他们在一起度过的欢乐时光。可以说，在这样健康环境下成长起来的孩子，才会有充足的自信心。

让孩子主动承担一些工作，也能让孩子获得自信，进行自我肯定。

维妮弗蕾德小时候，她非常喜欢帮我分担家务事和事务性工作，每次帮我做完家务或者帮我誊抄完稿子，她的心情就很好，她体会到了为家庭做贡献所带来的自豪与自信。到五六岁时，维妮弗蕾德不仅有能力照顾自己，还会在聚会时主动去照顾更小的孩子。

在孩子自己处理事情的过程中，难免会遇到挫折与失败，此时，我总是很信任女儿，由她自己调整自己的行为和心理状态，在必要的时候再给她鼓励。

而当维妮弗蕾德与其他孩子之间发生争吵或者纠纷时，我也是让他们自行调节、缓和矛盾。可以说，在做家务的过程中，在自己处理各种关系的过程

第8章 培养孩子优秀的品德

中,维妮弗蕾德变得越来越自信、越来越敢于承担责任、敢于表现自己。

3. 告诉孩子他能行

当维妮弗蕾德写出第一首诗歌的时候,我就鼓励她,让她将诗歌投到报刊去,并争取发表。

维妮弗蕾德却说:"先不发表,妈妈,也许我应该再修改一下韵脚,再等等吧。"维妮弗蕾德之所以这样说,显然是因为并不自信。

三天之后,我故意问她投稿的事情,她拿了修改过的手稿给我看。显然,她做了非常认真的修改,有的地方仅措辞就改了好几次。即使如此,它依然是一篇稚嫩的作品,但我认为已经写得很好了。于是,我很认真地告诉维妮弗蕾德:"你能行的,妈妈相信你,你也要相信自己,这是一首很漂亮的诗歌。"之后,我非常热情地向她提议,可以用打字机打出来寄给编辑。最终,维妮弗蕾德听了我的建议,很幸运,这篇作品被发表了。

行与不行只有一线之隔。当母亲对孩子说"你能行",孩子自然就会充满信心,迎难而上;当母亲对孩子说"你还差得远",孩子就可能会变得不知怎么做是好。

孩子们在一起玩捏泥偶时,维妮弗蕾德和几个孩子总能很快地创造出作品,并愿意给大家看,即便做得不好,也能很快地调整状态,再进行创作。但有一两个孩子总是想躲在角落里,一直不愿意拿出自己的泥偶给大家看。或许,他非常害怕听见这样的话"你做得不好,重做吧!"

作为一位母亲,我们一定要明白,自信心对孩子会有多大的影响,让孩子不怕失败是一件多么重要的事情。

可以说，一个不能面对失败、害怕挫折、不敢重来的人，绝不会有幸福生活的，从维妮弗蕾德很小的时候，我就开始教育她要成为一个坚强的人，要学会一切事情都要自己解决，面对失败，就要有韧性、有毅力从头来过。

有自信的孩子不需要别人来评价自己的好坏。我们应当鼓励孩子将幸福掌握在自己手中，要让孩子相信成功是靠自己努力得来的。不管做什么事情，我们都要给孩子机会让他们自行选择、决定，让他们看到正确的结果，这是培养孩子自信心的最好的办法。

4. 让孩子有颗坚定不移的信心

在《圣经》中，有这样的一句话："坚定不移的信心足以移山。"

信心可以说是人的能力催化剂，它能将人的一切潜能都调动起来，将人各方面的功能提升到最佳状态，并在不断重复不断强化的基础上，使之成为孩子的一部分。自信可谓是孩子心灵深处不竭的能量。

在许多伟人身上，我们都可以看到这种超凡的自信心，而正是在这种自信心的驱动下，他们敢于大胆地树立梦想，对自己提出更高的要求，即使在追求梦想的过程中失败了，也能在失败中看到成功的希望，从而鼓励自己不断努力，最终，他们会获得成功。

一般来说，在那些人才辈出的国家中，在那些伟人、名人身上，在我们周围的优秀人才身上，我们可以发现自信的促进作用，可以感受到自信的力量。

我们必须从孩子最小的时候，就开始对孩子进行自信心的培养。父母要随时注意自己对待孩子的态度，绝对不要以爱的名义过度地保护孩子，不要什么事都替他做。要知道，孩子们需要一定空间去成长，去试验自己的能力，去学

第8章 培养孩子优秀的品德

会如何应对危险的局面与紧急的情况。

与多数父母一样,在培养孩子自信时,我也曾经犯过错误。如果维妮弗蕾德是个男孩子可能情况会好些,但正是由于她是个女孩子,我总是怕她受伤害,总是担心她的安全,于是,我总是想尽一个母亲的能力去保护她,替她做一些她已经能自己做的事。

一次旅行途中,当我看到一个女孩子的表现后,我就改变了我的想法。那是一个腿有些残疾的女孩,她步履蹒跚,手负重物,可她还是自己走着上船。当时,我和维妮弗蕾德都很想去帮她一下,但我们看到,女孩子身边还有父母和朋友,他们都没有帮女孩的打算,这令我们感到惊讶。后来,在那个女孩独自登上船头的那一刻,我看到她脸上露出微笑,那是世界上最美丽的微笑,那是自己克服困难达到目标后所露出的自信的微笑。那一刻,我明白了,父母对孩子的信任能给孩子带来信心,这是非常重要的。就像这个女孩,如果不是父母给她自信心,她很可能因为残疾而更多地依赖他人,从而失去活力。

我们要告诉孩子,没有谁比谁更强大,所有的人都有不足和缺点,再优秀的人也有自己的问题。一个人只要排除惧怕的情绪,相信自己的能力,就能克服任何困难。

可以说,每个孩子身上都蕴藏着巨大的力量,我们要从孩子体内激发出这份力量来。

而在与孩子相处时,所有的父母都不应当以命令或者鞭笞的方式来教育孩子。要知道,只懂得服从的孩子,其内心中不会有足够的自信,永远也不知道自己做得对不对,永远也不会坚持自己的立场。表面上看,这种孩子很听话,看似是父母的好孩子,实际上,他们的内心懦弱不堪。

孩子都需要培养自己的主观意识。当维妮弗蕾德想要做什么的时候,我一般会支持她去做。如果那是一个坏想法,我会给她讲故事,用故事影响她,帮她改变想法,而不是用简单粗暴的命令去压制她。我认为,尽管维妮弗蕾德是我的女儿,但她首先应该属于她自己,孩子只有能主宰自己,才能主宰自己将来的生活。

古罗马的西塞罗曾经说:"自信是一种感觉,有了这种感觉人们才能怀着坚定的信念和希望,开始伟大而光荣的事业。"作为父母,请一定要培养孩子的自信!

让孩子有坚忍不拔的品质

1. 让孩子享受突破困难的喜悦

在孩子小时候,父母会有意识地培养孩子,让他们有坚忍不拔、面对挫折勇于寻找方法、突破困难的精神。在这一点上,我也是如此。

维妮弗蕾德一直有自己解决问题的良好习惯,每当她遇到困难与挫折时,她就会这样对我说:"让我自己来解决这个难题,我想我一定能做好的。"

通常,在遇到困难时,维妮弗蕾德会走进自己的房间,寻找正确的方法。在找到方法后,如果经过尝试,又遇到了失败,维妮弗蕾德依然会坚持新一轮的尝试,如此往复,直至解决问题为止。维妮弗蕾德非常享受那种经过多次尝试后获得成功的喜悦。事实上,孩子经过不断努力,不断失败,然后再努力,最终获得的成功,往往能让他充分感受到克服困难的喜悦和自我价值的实现。

在维妮弗蕾德经过多次尝试，终于解决问题后，她总会与我们分享这一过程，自然，我们也非常乐意倾听她讲述解决问题的整个过程：她是怎么遇到困难的，是怎么想的，第一次、第二次乃至第三次为什么失败了，后来，她又是怎么发现问题的关键点，如何开启了成功之门的。我和丈夫非常愿意和她一起分享战胜困难的经过与喜悦，正是因为这种分享，坚定了维妮弗蕾德克服困难的信心。

就这样，在失败与挫折中，经过一次次的磨炼，维妮弗蕾德的毅力和独立解决问题的能力得到了很大的发展。

在遇到困难时，维妮弗蕾德总是喜欢尝试自己解决问题，从来不像其他孩子那样习惯于求助父母。她的这种品质，将会为她以后的人生道路打下良好的基础，并为她将来取得非凡的成就创造优越的条件。

如果一些事情孩子能独立解决与处理，那么，我们应该大胆地放手让孩子自己去做，让孩子充分展现自己，即便他遇到失败了，我们也要对孩子充满信心，那可是锻炼孩子意志力的最好时机。

作为父母，每当我们发现孩子遇事情时太胆怯、过分依赖他人、没有克服困难的勇气、没有坚忍的毅力时，我们一定要注意，此时，就必须有意识地创造机会，锻炼孩子，特别是当孩子缺少克服困难的勇气时，我们一定要不断地给他鼓励。

2. 培养孩子勇于争取的品质

与其他孩子相比，维妮弗蕾德的成长条件算比较好的了。虽然我不能让她经受困苦生活的磨炼，但我有责任让她知道，良好的成长环境是多么来之不易，让孩子知道节俭的重要意义。

当然，维妮弗蕾德知道我爱她，愿意将世界上最好的机会都给她，这种认识让她有安全感，这对她在情感上的健康成长是非常有必要的。与此同时，我要让她认识到，我对她的爱是应当受到尊重的，当我殚精竭虑为她创造最好的发展空间时，她应该积极探索，勇于争取更好的发展机会。

在维妮弗蕾德成长的过程中，我时时提醒她：要想得到好机会就必须尽全力去争取。要知道，一个人之所以成功，就在于他善于利用各种机会。作为父母，给孩子提供机会固然重要，可让他懂得机会的珍贵是最为重要的事。当然，让孩子学会主动争取机会更是我们应该承担的责任。

母亲是陪伴女儿时间最长的人。在日常生活中，我总是从一些小事与细节入手，有意识地培养她的这种勇于争取机会的品德。我知道，如果我一味地给她机会，而不让她明白机会是多么的可贵，那么，她就很有可能随意地放弃机会。

在维妮弗蕾德学习法语时，有一位非常好的教授，他有很有效的教学方法，他的方法与自然教育的教学原则非常一致，就是通过游戏让孩子学习。

教授的工作总是很忙，并没有时间让我们跟他学习，而在了解这些情况后，维妮弗蕾德主动给教授写了一封信，表达了自己的意愿。在教授尚未回信时，又主动给他写了信，希望教授能收下她这个小弟子。那位教授非常喜欢维妮弗蕾德，对她这种主动争取机会、勇于表露自己心声的想法大加赞赏。终于，维妮弗蕾德如愿以偿地跟随教授学法语了，并成了他很好的小帮手。

虽然维妮弗蕾德善于争取机会，但她也懂得具有谦逊品质的重要性，在很多可以表现自己才华的场合，维妮弗蕾德都很随和、低调，总是将机会让给其他的孩子。

小维妮弗蕾德明白，争取应该得到的机会和过于表现自我是两件截然不同的事情，应该加以区分。

3. 孩子坚忍的心是需要后天培养的

在这里，我要再次强调的是，在培养孩子品行的十戒中，有一条是"一定不要教孩子说出懦夫常用的话语——我不行"，如果一个孩子把"我不行"这句话总是经常挂在嘴边，那么，他就永远没有获得成功的可能。父母要给孩子传输勇敢和进取的观念，要给孩子讲伟人在面对生活困境与挫折时，他们是如何咬紧牙关忍耐和坚持奋斗的。

维妮弗蕾德从小就是个非常好强的孩子。在只有四五岁时，无论做什么，她也都要求自己尽力做到最好。这是她和其他孩子之间最明显的区别。一般来说，孩子们都很贪玩，只要能够完成自己的事就已经很不错了，很少有孩子主动要求把某件事做到最好。

与众不同的是，维妮弗蕾德却不是这样，她不但按大人的要求去做好一件事，还时常自己想办法把这件事做得更好一些。

在维妮弗蕾德于沙堆上建造荷兰村庄时，我就感受到了她坚忍而执着的心，她那种不达目的不罢休、不做到最好不罢休的态度，让我非常吃惊。她那虚拟的荷兰村庄工程极为浩大，从小桥、河流、小山，到风车、花园、奶牛、郁金香等，应有尽有。在她所建的虚拟的荷兰村庄中，还有很多姿态各异的荷兰人，仅仅为了体现荷兰人的服装特色，我们花了很多精力才凑够了18条款式不同的裙子。可以说，在搭建虚拟的荷兰村庄时，维妮弗蕾德一点也不将就，即使是一些小细节,她都尽力做到尽善尽美,最终执着地搭建了一个庞大而美丽的荷兰村庄。在此期间,我能做的就是不断鼓励与配合她。

父母都想让孩子有坚忍的心,而坚忍的心不是与生俱来的,它是需要好好培养的。

一般来说,在婴儿阶段,孩子坚忍、勇敢的品质就开始逐步萌发。在之后的过程中,父母是孩子模仿的榜样,因而,父母要以身作则,用勇敢的行为去影响孩子。可以说,如果父母是坚忍勇敢的人,在日常生活中,他们坚忍勇敢的言行举止,就会在不经意间让孩子受到影响,从而慢慢有坚忍勇敢的品质。在培养孩子的耐心与毅力时,父母自己就要有耐心,这一点是极其重要的。

可以说,在教育维妮弗蕾德的过程中,我一直有着很强的耐心,比如,在教她学习时,从每一个字母需要学习几十遍、每一个单词重复十几遍、每玩耍一个游戏几十遍、再到每一个故事需要给孩子朗读数十遍,我都会坚持下来。

刚会走的孩子是不可能会跑的,初学钢琴的人不可能即刻演奏出动人的乐曲,无论做什么,都需要坚忍的心,才可以收获成果。

维妮弗蕾德是个身体非常健康的孩子,她的身体比同龄孩子更好一些,她非常喜欢户外活动,比如,她喜欢跳跃、蒙眼前进等活动。我经常鼓励她参加各种体育活动,体育运动可以使孩子变得更加勇敢。

同时,维妮弗蕾德非常喜欢阅读故事,可以说,正是从神话故事里的人物身上,她学习到了勇敢的精神。每当书中或电影中出现勇敢的人物时,我就表现出赞叹和敬佩之情,让她感到勇敢的品质是多么受人推崇。时间一长,就让维妮弗蕾德有了勇敢的品质。现在,维妮弗蕾德经常会参加一些活动,在百人面前演讲或者表演,她从来都不会害怕,对她的勇敢表现,我总能及时进行鼓励。

4. 鼓励孩子在安全范围内尝试

如果父母自己就对困难或一些有危险的活动感到害怕,那么,他培养出来的孩子就不可能有勇敢的精神。为保证安全,父母应该给孩子画出底线,在这范围内,父母要鼓励孩子勇于尝试,可以说,孩子只要遵守一些重要规则,不逾越安全底线,一般就是安全的。

有一些父母,为安全而对孩子倍加保护,会让孩子缺乏勇气。千万不要溺爱孩子,在孩子稍有伤痛的时候就过分地安慰他,不让孩子再去努力尝试,这样会使孩子很茫然,不知道该前进还是后退。正确的做法是迅速转移孩子的注意力,并鼓励他继续努力。

有一些父母为了约束孩子,就给他们讲一些恐怖故事,比如,神的惩罚、地狱之火之类的恐怖故事,这只会让孩子变成一个胆小怕事、逃避责任的人,无疑,这与教育的目的是背道而驰的。

我们教育孩子,是为了让孩子坚强、健康和快乐地生活,而给他们讲恐怖故事,则永远收不到这样的效果,最重要的是,被恶魔和幽灵故事吓唬长大的孩子,并不会因此而变得更听话。

让孩子有责任心

1. 在小助手的角色中,培养孩子的责任感

在孩子的早期教育中,很多父母只重视孩子智力的培养,或重视让孩子学会某项技能,但忽略了责任心、敢担当等一些重要品质的培养。

为了让维妮弗蕾德从小就有责任感，无论是在家里还是与其他孩子一起玩耍时，我都会有意识地让她充当一些有意义的角色，让她了解自己的行为对其他伙伴所产生的结果，同时这也让她增强了信心。

有一年的复活节，家中来了很多朋友，每个人都忙碌着为这次盛宴准备。维妮弗蕾德也在厨房和客厅里进进出出，想要帮我们的忙。但是我们这些"大人"们都有固定的思维习惯，总认为孩子不应该做什么，甚至认为想帮忙的孩子是来添乱的。我也不例外，维妮弗蕾德只好闷闷不乐地坐在楼梯上发呆。

见此，我叫维妮弗蕾德到厨房里帮忙，维妮弗蕾德主要负责烤蛋糕，她的具体任务是将厨师调制好的蛋糕推进烤炉，时间一到，就及时通知厨师取出蛋糕，然后再烤新蛋糕。

尽管维妮弗蕾德的工作非常简单，但她却非常负责任，做得异常开心。后来，我又给她分配了摆鲜花、摆餐具的工作，她也做得很好。可见，让孩子分担一些家务是培养孩子责任心的好方法。

在做很多事情时，我都愿意让女儿维妮弗蕾德做我的"助手"，帮助我做一些她力所能及的事，从而培养她的责任感。平时，我会给她分派一些与其年龄相当的家务活，例如，让她打扫卫生、为花草浇水等，维妮弗蕾德会非常负责任地完成这些工作。

在自然教育学校中，维妮弗蕾德也做一些工作，比如，她主动给其他孩子编写歌谣，帮助其他孩子寻找问题的答案，教其他的孩子法语或者其他语言。这些都使她充满了责任感。而在完成助手任务的过程中，维妮弗蕾德慢慢成为一个独立的、有责任心的孩子。

对孩子来说，家庭是他发育成长的最重要的地方，因而，培养孩子的责

第8章 培养孩子优秀的品德

任感可以从家庭入手。我们可以让孩子当家庭小助手,给孩子权利,让孩子做主,让孩子充分体会对家庭的责任感。

维妮弗蕾德是一个非常有责任心的孩子,每当我生病的时候,她就会主动承担更多的责任,并且对自己每天要做的工作充满了信心。而家里的很多事情,无论是否与维妮弗蕾德有直接关系,我们都希望她能发表一下意见,让她帮着出谋划策,如果她提出的是好建议、好想法,我们也会积极采纳,并对她进行表扬和鼓励,这更进一步促进了她的责任感。

2. 孩子,让我们一起努力做

父母在将懵懂无知的孩子抚育成人的过程中,言行举止特别重要,父母的言传身教决定了孩子是否拥有好的习惯,决定了孩子整个身心的成长。

而为了培养维妮弗蕾德养成好的品德,我决心成为孩子的榜样。我知道,自己的一言一行,都可能影响到孩子将来的所作所为,因而,无论做什么事情,我都是特别谨慎,都想和孩子一同努力。

我会给自己提出要求,比如,在哪一天自己要完成多少量的文字工作,而一旦我承诺了要写多少字,就必须完成。不管有什么理由和借口,我都不能破坏我自己的承诺。在我的影响下,维妮弗蕾德也会对自己的承诺同样地负责任。

在教育孩子时,我始终坚持两个原则,一是无论在什么情况下,都不强求孩子做什么,而是让孩子表述自己的意愿,让他自己做出承诺;二是在生活中,我竭尽全力做好每一件事,主动承担我需要承担的责任。

如果父母不以身作则,却一味地要求孩子去做这做那,孩子是不可能做好的。虽然我从没有对维妮弗蕾德说过一句强迫的话，但在我潜移默化、身体力行的影响下，维妮弗蕾德已经在不知不觉中，具有了独立自主的意识和责任心。

3.让孩子对自己的言行负责任

父母要想培养孩子的责任感，就应要求孩子勇于对自己的言行负责，不论有什么样的过失，只要他有承担责任的能力，就要让他去勇敢地承担，绝不能让他去逃避和推卸责任。

我让维妮弗蕾德知道，无论她的年龄多小，都要为自己所做的事情负责。

有一次，维妮弗蕾德将她最喜爱的布娃娃丢在草坪上，自己却跑一边玩去了。有一条狗乘机叼走了布娃娃，将布娃娃撕坏了。小维妮弗蕾德拿着破烂的布娃娃哭着找到了我，希望得到我的同情。

我将她揽入怀中，等她情绪平静以后，我告诉她，布娃娃是她自己丢在草地上的，把自己喜欢的布娃娃留在那样的环境中，就是一种不负责任的表现。为了让她成为一个有责任心的女孩子，我给她画了一幅画，画中有一个可爱的小女孩被妈妈不小心留在一个有老虎和狮子的地方。我想用这种方式让她明白：一切后果是她自己造成的，是因为她责任心的松懈，造成了布娃娃的悲惨命运。

可以说，英国父母是爱孩子的典范，他们对孩子的爱体现在生活的方方面面，但又绝对不会溺爱孩子。

一个英国的妈妈，曾经给自己5岁的女儿买了一个小闹钟，这个会学猫狗叫的小闹钟非常漂亮。女孩的探索欲很强，为了搞明白闹钟"肚子"里的

第8章 培养孩子优秀的品德

秘密,将闹钟拆了个七零八散,无法再组装回原来的样子。为此,女儿急得大哭。

此时,妈妈平静地对女儿说:"你把闹钟弄坏了,可以自己把它修好。如果需要帮助,你可以找妈妈。"接下来,小女孩真的开始动手修理小闹钟。虽然最终她没有把小闹钟修理好,但是,在修闹钟的过程中,她有了特别的体验与锻炼,同时,她也明白了,自己必须对自己的行为负责任。

在日常生活中,我一直与女儿进行平等的交流,这也是一种培养她责任心的方式。而在与孩子交流时,我们不但要倾听他的心声、感受,也同他谈些自己的喜怒哀乐。

在培养孩子认真负责的精神时,我允许维妮弗蕾德犯错误,但不允许她推卸责任,更不会帮助她寻找理由逃避责任。

只要维妮弗蕾德勇于承认错误,我会原谅她,并对她的负责精神进行赞赏。事实上,如果孩子每一次犯错误,都愿意承担责任,会使孩子自我完善,能让她的个性更成熟一点。

在维妮弗蕾德成长的过程中,我从来没有打过她,我坚持着培养孩子品格的十戒原则,绝不使用棍棒法教育她。我总是试着让孩子知道,做错一件事情就必须承担相应的后果,就像我们成年人在违背了自然法则和国家法律时必须承担相应后果一样。

让孩子有诚实、正真的品德

1. 信守承诺是孩子必备的一种美德

奥利弗·温德尔·霍姆斯曾经说:"罪恶拥有许多工具,但谎言正是适合这些工具的把柄。"教育孩子有正直、诚实的品德,可以说是母亲必须完成的一项艰巨工作。

在维妮弗蕾德两岁那年,5月的某一天,她的父亲郑重地将她叫过去,告诉她:"今天是一个伟大的节日,叫作诚实节。"

之后,他给维妮弗蕾德仔细地讲述了这个节日的由来。其实,这个节日是为了纪念一个孩子,这个孩子叫埃默纽,他勇敢、正直、诚实、拒绝说谎话。

为了让人们永远记住这个孩子以及他的诚实,以及传播诚实的精神,市政府为这个孩子建造了一块纪念碑和一座塑像。纪念碑上镌刻着这段文字:"怀念为真理而献身的人,愿他在天堂永生。"而埃默纽死去的那天就成了"诚实节",也叫"不说谎纪念日"。

这个故事在维妮弗蕾德的脑海里留下了深刻的印象。

事实上,信守承诺是孩子必须具有的一种美德,是人与人交往的基本要求。一个不能信守承诺的人,是不能取信于人的,因而,也是不受欢迎的。在日常生活中,父母一定要教育孩子,要让孩子养成守信践诺的良好习惯。

2. 辨别孩子的想象性与善良的谎言

很多孩子都有说谎的习惯,之所以如此,大约是由于他们过分夸张的表达方式。在小时候,维妮弗蕾德的嘴巴里就经常蹦出一些"比脸盆还要大的西

第8章 培养孩子优秀的品德

瓜"之类的话,不过,显然,这类"谎言"对他人没什么危害,相反,会让我们的生活趣味横生,因此,我称之为"可爱的谎言"。可以说,只要孩子没有滥用"可爱的谎言",父母就不必约束他,要知道,这是由于孩子爱想象所导致的。

小孩子都有丰富的想象力,有时,他们会把幻想、愿望与现实混合在一起,因而,就会常常说一些让人摸不着边的话。在这一点上,我们应该尊重孩子。

或许,当你带孩子从公园回家的时候,他会告诉你,他在公园看见了独角兽,此时,不要责骂孩子,因为他并不是在欺骗你,他有可能分不清什么是真实的,什么是虚假的,他不能把他的梦和真实的生活区分开。

可以说,孩子常常无意识、不自觉地说一些"可爱的谎言",这与品德行为无关,不要因此就否认孩子的世界,而是要尊重孩子的表达方式。

每一个孩子都有幻想,我们绝不能压制孩子的幻想。有时,童话里的人物也会从孩子的脑海中走到现实中来。父母可以让孩子相信这个世界上有圣诞老人,相信这个世界上有仙女,相信这个世界上有小女巫,但是必须让孩子知道,我们人类是不能飞起来的,即便插上翅膀也不能像天使一样飞起来。

有一次,有人为维妮弗蕾德织了一条红色的围巾,维妮弗蕾德非常喜欢。可惜的是,她围上那条围巾后,感觉皮肤刺痛,因而,在戴过一次后,维妮弗蕾德就把这条围巾永远地收进了她的礼物盒。

后来,她又与送围巾的人相见了,维妮弗蕾德竟然毫不犹豫地告诉人家说,那条围巾很不好,这让送围巾的人有些尴尬。这件事情提醒了我,让我相信"善意的谎言"是无罪的,我们所说的那个"美好的世界",有时,也需要一些谎言。

当然，我们仅仅需要的是"善意的谎言"。小孩子真的是童言无忌，不过，有时也给维妮弗蕾德带来一些麻烦，所以，孩子也需要懂得讲些善意的谎言。

或许，小孩子还无法区分"邪恶的谎言"和"善意的谎言"（当他完全能够清楚区分的时候，或许就意味着长大了）之间的区别。此时，我们一定要坦率地告诉孩子，如果他的回答可能会伤害到别人时，就试着换用一种"善意的谎言"来表达。

3.不要强迫孩子去坦白

父母如果发现孩子撒了谎，就一定要妥善处理，要好好了解小孩子的想法，设法消除他说谎的动机，鼓励他诚实地讲话。

很多父母爱强迫孩子坦白，这其实是最糟糕的方法。当然，我们也不要诱骗孩子说出真相。发现孩子说谎时，你可以告诉他为什么你要知道真相，让他知道你不想听到借口。我们应该让他从中学到诚实待人的道理，但绝不要强迫孩子老实交代，绝不要责骂孩子为什么撒谎。

如果父母想培养一个实事求是的孩子，就一定要与孩子建立一种以相互信任为基础的关系。即使发现孩子有说谎的行为，父母也不应因此就不再信任孩子，而是要告诉孩子，说一句谎言是可以被宽恕的，但如果他继续说谎，他就会失去父母的信任。我对维妮弗蕾德就非常信任，维妮弗蕾德很珍惜我的信任，也很愿意诚实地生活。

作为父母，如果你知道孩子说谎，就不要对他一再地追问。父母这样做，

第8章 培养孩子优秀的品德

可能是希望通过追问,给孩子一次说实话的机会,结果,孩子会因为害怕,因为逃避,而说了新的谎言。

如果父母知道真相,就不要再反问孩子。即便父母不知道真相,但是能够肯定孩子的答案不可信,那么,也不要再向孩子提问题。

事实上,你对他的责怪与斥责,你所说的关于诚实和正直的长篇大论,孩子并没有听进去。当然,你惩罚他,也不能使他知道他究竟错在什么地方,最糟糕的是,他也不愿意让你知道他那些淘气的事了。

多关注孩子这一行为的原因,其效果会更好一些。

发现孩子说谎时,你可以告诉你的孩子:"我知道你是怕我不高兴,所以不想告诉我真相,但是我亲眼看见你打了小朋友。如果你下次对他礼貌些,我想他会把他的玩具给你玩的。"

4. 要孩子讲诚信,父母要以身作则

无论在美国还是世界上的其他国家,诚信都被人们所重视。可以说,一个人要想有所成就,诚信是必不可少的品质之一。

当一个孩子爱撒谎时,父母应考虑的第一件事就是:我自己是不是爱说谎。或许,那些无恶意的谎言对成年人来说,算不了什么,可对孩子来说,却影响重大,孩子有可能视之为真正的谎话。所以,在日常生活中,父母不要欺骗孩子,如果失掉孩子的信任,那么,父母将不再会得到孩子的尊重。

不久前,我听到一个妈妈这样对他的小儿子承诺:"如果你会背《巨人数学领域的探索》,我就给你10美分。"这个小家伙充满了热情,他用了一个早上的时间,终于背会了这首诗。之后,他满怀着希望来到母亲身边,准备给母亲背诗听。没想到的是，正在忙碌的母亲却不耐烦地对他说："去一边玩吧，我没时间听你背什么诗。"可怜的孩子只好懊恼地走开了。此后，即便他妈妈说给他20美分，他都不会学任何别的东西了，因为这位母亲的承诺没有任何诚意，她失去了儿子的信任。

如果你希望能在孩子幼小的心灵中，奠定诚实的基础，你就要以身作则，为他树立一个好榜样。可以说，父母说谎，是造成孩子说谎的一个重要原因。

父母对孩子说的话不兑现，也往往被孩子视为"骗人"。总之，想要孩子成为一个诚实的人，负责任的人，即使在小事上，父母也一定要和孩子讲诚信，不能随便找一个借口，就爽孩子的约。

培养孩子的自尊心

1. 不要拿孩子去比较

想培养孩子优秀的品德，就要培养孩子的自尊心。自尊心可以说是所有优秀品德的基础。如果一个孩子没有自尊心，就别谈什么优秀的道德规范了。

在日常生活中，有些父母可能会经常对孩子说："看看隔壁的汤米，他是我见过的最聪明的孩子"，"你什么时候能像苏菲那样懂事，我就心满意足了"，"迈克的成绩总是那么好，你为什么比不上他"……

事实上，父母这样将孩子与其他孩子做比较，是在伤害孩子的自尊心。要知道，孩子的心灵是非常脆弱而敏锐的，需要成人的细心呵护和理解，这样他才会有真正的自尊，有真正的自信。

如果我们总是把儿童看成不懂事的孩子,并因此而随意去批评、指责,刺伤他的自尊心,那么,孩子就容易自卑、退缩、紧张,甚至会有憎恨、敌对的情绪。可以说,保护孩子的自尊心就是在保护孩子的潜在力量。

有很多父母曾经给我写信,他们总是把自家的孩子和维妮弗蕾德相比。我很想提醒这样的父母,如果孩子比不上维妮弗蕾德,那一定是他们的教育方式有问题,他们应该负更多的责任。

而他们如此的比较,无疑是在伤害孩子自尊。孩子的成长动力来自他内心的体验,而不是与他人比较的结果。

通常,一个孩子年龄越小,他的心灵就越不会设防,就越容易受伤害。父母要注意的是,不要在别人面前训斥、指责孩子,让他感到难堪;不要总把孩子与其他孩子比来比去,让他无所适从。

一个聪明的母亲一定是语言艺术家,要知道,任何人都不喜欢被命令和强迫,因而,母亲一定要想出一种办法与孩子沟通,不需要给孩子讲什么大道理,就能让孩子乐意去做某一件事情。父母一定要知道,命令和强迫都是无效的,与其命令孩子,不如好好地引导他们。

有成千上万的方法可以让孩子失去自尊心,但让孩子重新建立自尊却是一个缓慢而困难的过程。所以,父母要用正确的态度和方法来教育孩子,来与孩子沟通,这对培养孩子的自尊有着十分重要的影响。

2. 保护孩子的自尊心

为了培养孩子的自尊,我们一定要信任他们。要知道,无论是成人还是小孩,都希望自己被人尊重。很多父母总是严厉地管教孩子,在培养孩子的自尊方面，严厉的管束会产生相反的结果。

有的父母喜欢用严格的教育方式，这本身没什么错，但要注意的是，用这种严格的教育方式应有一个限度，要以无论怎样都不能伤害孩子的自尊心为底线。要知道，当一个孩子的自尊受到伤害之后，他很容易变成一个懦夫，一个喜欢逃避责任的人。

与女儿相处时，我非常注意保护她的自尊心：我会平等对待她，平等地与她谈话。

很多父母总让小一点的孩子穿姐姐或哥哥曾经穿过的衣服，我并不赞成这个做法，即使家境不佳，最好也不要这样做，因为这样会伤害孩子的自尊心。

为了使孩子容易管教一些，有些父母根本不能平等对待孩子。我曾经认识一位父亲，他对孩子的教育可算得上尽心尽力，他无论做什么事情，都会为了孩子着想。他家境富裕，无论衣、食、住、行，他都尽量让孩子有最好的享受。然而，在为孩子提供如此优越成长条件的同时，他却忽略了一个更为重要的因素，那就是忽略了孩子自尊心的培养。

与孩子相处时，他始终把孩子当成不懂事、没有自主意识的孩子，无论什么事情，他都武断地帮孩子做主，他既不信任孩子，也不鼓励孩子有自信。平时，他总是不许孩子做这个、不许做那个，而且常常监视孩子的言行举止，并限制孩子的行为。

就这样，在父亲过度的管教之下，孩子渐渐失去了信心，总认为自己是个无能的人，是一个永远犯错误的人。这个孩子的自尊受到了严重的伤害，难以康复。

父母应该为孩子营造乐园式的家庭，因为冷酷而严格的教养环境，必定会培养不良的孩子。不过,营造家庭的乐园并不意味着要放纵孩子。一个良好家庭依然应该注重礼节。

狄德罗曾经说:"父母的责任就是为了孩子把世界改造成一个美好的家园。"对孩子来说,家是世界上最美好的地方。在家中,不论年龄,不论身份,都应平等相待相处。对父母来说,为孩子建造家庭的乐园是父母应尽的义务。

3. 小心呵护孩子的自尊心

很多父母经常在不经意之间,就伤害了孩子的自尊心,这真是让人痛心的事。每一个孩子都有自尊心,如果父母能够认识到这一点,就一定能够避免让孩子受到许多不必要的伤害。

有些父母比较敏感,有很强的自尊心,当孩子不听自己话,与自己对着干时,便会怒不可遏;有的父母发现孩子一件小事没有做好,就会马上数落孩子,说他有多么笨;有些父母因孩子有些胆小怕事,就把孩子说成没用的胆小鬼;有些父母因孩子偶尔犯一次小小的失误,就会经常提及这件事。

可以说,在现实生活中,不注意保护孩子的自尊心、自信心,不尊重孩子的隐私,甚至有意无意地伤害孩子自尊心的事,早已是司空见惯,见怪不怪了。

自小维妮弗蕾德出生至今,我从来没有以这种态度对待过她,因为我特别爱我的女儿,我不愿意给她造成任何的伤害。

有时,维妮弗蕾德在与他孩子一起玩耍时,会因为自己跑不过他们而感到分外沮丧。此时,我就会这样安慰她说:"维妮弗蕾德,你知道,在所有这些孩子中，你年龄最小，跑得没有他们快，是非常自然非常正常的事，如果他们连比自己小的维妮弗蕾德也跑不过的话，他们不就太笨了吗？不就连一点信心都没有了吗？也给他们一点信心好不好？你若是和同龄的孩子比，我相信，你一定跑得比他们快。"

有一天，自然教育学校组织学生们去春游，那天，大家都穿上了简洁轻便的春装，小维妮弗蕾德却非要穿她认为能让自己更漂亮的绿色大衣。虽然我建议她换上春装，但维妮弗蕾德执拗地拒绝了我。

那天，天气很温暖，维妮弗蕾德热得满头大汗，而且因为穿着厚重的衣服，玩得很不尽兴。为此，维妮弗蕾德感觉很不开心，希望我带她提前回家。

此时，我佯装不在意地说："春天真的让人很舒服，神清气爽，维妮弗蕾德，如果你想和其他小朋友一样穿上春装的话，妈妈正好为你带了一件，你要不要现在换上呢？"

自然，维妮弗蕾德高兴地接受了我的建议。

如果我在出发时，就强迫女儿换上春装，她的自尊、自信就会受到伤害，而且会变得更加的固执，即便知道我的建议是正确的，她也不会觉得玩得很愉快。而现在，我帮助女儿克服了固执，又使她享受了美好的春光，更保护了女儿的自尊和自信。

事实上，在很多时候，在孩子面前，一些父母习惯要充分表现做父母的权威性，无论让孩子做什么事情，都会要求孩子、命令孩子、责骂孩子，这些行为都可能伤害到孩子的自尊心。

在这个世界上，对孩子来说，父母是他人生道路上的第一任老师，是他最信赖的人，热爱孩子是父母的天职。而大凡能成功进行家庭教育的父母，都能深悟"良言"的妙用。他们善于观察与揣摩孩子的心态与处境,然后,就会选择最佳时机,并且是有针对性地用"良言"抚慰、温暖、激励孩子,时时呵护好孩子的自尊心。

4. 不要让孩子有盲目的自尊

一个人的外貌是美还是丑不能由我们自己决定,可以说,美貌是上帝馈赠给少数人的礼物。但一个人是否能有礼貌和自尊,则可以由每个人掌控。

一个人没有自尊心固然是不行的,可盲目自尊也是不能有的。

有些孩子因为父母给他太多的夸奖,太多的保护,变得无法承受失败和挫折,一旦别人批评他,他就会变得脆弱而敏感,不能接受别人的批评;一旦遇到比自己还优秀的孩子,他们幼小的心灵中就会产生忌妒的怒火。

这是由于孩子将骄傲自大的情绪错误地与自尊混杂在一起,这种错位会使孩子变得越来越不切实际,甚至会变成一个尖酸刻薄的人。所以,父母让孩子拥有自尊,必须建立在客观的基础上,也就是说,孩子必须要正确地认识自己、认识别人。

父母一定要妥善处理过度赞扬与合理鼓励的界限。父母要培养孩子的自尊,一定要建立正确的观念,即正确的自尊既能感到自己值得别人尊重,同时也能正视自己的不足与缺点。

第9章
提升孩子的社会发展能力

让孩子有良好的社交能力

1. 及早培养孩子的社交能力

一个孩子应该如何学习了解自己与他人之间的关系？他应该在什么时候开始交朋友？事实上，这些都是属于孩子的交际能力。

最初时，孩子的交际能力是从父母那里开始学习的。父母是孩子的最初玩伴，也是孩子的第一个社交对象。孩子听父母的声音、看父母的脸、被父母抚摸，在父母的帮助下，孩子一点点地熟悉他人，并且开始喜欢与他人在一起，这就是孩子社交能力的发展。孩子和父母之间有什么样的关系会直接影响孩子和其他人的交往以及关系的形成。

第9章 提升孩子的社会发展能力

如果我们希望孩子有礼貌，在孩子面前，就要表现得彬彬有礼，与孩子说话时，就要使用礼貌语言；如果我们希望孩子尊重他人，就要尊重孩子。可以说，你怎样对待孩子，孩子就怎样对待他人。

在日常生活中，我总是以身作则，用实际行动向维妮弗蕾德示范社交的礼仪。比如，与人见面时主动问候他人、分手时说"再见"等。我和维妮弗蕾德的父亲一直都严格要求自己的言行举止，给孩子树立好的榜样。

在很小的时候，女儿就会自己去买东西，与卖家交流，这使她掌握了与人沟通的技巧，掌握了基本的社会交往能力。

可以说，如果一位母亲从小就能尊重孩子的想法，即使孩子的想法特别幼稚，母亲也能耐心同他探讨，那么，在孩子长大后，他就会成为一位有礼貌、宽容且善解人意的人。

在日常生活中，只要是维妮弗蕾德不喜欢做的事情，我就不会强迫她去做，尽量给她自由，尊重她的想法，所以，维妮弗蕾德也遵循这样的社交准则。她非常喜欢参加各种社会活动，与不同的小朋友交往、玩耍，而她超凡的社会交往能力让她的生活变得丰富多彩。

每当她与小伙伴们一起玩耍的时候，总会成为小伙伴们最好的玩伴，他们喜欢她，因为她从来不强迫小伙伴按照自己的想法做事情，她尊重他们的选择，给他们自由发挥的空间。

切斯特·菲尔伯爵曾经说："举止教育至少应该占到儿童教育一半的比例，而且举止不仅是指所谓的礼貌和简易的规矩，也应该包含真实习惯的训练，比如，诚实、毅力、勤奋和自尊。"

父母一定要注意的是，要想孩子有良好的礼仪，还需要美好的内在精神进行支持。

2. 让孩子表现自己的社交能力

对孩子来说，掌握良好的社交能力，不仅是他们智力发展、健康成长的需要，更是他们将来生存和发展所必须具有的品质。

维妮弗蕾德加入了"少年慰问团"，成为这个组织的会员，而这个组织的创立目的是用手制的玩具和花束慰问生病的孩子。此外，维妮弗蕾德还参加并组织了"争取匹兹堡少年平等参政同盟"……由此不难看出，维妮弗蕾德有多么好的社会表现能力。

事实上，维妮弗蕾德还曾经是"美国少年和平促进会"协会会长，而"美国少年和平促进会"是为了增进各国少年之间的友谊，克服种族偏见，促进世界和平而成立的协会。该协会的很多成员，在同一时期，与一位以上的外国少年保持着通信联系。"美国少年和平促进会"每月召开一次例会，此时，孩子就会彼此分享与外国朋友的交流内容。一般来说，在开会时，孩子们会朗读外国朋友的来信，还会借用幻灯片来介绍这些国家的风土人情。通过与其他孩子通信的方式，协会的很多孩子获得了一些来自各地的纪念品，比如明信片、邮票、压花之类的礼物。

当然，维妮弗蕾德也获得了很多这样的礼物，这些饱含异国深情的礼物有的来自俄罗斯，有的来自印度，有的来自法国，有的来自西班牙。维妮弗蕾德优异的社交能力使她收获丰富。

如此多的社会活动让维妮弗蕾德非常忙碌，但在这样的环境中，维妮弗蕾德进步很快，与那些扮演游戏相比，她现在是真正成功地走向了社会，这是孩

第9章 提升孩子的社会发展能力

子多项能力发展的结果,也很好地检验了维妮弗蕾德的社交能力。

可以说,广泛的社交能力不仅让维妮弗蕾德学习了不少知识,而且让她充分体验到了交往的快乐和助人的快乐。

3. 在戏剧模仿中学习社交规则

在纽约,有专门的儿童剧场,我认为,应该多建一些这类剧场,因为孩子们都喜欢模仿别人,特别是戏剧和电影里的人物形象。

有一次,我陪女儿看了一个叫作《国王和他的女儿》的儿童剧,这个儿童剧讲的是国王聪明的女儿,如何捉弄那些阿谀奉承的大臣的故事。

回到家后,我和维妮弗蕾德就开始模仿戏剧中的一个情节,其中,维妮弗蕾德扮演公主,而我则扮演一个贪婪而无知的宰相。

在表演时,维妮弗蕾德昂首挺胸,表现得特别神气,她模仿得惟妙惟肖,神态和举止完全就像个真正的公主。这样的表演模仿游戏,给维妮弗蕾德打下了很好的礼仪基础,可以说,维妮弗蕾德很多待人接物的方式就是从对戏剧表演和电影的模仿中学习的。

教孩子学习一些必要的礼节常识是非常重要的。通过戏剧角色模仿的形式,给孩子灌输礼仪观念是很有趣的一种方式。

对于让孩子看电影,人们有不同的看法。我认为,好的影片还是有很大的教育价值的。我经常带女儿去看好的儿童剧和电影。

回家后,我们母女二人就开始表演。人数不够时,我们就用玩偶和其他物品代替一些角色。我发现,利用这种模仿电影和戏剧人物的游戏,女儿掌握了不少东西,比如,勇敢的表情、幽默的话语、丰富的语气、适宜的礼节等。可以说，利用模仿的方式，维妮弗蕾德掌握了不少社交规则和社交技巧。

4. 让男孩与女孩一起玩

一般来说，那些有相似的兴趣爱好、经验能力一致的孩子易自发地集中在一起，他们有共同语言，在思想感情方面，也比较容易进行沟通，有利于发挥孩子交际的积极性与主动性。当孩子们参加一些区域性的活动时，孩子能从中掌握一些社会交往技能，学会表达思想感情，丰富社交知识和体验。

父母一定要鼓励孩子们到户外一起玩，通常，很多的孩子聚集在一起，就形成了一个小小的社会。维妮弗蕾德很喜欢与不同年龄、不同性格的小朋友们交往、玩耍，从而慢慢地学会了与他人交往，学会了与人共同分享，培养了其团队合作意识，养成了懂礼貌、讲礼仪的习惯。可以说，与学习其他技能一样，孩子的社交能力也是需要在现实生活中不断尝试，不断发展的。

有一些人反对男孩和女孩一起玩，认为让他们一起玩对孩子是有害的，但我并不这样认为。男孩和女孩一块玩可以互相学习，男孩可以从女孩身上学习到礼貌，女孩可以从男孩身上学到勇敢的精神。一般来说，女孩富于想象，男孩的理解力较强，男孩女孩一起玩，能够在性格上互相弥补，互相学习，从而能取长补短。

爱默生曾经说，"如果世界上只有两个人，不到一天，其中一个必是主人，另一个则会沦为仆人。"

不仅成人，孩子们在一起玩也是如此，因而，我从不让维妮弗蕾德只与某个固定的小朋友玩。要知道，两个孩子老在一起玩，很容易产生类似的不良关系，那样，反而破坏了孩子们纯真的友情。

5. 父母要尊重孩子与他人交往的方式

父母尊重孩子，要把孩子当作与成年人平等的人。如果父母想让孩子与人分享，应先征求一下孩子的意见。如果孩子不同意，那么，一定要尊重孩子的意愿，并可以真实地告诉另一方"很抱歉，他不同意"。

关于这一点，我们可以从动物身上学到一些东西：一般来说，在小狮子打打闹闹的时候，狮子妈妈和爸爸都懒懒地躺在一边，不理会它们，不管束它们，也不干涉它们的行为。因为它们知道，如果自己用成年的力量帮孩子们解决矛盾，虽然能够暂时阻止他们的纷争，却阻挠了幼狮生存技巧的开发进程。

可以说，打闹是小狮子在为将来做准备。同样的道理，如果孩子间发生了冲突，也请尊重孩子，要尽量由孩子自己解决冲突与问题。

平时，父母们可以帮助孩子学会遵守"轮流""等待"等游戏规则，比如，玩秋千时，大家要轮流玩秋千；玩玩具时，大家可以交换玩具玩；我们可以帮助孩子学会分享，学会给予，不过，如果孩子愿意用他自己的方式与人交往，我们也应该尊重他，要知道孩子的世界有孩子的规矩。

让孩子勇于表现自我的想法

1. 有利于培养孩子表现力的游戏

自然教育法中的装扮角色游戏、演讲游戏等，都有利于培养孩子的表现力。在日常生活中，父母可以让孩子多玩这类游戏。在玩这类游戏时，父母可以为孩子布置"情境"，设定"情节"，让孩子为"观众"表演节目。这些

"观众"可以用洋娃娃、小熊、小狗来代替,让孩子假设它们就是真正的观众,自己正在舞台上或者会场中单独表演。可以说,越真实的情景模拟,越容易让孩子具有现场感,从而越能增强孩子的表现力和认真表演的态度。

维妮弗蕾德很喜欢这种表演游戏,每次她都非常认真地表演,以获得观众的掌声。每当维妮弗蕾德表演完毕,我就会马上代表所有的"观众"给她热烈的掌声。此时,维妮弗蕾德也与这些观众一一握手,然后谢礼、闭幕,就像在舞台上表演一样。

爱玩是孩子的天性,让孩子做互动游戏,可以有效地锻炼孩子的表现力。平时,我们可以设计编排各种情境,来增强孩子的探索兴趣。我们可以与孩子一起玩人物模仿、特长展示、问路、购物游戏等,可以让孩子"讲故事""唱歌"和"艺术表演"。

我们一定要鼓励孩子参与小伙伴的游戏,以此来让他不断地结识新朋友,即使在玩耍中彼此之间产生纠纷与矛盾,对孩子的成长也是有益的。正是在各种纠纷的解决过程中,孩子学会了如何与人相处,增强了参与活动的积极性与主动性。

2. 给孩子创造表现自我的机会

在维妮弗蕾德5岁的时候,她经常随我到世界各地宣传世界语。其中,在新泽西州的莱卡特宣传世界语的时候,她表现得非常出色,不仅赢得台下听众的阵阵喝彩,也赢得了更多的世界语支持者。

当我演讲时,维妮弗蕾德以出色的表现力配合我的演讲,5岁的她现身说法,充满自信地为大家背诵她用世界语写的诗歌。而她不凡的表现为我赢得了众多的支持者。

我愿意为孩子创造更多的机会来培养她的表现能力。事实上，在自然教育学校中，小维妮弗蕾德也是个小老师，她非常自信地承担着老师的责任。我经常会交给她一些工作与任务，让她自由发挥，尽情表现。

孩子的表现能力可以说是他各种能力的综合运用，同时，孩子的表现力也能够刺激、引发、促进他不同能力的发展。

3. 保护好孩子的表现欲

很多人认为只有成年人才有强烈的表现欲，事实上，孩子也有表现欲。别看孩子小，可他小小的内心早就有了表现自我的想法。很多父母应该都遇到过这样的事，当家里有客人的时候，孩子会特别高兴，而且喜欢在客人面前唱歌跳舞来表现自己，一旦有人称赞他，他更会喜不自禁。

孩子的表现欲是一种积极的心理品质，当孩子的这种心理需求得到满足时，就会产生一种自豪感。而正是这种自豪感激励着孩子充满兴趣地去学习新东西，探索新问题，让各方面的能力不断获得新的提高。因而，在日常生活中，我们要保护好孩子的表现欲，不能压抑它。

在前面，我们也曾经提到过孩子炫耀的心理，在孩子的表现力和炫耀之间，我们一定要帮助孩子把握好尺度与界线。我们可以引导孩子，慢慢懂得什么时候应该表现，什么时候不能表现，以免孩子滋生虚荣心理，不恰当地过度表现自己。

虽然维妮弗蕾德个性比较谦虚，但和所有的孩子一样，她喜欢被关注，喜欢有朋友来家里做客，喜欢承担责任，适度地表现自己。

培养孩子的共融性与宽容心

1. 教育孩子做一个慷慨大方的人

在这个世界上,有很多人,他们虽然读过不少的书,掌握了不少知识,却不知道怎么去运用它们。我不希望女儿成为这样的人,因而,我尽量教给女儿一些实用的知识,并努力给孩子灌输助人为乐的意识。我希望,不论在什么情况下,孩子都能如鱼得水地与周围的环境产生很好的共融性。

幸运的是,维妮弗蕾德是一个性格开朗的孩子,她非常乐意与他人分享她所得到的一切。从5岁开始,维妮弗蕾德就给小朋友们上课,认真地承担起一个小老师应该负的责任,她愿意将自己所知道的知识教给其他的孩子。此外,她还发挥自己的创造力,发明了很多新的教学游戏,帮助更多的孩子更容易地学习、掌握知识。

我希望维妮弗蕾德从小就具有无私的品格,做一个慷慨大方、懂得为别人付出的孩子。为此,我经常让她跟我一起参加教会组织的义工活动,在街头为那些贫病的人们进行募捐。

维妮弗蕾德会做一些简单的手工,亲手缝制一些物品,送给孤儿或者那些年迈的孤寡老人。一位70岁的老人为维妮弗蕾德的爱心所感动,在复活节的时候,老人专门送了她一副蓝色的手套,并对她说:"亲爱的孩子,是你的'国王'(维妮弗蕾德的小手工)让我有了活下去的勇气。你有一颗金子做的心!"

在日常生活中,虽然我从来没有命令或者教育维妮弗蕾德去为他人做些什么,但是维妮弗蕾德却已经把慷慨与慈悲地帮助他人视为了她必须履行的义务。

第9章 提升孩子的社会发展能力

在儿童时代,维妮弗蕾德就希望自己能赚很多的钱,她认为,拥有了足够的财富,就能买漂亮的玩具给那些买不起玩具的孩子,就能够买厚实的衣服送给那些衣衫单薄的孩子。

每当维妮弗蕾德看到那些贫穷的孩子渴望玩具的眼神时,她就会感到悲伤。她想努力建一个"玩具基金",这样,每一个孩子就都有玩具了。对于她的这个想法,我鼓励她坚持下去。

为了募捐"玩具基金",维妮弗蕾德和她的朋友们组织义演,表演他们所熟悉的《哈姆雷特》。此外,为了完成这个美丽而伟大的事业,她写了一篇感人的演讲词,从而能在不同的聚会上进行演讲。维妮弗蕾德在她的稿子中这样写道:

> 在战地医院,南丁格尔女士用她的微笑抚慰每一位伤兵。每一天,她都最早起床工作,然后工作到最晚休息。伤兵们热爱她、尊敬她,见到她,就像见到能解除一切痛苦的女神。因此,这位尊敬的女士被称为"光明女神",她挽救了无数战士的生命,成为一位受人敬仰的女士,并得到了英国国王亲授的功绩勋章……

在维妮弗蕾德看来,这是个能够打动人心的故事,一定能感动更多有悲悯之心的人。虽然这是一篇略显稚嫩的演讲词,但它却深深地感动了我。这不仅仅是因为她的演讲,更是因为她美丽的心灵,高尚的灵魂,无私的服务精神和分享精神,我为有这样的女儿而自豪。

或许,在日常生活中,有很多父母并没有意识到奉献的真谛,没有体验到助人的快乐。他们放任孩子自私、吝啬、无度索取……如果想让世界充满爱与奉献，就从教育我们的孩子乐于助人开始吧！

2. 让孩子学会凡事要为别人着想

维妮弗蕾德有很多的朋友，其中她有一位胖胖的小绅士朋友叫特里，他是维妮弗蕾德最好的男性伙伴。在特里5岁的时候，他第一次来我们家，我发现，在吃零食的时候，他总是让维妮弗蕾德先挑选，他表现得彬彬有礼。虽然我告诉他，他是客人，可以先挑零食吃，但他总是笑眯眯地把这个权利让出去。因而，维妮弗蕾德很容易就吃到了她心仪的巧克力小熊饼干。

特里所表现的绅士风度让我很感兴趣，我想，特里的妈妈一定是一位优秀的母亲。为了让维妮弗蕾德注意一下自己的分享问题，我赞扬了特里的谦让和礼貌行为。特里非常谦让地说道："零食是女孩子的特权，如果维妮弗蕾德是个男孩子，我相信，她也会像我这样做的。"

在特里走后，维妮弗蕾德认真地向我致歉。在这件事情上，尽管我没有指责她，没有流露出不满的情绪，但是特里的行为让她意识到自己做得不是很好。

我则语重心长地告诉她："妈妈知道你以后一定会像特里那样做，是不是？"通过这件事情维妮弗蕾德学会了凡事要为别人着想，理解了分享的另一层含义，我相信，从此之后，她再也不会第一个把手伸向零食盘子。

关注别人的需要和感受、富有同情心，是一种非常难得的美德。仅仅让孩子明白在吃零食时一定要谦让，还远远不够，更要让他懂得这个世界之所以美丽，是因为人们之间可以彼此体谅。

第9章 提升孩子的社会发展能力

可以说，一个人的灵魂之所以美丽，是因为他能够先考虑到他人的痛苦和快乐。如果一个孩子在享受的时候，能够先想到别人，能够保持礼让的风度，那么，这意味着他已经长大了，而且一定会成为一个讨人喜欢的人。

3. 不要呵斥孩子去分享

在日常生活中，很多母亲喜欢逗弄孩子，她会对孩子说，给妈妈吃一口，待孩子拿出食物时，她又不吃了。父母不经意间拒绝了孩子，扼杀了孩子分享的快乐，分享的真正意义在于孩子给予之后所获得的快乐。孩子在这个过程中体会到了被他人接纳的愉悦。

分享不只是孩子与孩子之间的事。你可以要求孩子跟你分享，如果孩子连他最亲密的人都不肯分享，又如何与别人分享？对孩子来说，家庭是分享的重要场合之一。在日常生活中，我会和维妮弗蕾德分享很多东西，我接受维妮弗蕾德的帮助，尊重维妮弗蕾德的建议，分享维妮弗蕾德的思想以及她为我做的香蕉船。

父母不要强迫孩子分享他心爱的东西。孩子可能会自愿跟伙伴分享很多东西，但不包括他最心爱的，这并不影响他分享意识的建立。在这里，还要注意的是，千万不要强迫孩子去分享，这对孩子来说是一种痛苦的经历，很可能会让孩子畏惧"分享"。

事实上，让孩子分享需要一个循序渐进的培养过程。只有孩子从分享里感受到自己带给他人的快乐，以及因他人快乐而带给自己的满足感，那么，他才会真正了解分享的意义，从而更愿意去分享。

第 10 章
让孩子有幸福的人生

让孩子有美好的人生

1. 给孩子美丽的成长环境

孩子所生活的周围环境,应尽量地保持美观,这让人感到愉快。日本人坚信孩子们只有在美丽的环境中成长才能变得漂亮。因而,日本的母亲们总是竭尽全力,让孩子生活在赏心悦目的环境中。

无独有偶,希腊人也有类似习惯,母亲在怀孕期间要观看美丽的事物,这是为了让孩子也能成为美丽的人。可以说,美能让人精神愉快、感到幸福,而愉快和幸福感能使人变得更加美丽。

对孩子来说,育儿室是他的第一个小家,在很长的一段时间内,孩子将生

第10章 让孩子有幸福的人生

活在这里,所以,孩子的育儿室需要精心设计,要知道,这里对他的成长起着举足轻重的作用。

在维妮弗蕾德这个可爱的小天使出生之前,我就尽力将她和我居住的环境布置得美丽而温馨。我相信,如果让她待在美丽的环境之中,那么,她就会时时受到美的陶冶。为了让孩子爱美的潜能尽早发挥,我精心为维妮弗蕾德布置了婴儿室。

可以说,维妮弗蕾德的婴儿室是我们家中最好的房间,房间中阳光充足,通透性好,空气新鲜;墙壁的色彩是很漂亮的暗绿色,这有利于孩子眼睛的发育;床是洁白的颜色,床单、小被也是洁白的,还有又软又轻足够舒适的毛毯;婴儿室中的墙壁悬挂着一些图画和一些著名艺术家作品的复制品,色彩鲜艳;婴儿室的桌子、柜子或者壁炉架上都摆放着一些雕刻作品,孩子一睁开眼就能看见美的物品,这不仅让她体会到了世界的美好,也在潜移默化中让孩子有很好的艺术眼光和审美品位,能为孩子的美丽人生做好铺垫工作;当然,天花板还要好好装饰一下,因为婴儿会花大量的时间望着天花板。为此,我在天花板上挂了一盏七彩的水晶灯,一串用扇贝串的美丽风铃。

为了让维妮弗蕾德处在一个开心快乐的婴儿室,我花费了很多心思。比如,每隔几天我就为婴儿室增添或者替换一些小玩意、小装饰。每当墙壁上的装饰显得老旧,我总会精心挑选一批新的。偶尔,我也会改变一下家具的布局,更换一下不同颜色的窗帘,甚至更换一下墙壁的颜色。

美丽的生活不仅意味着应该有舒适的环境、充满智慧的图书、漂亮的丝带和衣服,以及美味可口的食物,还要有热爱美丽生活的相亲相爱的一家人。

可以说,要想孩子有美丽的人生,母亲们应该想方设法为孩子们营造美丽而富有趣味的生活环境。

2. 教孩子讲卫生、爱干净

一般来说，在衣着打扮上，美丽得体的母亲会培养出气质美丽的孩子，孩子是母亲的翻版。在日常生活中，我与周围的朋友们都非常重视自己的仪表，尽量做到得体大方，之所以这样做，不仅是为了让自己美丽，更重要的是要给孩子们做一个好的榜样。

打个比方说，如果我邋遢，穿着脏衣服或者穿着带泥的靴子在房间里走，那么，维妮弗蕾德就会有样学样，会肆意破坏整洁的室内环境。因而，我会尽量地让我们的小家保持干净、色彩明朗、美丽舒适，维妮弗蕾德也会更加注意自己的仪表。

或许，不少男孩儿和女孩儿都遭受着一种痛苦，这种痛苦来自其他孩子对自己父母的嘲笑，嘲笑他们讲话草率、外表邋遢、不修边幅。

如果我们想让孩子尊重我们，我们就必须要做到衣冠整洁，要能掌握最新的知识，了解最新的动态，做一名值得尊重的父母。

可以说，一个好的母亲应该时时刻刻注意自己的言行举止，不要让自己的着装打扮成为人们的笑柄，从而让自己的孩子遭受他人的嘲笑。否则，孩子会感到非常难堪，这对孩子的精神也有不良的影响。因而，母亲一定要行为检点，着装讲究，既不穿过分妖艳的衣服，也不能不修边幅。

我的一位邻居为了送女儿去贵族学校上学，她非常节俭地过日子，省吃俭用，穿得非常寒酸。她的女儿非常不喜欢她到学校去，我曾听她女儿这样说："妈妈的打扮，实在让我难堪。"

有人认为这女孩太不懂事，但我却了解她这样说的原因。要知道，即使一个母亲将孩子送到贵族学校去读书，也并不等于就尽了母亲的责任。

一般来说，母亲爱打扮，女儿自然也喜欢打扮；多嘴多舌的母亲会有饶舌的女儿；父亲言语不检点，儿子一样会学着说粗话，这基本成为一种社会定律，因而，人们常说，在孩子的心中播种什么就会收获什么。

一个衣冠不整的母亲，是一个懒散的母亲。懒散是影响人一生的坏习惯，可以说，很多人都是散漫一生而失意无为。

对孩子来说，培养他的品行，很重要的一点就是一定要教育他爱整洁爱干净。一件衣服材料的好坏、款式是否时尚并不重要，但一定要整洁干净，这能使人精神昂扬，自信心大增。

一般来说，一个孩子如果能穿着清洁干净的衣服，有清洁干净的身体和脸蛋，他就能神采焕发，反之呢，脏兮兮的孩子常常垂头丧气的，易被人看不起，所以我们从小就要教孩子讲卫生、爱干净。

3. 远离恐惧的情绪

在现实生活中，父母一定要注意的是，要想让孩子健康地成长，就要让孩子远离那些不健康的情绪，比如，要远离诸如恐怖、悲伤、憎恶、愤怒、不满足等不健康的情绪，要知道，它们只会让孩子的身心不健康地发育，破坏孩子内心的美丽与平和。

我从一开始就希望维妮弗蕾德能有平和与快乐的心态。即使在将来她会选择探险运动作为精神上的享受，也是由于一种平和的心理愿望，由于有一颗感受丰富的心。

一般来说，良好而平静的心态，会让人变得更加美丽，如果一个人经常处于着急和焦虑的情绪之中，那么，他就会从肌肤到心灵都变得极为丑陋。因而，那些具有美丽平和心境的孩子，其气质更为怡人。

在日常生活中，无论维妮弗蕾德做功课还是玩耍，我都从来不去催促她，从不强求她做任何事情。一些父母总是催促孩子快点、快点，此时，他们没有去考虑孩子的感受。可以说父母做事情总是匆忙的，这是由于成年人有很多事情要做，总是在赶时间。不过，对于小孩子来说，时间似乎对他们并没有那么大的意义，父母的催促常常让孩子感到自己的自由被侵犯了。这种逼迫会产生适得其反的结果，孩子不但不会快一些，反而会让他产生逆反心理，他会有意拖延时间，以体现自己有一定的控制能力。

在维妮弗蕾德成长期间，无论是在学习时，还是要出门时，我都会给她足够的时间做准备。我用这样的方式让她意识到目前的活动要告一段落，下面要做另一件事了。可以说，有了这种精神上的准备，女儿往往很容易接受我的安排。

要想做好一件事情，必须有一个良好而平静的心态，孩子同样如此。如果让孩子总是处于着急和焦虑之中，他们往往会把很简单的事情弄得很复杂。

通常，当我和维妮弗蕾德因某件事而发生冲突时，我会暂时搁置它，过一会儿再处理冲突，这往往会有很不错的效果。当我宣布重新开始谈论刚才的问题时，我们会避免像刚才那样的紧张气氛产生，从而创造一个比较合适的新开端。

可以说，勇于承认错误、勇于探索新路径的父母，远比固执、专横的父母要可爱得多。心态宽容平和的父母也一定能教育出平和而美丽的孩子。

如果我们不断告诉一个孩子，他很坏，他长得真丑，那么，他就会真的变丑，并且会一直生活在我们给他贴的负面标签的阴影里。如果我们告诉他，在我们的眼中他既善良又漂亮,于是,他就会努力把自己塑造成我们评价的那个样子。

父母千万要注意的是,绝对不能在孩子睡觉前打骂他,要知道,这样就会让孩子带着沮丧的心情入睡,不但对孩子的生理发育不好,还会影响孩子的性格和精神发育。

事实上,不管是成人还是小孩,每天晚上,都应该带着快乐,并且充满希望地进入梦乡之中。

没有不快乐的孩子,只有不快乐的母亲

1. 你微笑,世界也微笑

一般来说,婴儿在醒着时,他会用很多时间去观察他周围的环境,每当他看到你冲他微笑时,他很快就会开始用笑来与你交流,他会发出世界上最动听的咯咯的笑声。不论哪一个母亲,都应该对孩子的微笑做出热情的回应。可以说,孩子的微笑只有在快乐的互动中才能传递下去。而快乐的母亲必定能将微笑传递给孩子,孩子再用快乐回报、感染自己的母亲。

我有一位女友叫安娜,她是一个单身妈妈。可以说,生活的负担让她疲惫不堪,而婚姻上的挫折也让她变得灰心丧气,女儿的欢笑成了她生活中唯一的慰藉。可看着女儿一天天长大,她却变得越来越不快乐。在她的影响下,孩子也变得很压抑,总是一副心事重重的样子,同时,孩子也不喜欢与朋友交往。

见女儿变成这样,安娜试图与女儿沟通,但孩子总是不愿意多讲话,直到

有一天，老师给她送来了女儿的作文。在作文中，女儿描述了一个很自卑的女孩，这个女孩子头脑不灵活，生活不如意，不快乐，经常忧郁，对于生活没有方向和目标。

安娜看过女儿的作文，她想了很久很久，可以说，女儿的这篇作文就像一面镜子，照出了安娜自己的生活和心态。安娜总是自怨自艾，难得有情绪高昂的时候。最重要的是，她常常是陷入忧伤之中，总是埋怨生活的不公平，而这一切都影响了相伴在旁的女儿。

幸运的是，安娜意识到了正是自己的不良心态，自己处理情绪、应对生活的不当方式造成了女儿情绪上的低沉和消极，只有改变自己，才能帮助女儿。于是，她开始积极寻找可以改变自己的方法。

安娜向女儿讲述了自己的新计划，要女儿监督自己，当好她的心理顾问。每天晚上，安娜都写下一件明天要做的具体事情，比如与同事共进午餐，增进了解；比如，将家中所有的旧物送去垃圾站；比如，穿上美丽的衣服去看戏剧……以此来慢慢摆脱自己孤僻而忧郁的形象。

安娜充满热情地生活着，她积极执行新计划，每天，她都将自己打扮得很精神，而且常常面带微笑、做一些运动、外出郊游。

当女儿看到母亲有坚持不懈、积极认真地改变生活的态度，她深受感动。晚餐时，她们常在一起讨论这些行动的效果，女儿开始给母亲充当顾问，提出一些建议。

过了一段时间后，安娜很开心地发现，女儿也开始一点点改变自己，她有了更多的微笑、更主动地关怀他人，对生活有更积极的态度。最后，当女儿从低沉的情绪中走出来时，安娜也已经精神焕发，获得了新生。

生活是一面镜子,你快乐,它也快乐;你微笑,它也微笑。所以,我们要想让孩子快乐地生活,父母一定要先快乐地生活着。

2. 让孩子有快乐的心情

我非常认可凯雷的观点:世界是一面镜子,如果我们微笑,回报给我们的也将是微笑;如果我们忧伤,我们也会收到忧伤。对于孩子来说,快乐和幸福是一件非常简单的事情:有时,它是妈妈的一个笑容,是甜甜的一块糖果,是一句鼓励的话语。

每一个人都有自己的悲伤和痛苦,但是我们应该努力控制住那些冷酷、邪恶的"怪物",微笑着面对我们的孩子。

有一天,我见女儿闷闷不乐地坐在房间里,就问她怎么了,她却不回答。见此,我走到钢琴边,敲响了低声琴键,开始弹奏低沉、凄凉的音乐。不一会儿,我开始在高音区弹奏,选择了那些节奏很快、音色高昂响亮的乐曲弹奏,尽力让音乐热烈奔放。

此时,女儿也满脸好奇地来到了钢琴旁,她对我所弹的曲子感到非常惊讶,并且跃跃欲试想弹一下我刚才弹奏的曲目。我让她坐在了钢琴旁,维妮弗蕾德将钢琴的低音区、高音区弹一遍,然后又回到了低音区,然后又去弹高音区。就这样,反复弹了几次后,女儿告诉我,她觉得高音可以让人郁闷的心情得到释放,那明快的乐曲"好像是在阳光下飞舞的蝴蝶"。

维妮弗蕾德发现,音乐能让自己很快走出不快乐的阴影,她理解了自我调节原来可以改变心情,改变情绪。生活是客观的,但心情是主观的。如果孩子心情不好,父母一定要帮助孩子拥有快乐的心情。

3. 孩子的幽默感是可以培养的

幽默可以说是一种特别的言语或肢体表达方式，让人因会意而产生愉悦之情，它是一种非常巧妙和有益的能力。

一般来说，有幽默感的孩子都很乐观，在生活中,他能不断地制造笑声，让身边的人感到轻松愉快，自己也会富有成就感和自信。因而，有幽默感的孩子，也较容易获得他人的友情。对孩子来说，幽默不仅是一种可爱的性格，甚至是一种可贵的品质，培养孩子的幽默感也是素质教育的一个组成部分。

从某一种意义上来说，幽默感在培养孩子自尊心以及解决问题的能力和社交能力等方面，发挥着重要的作用。在孩子成长的过程中，父母一定要注意，必须有意识地引导孩子来培养自己的幽默感。

可以说，人与人之间的爱能让彼此微笑，爱是生命的本能，但是要利用幽默引人微笑，却不是与生俱来的一种本能，而是需要培养的。

从童年时就要开始培养孩子的幽默感，要给孩子们讲幽默的故事，让他们能够领悟幽默的思想精髓。当然，幽默也需要品位，人们总认为，英国人看到任何一个笑话都会反应很慢，但是我更相信，在任何国家，都难以找到真正的智者和拥有敏锐幽默感的人。

在匹兹堡，有一位著名的天文学家，他曾经对我说过："我不喜欢让我的科学讲座变得枯燥无味。在进行讲座的过程中，我会给观众讲一些笑话，让他们有愉快的心情，这样，在听我讲东西时，他们就会更加认真、投入地听讲，从而让讲座有更好的效果。"

事实上，笑是可以传染的，幽默也是有力量的。我在教孩子们学习李尔的一些"荒唐"的韵律诗时，他们特别喜欢《猫头鹰和小猫去海边》这首诗。这首诗可以说是节奏轻快，意境风趣，孩子们可以想象一只愚蠢不开窍的大眼睛猫头鹰，在对一只猫唱歌。

要想培养孩子的幽默感，父母可以给孩子讲一些诗歌或故事，像《鸭子和袋鼠》《威金斯里的圣母院和她的七只奇妙猫》《比尔肯和诺德》以及莱利的《童年的诗》和《鹅妈妈》中的大部分内容，都是极好的培养孩子幽默感的作品。父母不妨常给孩子读这类诗或故事。

4. 让孩子传播微笑

可以说，我们每一个人都愿意与微笑的人接近，而不愿意接触一个坏脾气的性格暴躁的人。微笑的力量是强大的，它可以化解怒气、尴尬和矛盾，可以化解人与人之间的陌生感。父母一定要让孩子继承微笑，传播微笑，并让他们在喜悦、微笑的气氛中成长，这是父母义不容辞的责任。

前不久，我去了一个氛围非常融洽的家庭，所有的一切都充满了幸福与和谐。在这个家庭中，有一个用树枝摆成的"微笑"单词，它被贴在屋子中间巨大的壁炉上，可以说是这个家庭的座右铭。如果微笑可以成为每一个家庭的座右铭，那么，忧虑、愤怒、不满和悲伤的恶魔就会无处藏身。

如果我们总是微笑，我们的生命就变得有价值。

我认为，在如何教育孩子这方面，母亲所掌握的知识和技巧永远也不够多，要知道，孩子的问题总是千奇百怪，不断变化，我们经常会遇到新的问题，需要新的解决方法。而微笑是一笔价值连城的财富，在教育孩子时，它是永远不变的法宝。

真的幸福是什么

1.让孩子感觉幸福的基础

女儿才出生时,每当我看着她,简直不知道怎样去爱她才好。我想,在自己的孩子降临人世的那一刻,天下所有的母亲都会有这样奇妙的感觉。

事实上,孩子对幸福的第一个需求就是安全感。一般来说,对于外部环境的信任感是孩子获得安全感的基础,是孩子抵御焦虑,并产生主观幸福感的基础。

孩子最初的信任感来源于母亲,确切地说,是母亲无微不至的呵护让孩子体验到了信任与安全,因而,母亲是第一个给孩子幸福感的人。

在生下维妮弗蕾德之后,我深深地感悟到,想要成为一个理想的母亲,是非常困难的一件事。即便是做了母亲,我也仍然处于人生的成长阶段,仍然要面临着生活的各种考验和困惑,仍然有这样那样的缺点,依然有不安、失败和焦虑。不过,我尽力要做得更好一些,尽量努力成长为一个完美的母亲。

什么样的母亲才是最理想的、优秀的母亲呢?事实上,最理想的母亲应该镇静自若,永远和善、充满温情,永远会爱孩子,而且要知道培养孩子的最恰当的方法,永远愿意在孩子身上花大把的时间,永远对孩子抱有乐观、积极的态度,永远知道如何解答孩子的疑问……

总之,一个最好的母亲,必须能让孩子不断地感受幸福,并能够引导孩子沿着幸福之路前行。

2. 给孩子一个和睦的家庭

兰尼曾经说:"一个幸福美满的家庭,如沙漠中的甘泉,涌出的是静谧和踏实的心,让人洗心涤虑,怡情悦性。"

家庭环境对每个成员的影响,可以说是巨大的,对于敏感的孩子来说,其影响力会更大一些,而和睦的家庭是孩子获得幸福的不竭源泉。

一般来说,孩子智力的健康发育需要一个宽松愉快的环境。如果孩子所生活的家庭环境不和谐,缺乏笑声和欢乐,成员之间缺乏彼此的支持和协作,那么,就必然给孩子的心灵蒙上阴影,从而影响孩子感受幸福的能力。

一对相爱的男女一旦结了婚,成立了家庭,并决定为爱情缔造结晶——一个小婴儿的时候,就要注意家庭环境和氛围的营造了。不幸的是,在这一点上,很多年轻的父母都做得不是很好。在日常生活中,他们总是不能克制自己的情绪,总是随性而为,缺少责任心,他们表现得比孩子还任性,总想从家庭中索取更多的东西。在这种家庭中生活的孩子,是难以有幸福感的。

在什么条件下,孩子能体验到幸福呢?无疑,是当他感觉自己的家庭温暖和谐、父母相敬相爱时。当我听到一位男士说"为了我的孩子,我愿意爱他的母亲多一些"时,我深受感动。这是一位伟大的父亲,他懂得家庭才是孩子幸福的源泉。

每一个家庭都会遇到一些问题,这就像在大海上航行的船只,都会遇到不同的风浪。事实上,作为父母,不管有怎样的家庭生活,都一定要为孩子营造家庭的温馨氛围,为家庭带来幸福,让孩子陶醉于幸福的感觉中。

自维妮弗蕾德出生之后,我和她的父亲都非常注意家庭欢乐气氛的营造。当然,我们本来就有一个非常和睦的家庭。而有了维妮弗蕾德之后,我们变得更加小心、更加理智。家庭总是不可避免有矛盾发生，但我们夫妻之间曾约定：以讨论或者暂时搁置的方式对待彼此之间的矛盾，绝不能有激烈的争吵，有伤及感情的行为。每当发生矛盾时，如果谁说了过分的话，就应该立刻向对方道歉；如果彼此之间有激烈的情绪反应，就暂停讨论。

一般来说，当双方再次面对时，问题就变得很容易解决。如果是因为不可避免的原因（家庭以外的事情）而生气，也尽量不让维妮弗蕾德看到。虽然维妮弗蕾德还很小，但我相信孩子的感知能力是敏锐的。有时，即使你很努力地去掩饰你的不高兴，她依然可以从你的眼睛里读出那些悲伤的情绪。

对于孩子来说，快乐就像新鲜空气一样，是生命中不可或缺的。鲍姆林德教授曾经对父母教养孩子的方式进行了研究，将孩子的个性表现与家庭教育方式做了相关分析后，他得出这样的结论：一般来说，在民主、宽容型的家庭中，孩子会形成谦虚、有礼、自信、乐观、待人诚恳、亲和力强的个性；在权威、专断型的家庭中，孩子的个性表现为软弱、爱说谎、信任感低、自我评价低、内向、孤僻、性情暴躁、有攻击性；在放纵、溺爱型的家庭中，孩子的个性表现为自理能力差、懒惰、贪吃、自私、蛮横、无责任心、任性妄为、无礼。

3. 让孩子有信心追求幸福

事实上，做一个快乐幸福的人并不是很简单的事情，而是有很多的条件，其中的一个条件就是要懂得追求生活中的快乐，敢于追求生活中的幸福，愿意接受生活的改变。我不能保证给予女儿多少幸福，但我相信，自己能够让她树立正确的幸福观，让她有追求幸福的信心和能力，这也是我最想做到的和能够做到的。

维妮弗蕾德14岁时,她已经是"美国少年和平同盟"的会长。而我的身边摆放着两本书:《我在动物园里的朋友》和《与我在动物园里的朋友聊天》,这是女儿5岁时的作品。可以说,女儿的童年是非常幸福的,是非常有意义的,她慢慢地理解着幸福的真正内涵,她在和谐快乐的家庭中成长着;她有尽情玩耍、游戏的权利;她有自我决定、自我控制的能力;她感受到付出与收获的喜悦;她满怀慈悲之心,非常愿意帮助他人;她有自己热爱的事业,她在幸福生活的道路上坦然前行。我既为女儿的成就高兴,又为她的健康成长高兴。同时,也为自己成功地教育了女儿而感到特别欣慰。

有一位著名的心理学家曾经说:人的个性就像树的年轮一样,是一圈又一圈发展起来的。婴儿的那一圈代表爱与享受;儿童的那一圈,代表创作与幻想;少年的那一圈是玩耍和嬉戏;青年的那一圈是情爱和探索;而成年人的一圈则象征现实与责任。其中,如果任何一圈未完成,这个人的个性就会受伤。

小维妮弗蕾德走过的每一圈,可以说都很完美,都很美好,因为我乐意进行更多的努力,让女儿的每一圈人生有更好的收获,且绝不违背女儿的心及其生活规律。

4. 让孩子享受单纯的生活

父母千万不要剥夺孩子天真烂漫的性情,不要太约束孩子性情的发展,要知道,一个不会享受生活、不会释放自己的人,绝对不会成为一个幸福的人。

在日常生活中,大部分父母总以为自己是在为孩子的未来着想,为了对孩子进行智力开发,他们可谓是殚精竭虑,却忽略了最重要的一方面,那就是孩子应该过什么样的生活，拥有什么样的权利，孩子想要的幸福到底应该是怎样的。

如果不了解孩子的感受，就会让孩子成为一个失去童趣的人，其人生是乏味、抑郁、单调的，无论他在事业上有多大的成就，都难以有真正的幸福生活。父母不要剥夺孩子天真地享受纯粹生活的权利，不要在孩子充满游戏与快乐的生活中增加沉重的现实砝码。

在这个世界上，尤其在这个充满竞争的社会中，许多人从孩童时代，就丧失了这种原始的追求快乐生活的能力。

"如果做这件事，孩子会很开心，我也想去和孩子一起做，但是我没时间，我有很多的事情要做，而且迈克自己最近也很忙，我得给他新的任务，再过一段时间，我们应该不会这么忙的，到时候，我们会一起去的。"这不是我们常常听到的话吗？

很多人忘记了生活原本的意义，也剥夺了孩子享受自由快乐生活的权利。在现实生活中，很多大人如一台机器一样不停地运转、奔波，麻木地生活着，感觉不到任何生活的激情和乐趣。而孩子也如同小机器一样费力地运转着，承担着太多与年龄不相适应的负担。

事实上，无论是成人还是孩子，一旦失去了快乐，就会失去感受幸福的能力，那生命也就没有意义了。如果我们已经丧失了对生活的幸福感受，那么，请为孩子保留这些，保留孩子享受自由快乐、简单生活的权利，再为孩子多保留一片明净的天空，多保留一份生命中的绿色。

后　记

在自然教育中，阅读可以说是一个非常重要的内容。在《自然教育》一书中，斯特娜夫人给信奉自然教育法的人列举了很多可以阅读的书目。遗憾的是，我们和其中的有些书有着特别久远的时空之隔，有一些书呢，还要处理语言与文化的差异。

不过，她推荐的很多书，我们还是可以找到的。至于其他那些目前在国内买不到，甚至国外已经不再出版的书，也有很好的可以代替的同类读物。

我们不要忘记斯特娜夫人在关于"阅读"中曾提及的三个重要原则：一是孩子的阅读习惯可以经由父母培养，如果父母有很好的阅读习惯，并能坚持下去，那么，孩子也将通过对父母的模仿，而养成良好的阅读习惯；二是要让孩子多读不同国家的传世经典之作，这些作品经过了岁月的考验，在岁月的磨蚀中依然熠熠生辉，必定充满了智慧和思想。当然，也可以让孩子读包含了国家历史精髓的书；三是永远不要从孩子的世界里去掉童话，放弃仙女。

在斯特娜夫人列的书目单中，第一部就是《知识百科全书》。《知识百科全书》其实是一部儿童大百科全书，它包含很多不同科目的知识信息，如果孩子能够掌握这套书中的所有内容，就会成为一个见多识广的人。当然，在我们国家中，也有类似图书。我相信，很多父母也已经购买过。这种书不仅属于孩子，更可以帮助我们回答孩子提出的那么多"为什么"。

此外，斯特娜夫人还列举了《自然教育法》等其他有关孩子成长教育的书。在培养孩子时，这些图书可以帮助母亲，去培养不同年龄阶段孩子的身体、智力、心灵。这一系列的培养孩子成长教育的书非常多，至少您现在读的就是其中的一本，所以我们不做特别推荐。

如果家中有孩子，父母一定要将新版标准字典（在我国就是《新华字典》）放在孩子可以随手拿到的地方，便于孩子辅助阅读。在斯特娜夫人看来，没有字典的家是不完整的。我们国家成语、俗语丰富，《成语词典》也应该是每一个家庭必备的工具书，要知道，这类书也是帮助孩子阅读的实用工具。

对于孩子们来说，《彼得兔》是一本非常经典的童话书。这本书的内容非常有趣，书中的插图能吸引孩子阅读，培养孩子的幽默感。斯特娜夫人曾经建议孩子用打字机复写这本书。在我们国内，也能买到这本源于英国的童话书。不过，要注意的是，孩子们不需要操作打字机了——用电脑更方便一些。

此外，斯特娜夫人还推荐了一本印度宗教类的书，这是一本教导孩子道德伦理的优秀读物，书的内容不会让小孩子有被"说教"的感觉。由于宗教和政

后 记

治不同，这些印度故事似乎适于所有国家和所有有信仰的人阅读。

《健康系列丛书》可以说是面向儿童最好的健康讲座。书中潜移默化地教孩子学习生理卫生知识，这本书的内容丰富有趣，孩子们应该很喜欢读这些书的内容以及看书中的图片。

《古希腊罗马神话》应该是每一位母亲书架上的必备书，它可以使母亲熟知艺术、历史、音乐、文学、天文等知识，且与古代希腊和罗马神话紧密联系。在国内，这本书有很多的版本。

霍恩布鲁克的《数学》让母亲和儿童对数与数之间的联系，有了一定的了解。这本书主要讲述了如何通过游戏学习算术、代数和几何，以及如何锻炼孩子的观察力和注意力。中国教育类关于趣味数学的书比较多，父母可以根据孩子的年龄购买。

斯特娜夫人推荐的《知识顺口溜》《哲学课程》《儿童饮食》《母亲杂志》等，在国内都有相应的版本。

安徒生的《童话故事》，丹尼尔·笛福的《鲁滨孙漂流记》，斯威夫特的《格列佛游记》自然在书单之列，这些书在中国很受欢迎，经年不衰，自然，我们也是大力推荐。

除此之外，就是大量的童话故事了。可以说，在自然教育法中我们是不能离开童话的，我们就不再一一罗列了，要知道，童话书永远是孩子幼年时期的重要书目，父母要随手就能从书架中为孩子拿下童话书。

附：自然教育图书书目节选

《知识百科全书》（The Book of Knowledge）

《自然教育法》（Natural Education）

《新版标准字典》（The New Standard Dictionary）

《彼得兔》（Peter Rabbit）

《奇妙旧世界》（Old World Wonders）

《育儿经典》（Nursery Classics）

《印度本生谭》（The Jatakas Tales of India）

《古希腊罗马神话》（Age of Fable）

《仙宫传说》（Asgard Tales）

《知识顺口溜》（Facts in Jingles）

迈克·文森·奥谢：《凯洛格健康系列丛书》（Kellogg Health Series）

附：自然教育图书书目节选

小司汤纳：《帕提诺安瑟瑞诺》（*Patrino Anserino*）

艾拉·惠勒·威尔科克斯：《历史版鹅妈妈》（*Historical Mother Goose*）

霍恩布鲁克：《数学》（*Books on Mathematics*）

A·E·本特利：《弹歌唱曲》（*Play Songs*）

罗威尔博士：《杰森的任务》（*Jason's Quest*）

梅波·帕威尔：《易洛魁讲给孩子们的故事》（*Stories the Iroquois Tell Their Children*）

香颂：《诗和游戏》

哈钦森：《哲学课程》（梅林出版公司）

路易丝霍根：《儿童饮食》（鲍勃梅林出版公司）

哈里斯：《仙境来者》

约翰孙：《榆树童话故事》《杉树童话故事》《橡树童话故事》

金斯利：《水孩子》

安德鲁朗：《绿皮童话书》《黄皮童话书》《红皮童话书》

肯特里：《童话神话》

格里姆：《童话故事》

安徒生：《童话故事》

奥尔科特：《花的寓言》

班斯：《童话和它的起源与意义》

纳阿克：《斯拉夫童话故事》

马丁：《友好的星星》

丹尼尔·笛福：《鲁滨孙漂流记》

斯威夫特：《格列佛游记》